BEIJING LIANHE DAXUE LÜYOU GUANLI
YILIU ZHUANYE JIANSHE CHENGGUO

北京联合大学旅游管理一流专业建设成果

—— 第一辑 ——

刘铮 刘志华 孙业红 主编

李白 孙梦阳 副主编

旅游教育出版社
·北京·

图书在版编目（CIP）数据

北京联合大学旅游管理一流专业建设成果. 第一辑 / 刘铮, 刘志华, 孙业红主编. -- 北京 : 旅游教育出版社, 2025. 1. -- ISBN 978-7-5637-4793-1

Ⅰ. F590

中国国家版本馆CIP数据核字第2025QQ2245号

北京联合大学旅游管理一流专业建设成果
第一辑
刘铮　刘志华　孙业红　主编

李白　孙梦阳　副主编

策　　划	何　丹
责任编辑	何　丹
出版单位	旅游教育出版社
地　　址	北京市朝阳区定福庄南里1号
邮　　编	100024
发行电话	（010）65778403　65728372　65767462（传真）
本社网址	www.tepcb.com
E - mail	tepfx@163.com
排版单位	北京旅教文化传播有限公司
印刷单位	唐山玺诚印务有限公司
经销单位	新华书店
开　　本	787毫米×1092毫米　1/16
印　　张	13
字　　数	210千字
版　　次	2025年1月第1版
印　　次	2025年1月第1次印刷
定　　价	78.00元

（图书如有装订差错请与发行部联系）

编委会

主　编： 刘　铮　刘志华　孙业红

副主编： 李　白　孙梦阳

编　委： 石美玉　王　玮　刘　敏　吴　宁
　　　　　马桂真　赵靖蓉

前　言

北京联合大学旅游管理专业成立于 1979 年，是中国第一个旅游管理本科专业，出版了中国第一批旅游教材，培养了中国第一批旅游管理本科毕业生。北京联合大学旅游管理专业是国家级一流专业建设点、国家级特色专业、北京市重点建设一流专业，于 2023 年通过联合国世界旅游组织旅游教育质量（UNWTO. TedQual）认证，连续多年在软科"中国大学专业排名"中获评 A 级专业，在"金平果排行榜"专业排名中位居全国前 4%。本专业不仅重视学生学术视野的拓展、研究能力的锻炼，还注重学生实践能力的培养，形成了独特的人才培养体系，培养了大量具有创新精神和实际操作能力的旅游管理专业人才，获得了学界和业界的广泛认可。

在这片学术与实践并重的沃土上，我们见证了一代又一代学生的成长与蜕变。他们带着对旅游管理的热爱与执着，从青涩走向成熟，从理论走向实践，最终成为旅游业的中坚力量。毕业论文作为他们学术生涯的总结与升华，是他们智慧与汗水的结晶，也是对我们人才培养质量的检验与反馈。我们出版这套旅游管理一流专业建设成果集，旨在展示学生们在学术研究与实践探索中的优秀成果，同时，也作为对过往岁月的回顾与纪念。

在旅游管理专业的发展历程中，我们始终将学术视野的拓展与研究能力的提升作为教学的重要任务之一。为了拓展学生的学术视野，我们邀请国内外知名学者举办讲座及交流活动，组织学生参加国内外学术会议与研讨会，让他们了解旅游管理专业的最新研究动态和发展趋势。同时，我们还鼓励学生积极参与科研项目，通过实践锻炼提升研究能力。在毕业论文的撰写过程中，学生们需要综合运用所学知识，进行文献综述、理论构建、实证分析等研究工作。这些经历不仅提升了他们的学术素养，更为他们未来的学术研究与职业发展奠定了坚实的基础。

从本次成果集中，我们可以看到学生们在学术研究上的探索与创新。他们关注旅游业的发展趋势与热点问题，如智慧旅游、农业文化遗产地旅游、旅游目的地管理、旅游消费者研究等，通过定性与定量相结合的研究方法，提出了许多具有创新性和实用性的见解。这些研究成果不仅丰富了旅游管理专业的理论体系，更为旅游业的实践发展提供了有益参考。

同时，我们还注重实践能力的培养与创新精神的激发，注重将理论与实践相结合。为了提升学生的实践能力，我们建立了完善的实践教学体系。通过校企合作、实习实训、社会实践等方式，让学生有机会深入旅游业一线，了解旅游企业的运营与管理，掌握旅游服务的技能与技巧。我们还鼓励学生积极参与旅游规划与策划、旅游市场营销等实践活动，通过实际操作培养他们的创新思维和解决问题的能力。

在毕业论文的撰写过程中，学生们需要将所学知识应用于实际问题的解决。他们通过实地调研、案例分析、方案设计等方式，提出了许多具有创新性和可行性的解决方案。这些研究成果不仅展示了他们在实践能力上的提升，更体现了他们在创新精神上的觉醒。

从本次成果集中，我们可以看到学生们在实践探索中的创新与突破。他们不仅关注旅游业的现实问题，更敢于提出新的思路和方法，为旅游业的创新发展贡献了自己的智慧与力量。

本辑收录的论文是从近三年（2022—2024年）的毕业论文中挑选出来的优秀成果，其中张文馨、郑宏泰、刘梦婷三位同学的论文被评为北京市优秀毕业论文，李雅琦、郭璐瑶两位同学的论文被评为北京联合大学校级优秀毕业论文。

本书的出版是对我们人才培养质量的展示。从学生们的毕业论文中，我们可以看到他们在学术素养、实践能力、创新精神等方面的全面提升。这些成果饱含着师生们在学术探索与行业实践中付出的心血，凝聚了大家智慧的结晶。

站在新的历史起点上，我们深知责任重大，使命光荣。未来，我们将继续坚持"立足北京，服务京津冀乃至全中国，培养具有新时代思维，特别是互联网思维和终身学习能力的高层次应用型人才"的理念，致力于培养更多具有新时代思维和终身学习能力的高层次应用型人才。我们将进一步完善人才培养体系，提升教学质量和科研水平，推动旅游管理专业的持续发展与创新。

同时，我们也期待更多的学生能够在我们的培养下茁壮成长，成为旅游业的中坚力量。我们相信，在未来的岁月里，他们将带着对旅游管理专业的热爱与执着，继续书写属于自己的辉煌篇章。

目 录

基于游客视角的农业文化遗产价值传递研究——以京西稻作文化系统为例
　　…………………………………………………………………… 张文馨 / 1
基于网络点评的北京中轴线旅游形象感知研究 ………………… 李雅琦 / 14
乡村非遗旅游共生系统：要素识别、构建与验证 ……………… 郑宏泰 / 34
冯小刚电影公社景区无障碍环境体验满意度研究 ……………… 吴小祺 / 53
北京农业文化遗产地旅游景观意象感知研究 …………………… 范新茹 / 75
我国入境旅游韧性的影响因素及其相互关系研究 ……………… 郭璐瑶 / 95
基于 UGC 图片大数据的黑色旅游目的地形象感知研究………… 刘梦婷 / 110
北京市博物馆智慧导览系统应用研究 …………………………… 韩　淇 / 127
基于 fsQCA 方法的大学生京剧旅游消费意向研究 ……………… 闫　彤 / 149
访客对海口骑楼历史文化街区的满意度研究 …………………… 孔君爱 / 165
红色旅游景区游客动机研究 ……………………………………… 赵云祥 / 186

基于游客视角的农业文化遗产价值传递研究

——以京西稻作文化系统为例

张文馨[*]

[摘 要] 农业文化遗产中蕴含着庞大的价值体系，然而现实中，游客对农业文化遗产价值的认知程度还不够。本文选取京西稻作文化系统农业文化遗产为案例，运用内容分析法、LDA主题模型法、问卷调查法剖析游客视角下农业文化遗产价值传递所涉及的价值感知、接收和分享三个阶段，进一步认识农业文化遗产价值传递的内因和机理，最终构建游客视角下农业文化遗产价值传递模型。结果表明，不同类型的游客对农业文化遗产价值的认知和接收效果存在差异，所倾向的价值传递路径和方式也有所差异。

[关键词] 农业文化遗产；价值；游客；价值传递；京西稻作文化系统

农业文化遗产的概念，起源于2002年8月联合国粮食及农业组织（FAO）、联合国开发计划署（UNDP）和全球环境基金（GEF）等10余家国际组织以及一些地方政府，共同发起的一项旨在保护具有全球重要意义的传统农业系统项目——全球重要农业文化遗产[1]。按照联合国粮食及农业组织的定义，全球重要农业文化遗产是指：农村与其所处环境长期协同进化和动态适应下所形成的独特的土地利用系统和农业景观，这种系统与景观具有丰富的生物多样性，而且可以满足当地社会经济与文化发展的需要，有利于促进区域可持续发展[2]。该概念自提出以来，遗产价值、动态保护、可持续发展、多功能性等主题一直是学术界研究的热点[3]。不少学者在定义其概念时还提及价值问题，关注到农业文化遗产的人文价值[4]、传统价值[5]、传承价值[6]等内容。

[基金项目] 本研究受国家自然科学基金（41971264）资助。

[*] 张文馨，本科就读于北京联合大学旅游学院旅游管理系，研究生就读于内蒙古大学历史与旅游文化学院。

从广义上讲，价值是指因本身具备某种品质而被需要，因而具有被期望的、有用的、有趣的性质的东西，即被主体主观上欣赏的东西或者被主体投射到客体上的东西[7]。根据这一阐述，农业文化遗产价值可以被理解为游客欣赏或投射到农业文化遗产上的价值。关于农业文化遗产价值的研究，学术界对如何构建价值体系给出了不同的思路和视角。如孙业红等（2008）[8]以稻鱼共生系统全球重要农业文化遗产为例，将农业文化遗产的价值归纳总结为生态价值、经济价值、社会价值、文化价值、科研价值以及示范价值。闵庆文等人（2020）[9]以可持续性、系统性为基本准则，遵循科学自然规律，突出农业文化遗产的代表性和独特性，搭建了农业文化遗产的三层价值体系，同时在构建农业文化遗产价值体系时考量了农业文化遗产区别于其他文化遗产的复合性要素和活态性特征。

与世界文化遗产地类似，全球重要农业文化遗产体系（GIAHS）同样具有吸引大批游客的潜力[10]。农业文化遗产系统极其庞大、内在价值深厚，对游客而言，农业文化遗产堪称一个会讲故事的"活态故事机"。随着对农业文化遗产的宣传，农业文化遗产也逐渐成为游客的新型旅游目的地。然而，由于游客有着不同的出游动机，其对农业文化遗产价值的认知程度和接收效果存在差异，现实中，游客往往读不懂农业文化遗产价值、无法深入理解农业文化遗产内涵。能否使游客正确、深刻地领悟农业文化遗产价值，是农业文化遗产能否长久发展、永续利用的关键。

因此，提高遗产地价值传递的有效性尤为重要。提及价值传递，便要厘清"价值传播"和"价值传递"两个不同的概念："价值传播"多指1对N的信息交流过程及活动，强调的是将信息散播；而"价值传递"更多指的是对遗产关键价值的解读和传递遗产的意义、内涵，强调的是价值的阐释。"价值传递"是对文化遗产价值推广和普及的更高层次，要求游客能够对遗产价值有更深的体会和领悟。农业文化遗产价值传递的方式包括学术交流、遗产管理方及各方对遗产价值的解读活动以及大众对遗产价值的相互传递[11]。

在大众传媒背景下，部分学者除了关注农业文化遗产自身的价值，还开始关注遗产价值传递这一环节，通过细化、解构和评估遗产价值符号，提高遗产价值传递的有效性，支持旅游管理者制定潜在的综合发展战略和行动[12]。文化遗产作为承载文化信息的符号，是一个特定的文化符号系统，只有被当代人们生产、传播与消费的遗产文化符号才能够被传承至未来[13]。美国哲学家皮尔斯是研究现代符号学的先驱。皮尔斯认为符号是一种品质（quality），它存在于符号自身所具有的某种品格中，或存在于符号与那个对象已经存在的某种关系中，或存在于符号与某种解释项的关系之中[14]。通俗来讲，符号可大可小，大到旅游目的地和旅游中介等客体和媒介，小到旅游全程中某一微小的信息或图像。在旅游活动中，游客作为旅游活动的主体在游览全程中难免会接触符号。符号学理论最初由社会学家麦克肯尼运用于旅游研究中,国内对旅游符号学的研究起步较晚,相关研究多集中于旅游体验[15]、旅游传播[16]和旅游凝视[17]等研究领域,少数国内外学者将符号学运用于遗产旅游研究中,主要用于符号分类[18]、符号转变[19]、符号消费[20]等方面。基于符号学理论研究旅游现象,学者不仅可以灵活地将旅游主体符号化,解读旅游客体的符号意义,还可以很好地研究旅游主体和旅游客体之间的互动[21]。因此,本文运用符号学理论来构建农业文化遗产价值体系,研究游客视角下不同符号所代表的遗产价值的传递模式、互动交流方式等问题;从游客视角切入,探讨游客对农业文化遗产价值的感知及接收,研究游客视角下的农业文化遗产价值传递机制,从而增进游客对农业文化遗产的价值理解。

一、数据来源与研究方法

(一)研究区概况

京西稻的种植始于清朝,距今已有300余年的历史。海淀的京西稻文化与房山的京西贡米文化共同构成了北京京西稻作文化系统,并于2015年11月被农业部列入第三批中国重要农业文化遗产。目前,北京京西稻作文化系统主要分布在海淀区清三山五园周边区域(海淀京西稻栽培区)和房山区长沟镇、大石窝镇及十渡镇境内(房山贡米栽培区)[22]。

自申报以来,海淀京西稻栽培区和房山贡米栽培区秉持着京西稻种植面积只增不减的原则,保护遗产、传承文化,锁住了北京人的记忆和乡愁。位于海淀区的京西稻栽培区交通相对便利,吸引了大批游客前往海淀体验京西稻的种植、收割等项目,近年来其发展日益规模化、集约化。而位于北京房山的贡米栽培区,交通相对不便,但房山区持续加强区内重要农业文化遗产的挖掘,抓好长沟镇、大石窝镇、十渡镇等传统农耕技术和农业文化遗产的保护利用工作,先后举行了插秧节、采茶节、水稻收割节等农业活动。但总体来看,当前京西稻作文化系统仍存在价值传递薄弱、游客对其价值领悟不到位等问题。

(二)数据来源

本文的文本数据源于2023年6月~7月以"北京京西稻"为关键词在大众点评、抖音、携程、小红书以及微博5个平台搜索的相关游记。借助八爪鱼数据采集工具、Python软件,本文最终得到10余万字的有效文本,共计1046条。本文的问卷数据源于2022年3月~4月研究团队在房山贡米栽培区以及2023年3月在海淀京西稻栽培区的实地调查,采取线下和线上相结合的调研方法收集数据:线下直接在案例地区发放游客问卷,调研实地情况;线上借助平台寻找游客,在征得其同意后要求填写问卷。问卷内容包括游客基本信息、对农业文化遗产的了解程度、对农业文化遗产的价值认知以及农业文化遗产价值传递的途径和方式,最终获得121份问卷,其中有效问卷为102份,有效率为84.29%(见表1)。

表1 样本基本信息

属性		样本量(人)	比例(%)
年龄	18岁以下	1	1.0
	18~34岁	94	92.2
	35~59岁	7	6.9
	60岁及以上	0	0
游客类型	一日游游客	65	63.7
	停留过夜的游客	37	36.3
性别	男	44	43.1
	女	58	56.9
出游动机	身体动机	67	65.7
	文化动机	24	23.5
	人际交往动机	10	9.8
	地位和声望方面的动机	1	1.0
受教育程度	高中/中专以下	4	3.9
	大专	1	1.0
	本科	93	91.2
	研究生及以上	4	3.9

(三)研究方法

1. 内容分析法

内容分析法是针对传播媒介进行分析的一种研究方法。由于价值对于游客而言是抽象的、复杂的、无法定量的,不是三言两语可以说清楚的,因此本文参考现有同类研究,采用内容分析法对收集的游客遗产价值传递的接收信息,通过表征的、有意义的词语和句子进行词频和情感语义分析,从而探究游客对遗产价值的感知。

2. LDA主题模型法

LDA主题模型法是一种无监督的机器学习算法,用于分析文本数据并识别其中的主题[23]。LDA本质上是一种概率图形模型,其主题思想是将文档表示为概率分布的集合,其中每个主题都是词项的概率分布,而每个文档都是主题的概率分布[24]。LDA主题模型法的目标是找到能够解释数据中观察到的词项分布的主题集合,并确定每个文档中存在哪些主题,从而被广泛应用于信息检索、文本分类、社交媒体分析等领域。

因此，本文借助 LDA 主题模型法，并参考既往研究成果和价值体系，提取游客对农业文化遗产地价值感知的价值体系。

3. 问卷调查法

本文对前来北京房山贡米栽培区游玩的游客进行问卷调查，结合实地考察和观察，获得研究数据。根据回收的问卷调查数据获得游客视角下农业文化遗产的价值传递整体情况，进一步通过不同的角度剖析不同游客接收和拆解价值的区别，探索农业文化遗产价值传递的模型。

二、结果与分析

（一）游客视角下的农业文化遗产价值感知

游客通过感官对旅游对象、旅游环境条件等信息所获得的心理认知过程，是游客将外部的旅游信息转换为其自身思维的内化过程[25]。基于游客感知视角，可以构建价值感知评估体系，对旅游资源的价值进行评估[26]。本文首先使用 ROST CM6 词语分析软件，对有效样本进行词频分析和情感分析，初步探讨游客对京西稻作文化系统的价值符号感知。通过对文本数据进行词频分析，本文发现稻田、公园、京西、螃蟹、拍照等是游客评论中提及最多的象征符号。通过对文本数据进行情感响应分析，本文发现游客对京西稻作文化系统整体认可情感较高，其中积极情绪有 842 条，占 80.50%；中性情绪有 5 条，占 0.48%；消极情绪有 199 条，占 19.02%。其中，游客消极情绪源于景区管理秩序较差、对乡愁的怀念、体验项目不尽兴等。

本文进一步采用 Pyhton 数据编码软件，调用 ida.perplexed( ) 函数以求取困惑度，设置先验值 α=0.3，β=0.3，Gibbs 采样迭代次数为 100，最终确定主题个数 K=5 时，其困惑度最小。LDA 主题建模的结果主题聚类较为明晰（见表 2），分别包含北京公园、稻田活动、水稻价格、稻田水产以及稻田风光 5 个主题。主题 2 稻田活动，包括活动、朋友、小孩等，表明游客对京西稻作文化系统游玩与体验价值的感知；主题 4 为稻田水产，包括螃蟹、泥鳅、水稻等，表明游客对京西稻作文化系统生产与食用价值的感知；主题 5 为稻田观光、金灿灿、大片、保护性等，体现了游客对其景观和环境价值的感知。

基于 LDA 主题模型法，参考过往研究已建立的农业文化遗产价值体系[8, 27, 28]，结合情感响应分析的实际情况，本文归纳出游客可以感知农业文化遗产的景观与环境、审美与艺术、生产与食用、游玩与体验四方面价值，并建立相应的京西稻作农业文化系统价值感知体系（见表3）。

表2 LDA主题建模结果

序号	主题1		主题2		主题3		主题4		主题5	
	北京公园	概率(%)	稻田活动	概率(%)	水稻价格	概率(%)	稻田水产	概率(%)	稻田观光	概率(%)
1	公园	0.113	稻田	0.045	水稻	0.015	螃蟹	0.079	稻田	0.079
2	北坞	0.055	孩子	0.023	价格	0.009	稻田	0.040	京西	0.048
3	玉泉山	0.031	稻子	0.019	稻田	0.008	孩子	0.039	稻香	0.029
4	颐和园	0.031	北京	0.017	小朋友	0.008	交通	0.013	免费	0.021
5	北京	0.014	京西	0.012	稻子	0.007	泥鳅	0.012	小镇	0.015
6	京西	0.012	螃蟹	0.012	阿姨	0.005	气球	0.009	稻子	0.013
7	郊野	0.011	季节	0.010	疫情	0.005	工作人员	0.008	大片	0.013
8	免费	0.010	水稻	0.010	大片	0.005	衣服	0.008	水稻	0.012
9	中坞	0.009	大片	0.009	米饭	0.005	泥坑	0.008	风车	0.011
10	油菜花	0.008	活动	0.008	孩子	0.005	小朋友	0.007	种植区	0.010
11	西门	0.008	味道	0.008	照片	0.005	环境	0.007	停车场	0.009
12	海淀区	0.007	朋友	0.008	野菜	0.004	水稻	0.005	活动	0.008
13	东园	0.006	景色	0.007	空气	0.004	大片	0.005	北京	0.008
14	植被	0.006	金黄	0.007	风车	0.004	大人	0.005	保护性	0.008
15	面积	0.006	金灿灿	0.006	京西	0.004	特色	0.004	螃蟹	0.007
16	园林	0.006	建议	0.006	上庄	0.004	卫生间	0.004	小朋友	0.006
17	雕塑	0.006	小孩	0.005	真是太	0.003	亲子	0.004	栈道	0.006
18	北京市	0.006	环境	0.005	收割机	0.003	金黄色	0.004	金灿灿	0.006
19	三山	0.006	金色	0.005	百度	0.003	味道	0.004	马坊	0.006
20	五园	0.006	稻谷	0.005	直播	0.003	价格	0.004	孩子	0.006

表3 基于游客视角的京西稻作农业文化系统价值感知体系

一级主题	二级符号	三级文本（举例）
景观与环境价值	稻田观光、保护性、生物多样性	"走进田园，禾苗在向我问好，河流在和小鸟唱和，禾苗、河，在山的组合下，成了一幅美丽的油画。" "每年的金秋九月在京西稻米的产地都可以将自己融入宫崎骏的动画世界当中。满眼是金色的稻田，天空中飘浮着带着梦想的朵朵白云。田边还有盛开的格桑花、牵牛花。特别是那架能让你开心的风车，让眼前的一幕灵动起来。来到这里相信每个人心中都有属于自己的一幅《千与千寻》的画面"

续表

一级主题	二级符号	三级文本（举例）
审美与艺术价值	拍照、写真、直播	"拍照太出片啦，推荐。" "很漂亮，很出片。" "又是一个免费的网红美地！成片成片的金黄色稻谷，在蓝天白云的映衬下格外美丽，像一片金色的海浪，在秋风的吹拂下跳起了舞！"
生产与食用价值	农副产品、味道、价格	"北京人的口福，终于吃到新大米了！蒸了三顿米饭，满屋飘香，口感非常好"
游玩与体验价值	项目、活动、互动、亲子	"今天给大家推荐一个寓教于乐的亲子游好去处！快来带着小朋友来一场丰收秋割体验，泥坑大战稻田蟹吧！" "一年一度京西稻谷收割季，割御稻+抓螃蟹+田间品粥+扎稻草人……以镰刀为伴，以泥土为友，亲手体验收割稻谷的过程！在这个秋天走进稻田，一起探究京西稻的前世今生！" "京西稻，一个值得遛娃的好去处。在喧嚣的城市里，孩童们很少能见到像样的农作物，趁着秋高气爽的季节，带着娃体验一下，看看平时吃的大米是什么样子的。看看现代化农业收割的成效，感受一下大自然"

（二）游客视角下的农业文化遗产价值传递

本文参考美国旅游学教授麦金托什（1985）[29]提出的游客出游动机类型，将问卷数据按照游客的出游动机划分为4组进行单因素方差分析。A1（67人，65.7%）：身体方面的动机（度假修养、参加体育活动、娱乐活动等）；A2（24人，23.5%）：文化方面的动机（了解当地文化、民俗节庆等）；A3（10人，9.8%）：人际交往方面的动机（亲朋出游、结识新朋友等）；A4（1人，1.0%）：地位和声望方面的动机（洽谈商务、出席会议、考察研究等），将其设置为4个分类变量，作为方差分析的自变量。将游客对农业文化遗产价值的了解程度作为因变量，进行单因素方差分析，方差结果显示不同类型游客对农业文化遗产价值了解情况均值有显著差异，$F=3.060$，$P=0.032$。Bonferroni多重均数比较结果显示，进行文化旅游、乡村旅游、遗产旅游等的文化类游客对农业文化遗产价值的了解程度最高。

根据不同类型游客对价值认识的差异情况，本文进一步针对不同游客在旅游中食、住、行、游、购这5大环节中倾向的价值接收方式作分析。交叉列联的结果显示，以变量出游主要动机为分组项，美食（$P=0.009$）、住宿（$P=0.023$）、游玩（$P=0.030$）和购物（$P=0.040$）4个维度上差异显著，拒绝原假设，出行（$P=0.0766$），接受原假设。因此，出游主要动机与在美食、住宿、游玩和购物四个环节期望的价值传递方式存在差异关系，适合作对应分析。出行作为游客游览的首尾环节，所涉及的交通工具单一且与农业文化遗产多半无关，因此出行这一环节中价值传递途径的差异不大。而游客在农业文化遗产地的空间位移活动又与农业文化遗产地是否具备特色交通体验工具相关，房山贡米栽培区在特色交通工具上相对匮乏，未有轿子、马车等传统特色交通工具。

由于不同类型游客在美食、住宿、游玩和购物4个环节中期望的价值传递方式有所不同,本文进而对不同类型游客作对应分析(见图1)。其中,出于人际交往、地位和声望方面动机的游客在美食环节更倾向通过品尝美食、逛美食节等途径来了解农业文化遗产所承载的价值;出于文化需求选择出游的游客,在美食环节更倾向于了解当地民俗习惯、学习当地文化,更倾向于通过体验食物制作来了解农业文化遗产所承载的价值,在游玩环节更倾向通过亲身参与当地民俗活动来深入了解农业文化遗产价值,在购物环节中习惯于购买当地独具特色的传统手工艺品;出于度假休养,参加体育活动、娱乐活动等身体方面动机的游客在美食环节同文化旅游类游客一样,在亲自制作美食上同样具有行动力,在游玩方面也愿意参与传统节日节庆等活动;出于人际交往方面动机的游客,无论在哪个环节都倾向选择更为轻松愉悦、适合增进亲友关系的价

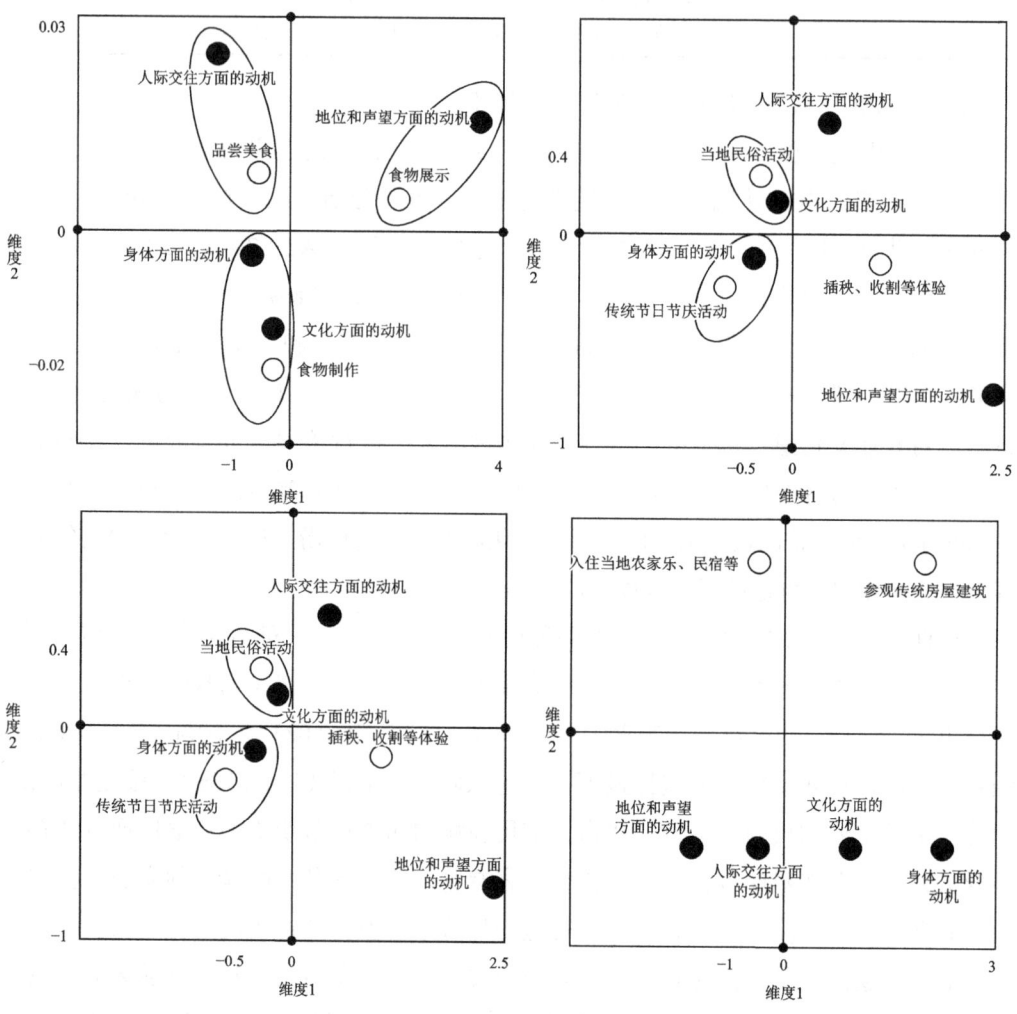

图1　旅游环节—价值学习方式对应分析图

值传递途径，如品尝美食、购买方便赠送他人的影音影像、文化书籍等。在所有类型的游客中，以文化旅游和遗产旅游为主要目的的游客在对农业文化遗产价值传递上活跃度最高，且对游玩的互动感、体验感的需求更为迫切。

本文采用"单因素方差分析"的方法，探讨农业文化遗产价值传递途径对游客重视的传递价值的影响。受访者按农业文化遗产价值传递途径分为5组：B1，由专业人员对文化遗产价值进行阐释（导游讲解等）；B2，由文化遗产组织、管理部门及相关者对农业文化遗产的价值进行现场展示（博物馆展览、学术讲座等）；B3，传统媒介和新媒体的引导（大众传媒的价值传播）；B4，游客交流（亲朋好友的互动）；B5，从未听过，设置为分组的5个变量，作为检验价值传递途径对游客重视的农业文化价值影响的自变量。本文将各农业文化遗产价值传递途径下游客重视的传递价值作为因变量，进行单因素方差分析，其零假设是游客重视的各种传递价值在不同的价值传递途径下各总体均值无显著差异。

根据方差分析结果，$P>0.05$，差异均不具有统计学意义。进而本文采用单因素方差分析探讨价值传递途径对游客价值满足（游玩过后游客自身所获得的价值）的影响。受访者按农业文化遗产价值传递途径分为5组（同上），设置为五分类变量，作为方差分析的自变量。本文将各农业文化遗产价值传递途径下传递的价值作为因变量，进行单因素方差分析，其零假设是游客在游玩后所获得的价值在不同的价值传递途径下各总体均值无显著差异。

根据方差分析结果，只有当价值满足为精神上的慰藉时，$P<0.05$，差异有统计学意义：$F=3.026$，$P=0.022$。事后比较采用Turkey HSD检验，第1组的均分（$M=4.50$，$SD=0.607$）与第2组的均分（$M=3.88$，$SD=0.680$）有显著性差异。第3组的均分（$M=4.13$，$SD=0.695$）与第4组（$M=4.50$，$SD=0.527$）、第5组（$M=4.25$，$SD=0.957$）的均分无显著差异。剖析原因，农业文化遗产地价值于游客而言是客观存在的，无论以何种传递方式为主都不影响游客是否重视其价值，在农业文化遗产地游玩过后，游客均可获得不同程度上的价值满足。另外，游客若想通过一次游玩获得精神上的慰藉的价值，所应具备的要求更加严格。结果显示，该价值传递的最优途径为大众交流（亲朋好友的交流），最差的传递途径为由文化遗产组织、管理部门及相关者对农业文化遗产的价值进行现场展示（博物馆展览、学术讲座等）。可以看出，游客若想获得精神层面的价值满足，离不开亲朋好友的信息交流和慰藉，而仅凭专业人员进行1对多或1对1的传递来获得精神层面的价值满足比较困难。

（三）游客视角下的农业文化遗产价值接收

本文采取李克特五级量表，分值为非常同意（5分）、同意（4分）、不一定（3分）、不同意（2分）、非常不同意（1分），研究当前游客对农业文化遗产的价值传递效果。结果显示，平均分为2.13，整体价值接收效果并不理想，仍有很大的提升空间。基于当前农业文化遗产价值接收的现实效果，本文将受访游客依旧按不同的出游动机分为4组，设置为4个分类变量，作为方差分析的自变量。游客在游玩过后对京西稻作文化系统的运作模式及价值的了解程度作为因变量，进行单因素方差分析，方差结果显示不同类型游客在经过价值感知、价值传递过后对农业文化遗产价值接收情况均值有显著差异，$F=4.328$，$P=0.007$。Bonferroni多重均数比较结果显示，出于文化方面的动机出游的游客在游玩过后对农业文化遗产价值的接收效果最佳，而出于地位和声望方面的动机的游客价值接收的效果最差。

三、结论、讨论与建议

（一）结论与讨论

本研究基于游客视角，得出的主要结论如下：①在价值传递途径的选择上，生态价值、历史价值等书本化、知识化的价值倾向于采用价值阐释、专业人员讲解等途径；而文化价值、社会价值、教育价值等涉及游客与他人情感交流的价值倾向于选择大众交流、导游讲解等涉及人的轻松愉悦的价值传递方式，传递效果会更好。②不同价值传递方式对游客是否重视农业文化遗产价值的程度影响不大，但对传递精神和心灵层面的价值有差异。③不同类型的游客对农业文化遗产价值的接收效果存在差异，所倾向的价值传递路径和方式也有所差异。在价值接收的方式上，可以结合游客的出游特点，在不同环节上开发游客能够接收的价值学习方式，增加游客的体验性和互动性。④游客视角下农业文化遗产的价值传递模型可被建构为游客的价值感知、价值传递系统、价值接收以及价值分享四个阶段（见图2）。在一次完整的旅游活动中，游客有意或无意识地感知农业文化遗产价值系统，识别被解构的遗产价值符号，主动或被动地接收价值，且根据情景在游玩过后积极或消极地分享价值，进而对农业文化遗产价值系统产生影响。

从过往的研究来看，农业文化遗产的价值传递主要关注以下两个方面：一是由农业文化遗产所呈现的历史、文化和社会背景的传承和弘扬；二是对农业生产和文化传统的保护和传承。前人研究往往从专业研究者或文化从业者的视角出发，探讨农业文化遗产价值在社会和文化层面上的传承和沿袭。因此，从游客视角出发看待此类现象，研究农业文化遗产价值传递是否更多地关注游客对农业文化遗产呈现出的感知和态度，以及游客对农业文化遗产的认知程度和理解，对于保护、传承和推广农业文化遗产具有重要的意义。本文的创新点在于：①提出了基于内容分析法和LDA主题模型法、问卷调查法的游客视角下的价值体系构建的新方法和新视角，是对农业文化遗产价值研究的延伸和补充。②从游客视角切入探讨农业文化遗产价值的传递问题，最终目的是促进农业文化遗产的保护和可持续发展，是对既往农业文化遗产保护研究的视角转化。

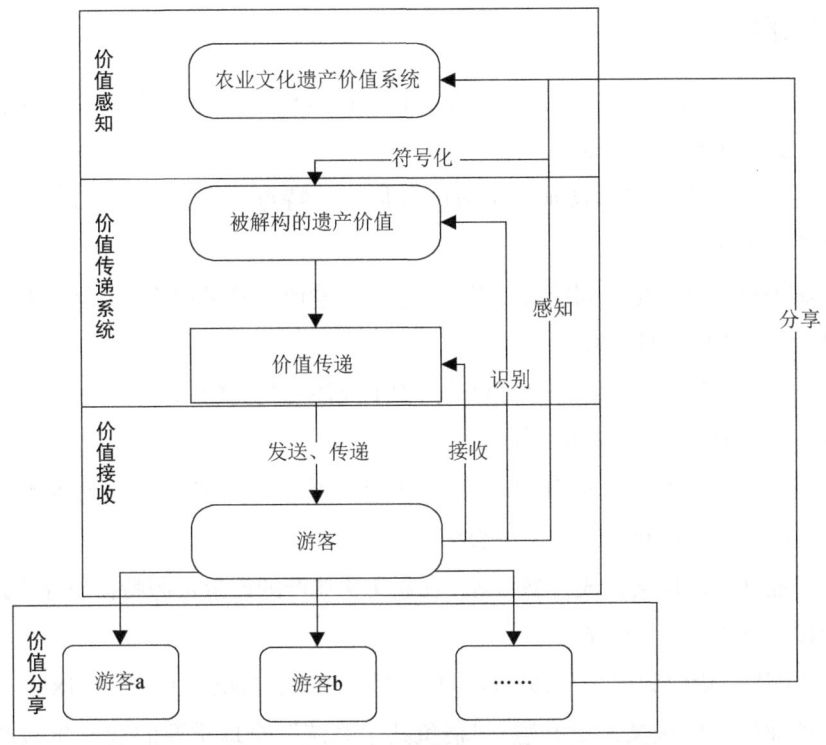

图2 游客视角下农业文化遗产的价值传递模型

（二）建议

一方面，本文通过了解游客的价值认知和旅游需求，有助于游客达到赴农业文化遗产地游玩的心理预期，使游客感受到农业文化遗产所独具的价值。另一方面，本文结论有助于农业文化遗产地根据自身价值，在旅游承载力范围内因地制宜地根据游客对遗产价值传递的感知，选择大众喜闻乐见的传播方式将不同类别产品背后所蕴含的不同价值传递给游客；有助于农业文化遗产深挖遗产多层次、多元化价值，提高价值传递的有效性，帮助游客更好地理解农业文化遗产的价值。

整体研究表明，游客对于农业文化遗产的价值认可呈积极态度。但在价值传递的过程中，当下仍存在遗产地本身对价值传递重视不足、遗产价值分享平台较少等问题，游客有意走进乡村放松身心、了解农业文化遗产的价值，却不知如何感受和体验京西稻作文化。未来可通过以下几个方面优化和完善价值传递：①做好景区宣传工作，重视停车场、公共厕所等基础服务设施建设，保障游客顺利开展旅游活动；②注重游客的游后分享，搭建遗产交流论坛等分享平台；③开发配套旅游产品，探索多元化互动体验项目；④破解景区聚合度低等窘境，以农业文化遗产为核心旅游资源，关联房山周边旅游资源，以文化为魂、以价值为纽带关联游客的游览全程。

参考文献：

［1］闵庆文，赵立军，叶明儿．农业文化遗产保护的罗马会议及其主要成果［J］．地理研究，2007（1）：211-212．

［2］闵庆文，孙业红．农业文化遗产的概念、特点与保护要求［J］．资源科学，2009，31（6）：914-918．

［3］焦雯珺，崔文超，闵庆文，等．农业文化遗产及其保护研究综述［J］．资源科学，2021，43（4）：823-837．

［4］王思明．农业文化遗产的内涵及保护中应注意把握的八组关系［J］．中国农业大学学报（社会科学版），2016，33（2）：102-110．

［5］闵庆文，孙业红，成升魁，等．全球重要农业文化遗产的旅游资源特征与开发［J］．经济地理，2007（5）：856-859．

［6］孙业红，闵庆文，成升魁，等．农业文化遗产的旅游资源特征研究［J］．旅游学刊，2010，25（10）：57-62．

［7］李醒民．价值的定义及其特性［J］．哲学动态，2006（1）：13-18．

［8］孙业红，闵庆文，成升魁．"稻鱼共生系统"全球重要农业文化遗产价值研究［J］．中国生态农业学报，2008（4）：991-994．

［9］何思源，闵庆文，李禾尧，等．重要农业文化遗产价值体系构建及评估（Ⅰ）：价值体系构建与评价方法研究［J］．中国生态农业学报，2020，28（9）：1314-1329．

［10］YOTSUMOTO Y，VAFADARI K. Comparing cultural world heritage sites and globally important agricultural heritage systems and their potential for tourism［J］. Journal of Heritage Tourism，2021，16（1）：43-61．

［11］丛桂芹．价值建构与阐释——基于传播理念的文化遗产保护［D］．北京：清华大学，2013：7-9．

［12］GIORNO C. Cultural landscapes：a multi-stakeholder methodological approach to support widespread and shared tourism development strategies［J］. Sustainability，2021，13（13）：7175．

［13］潘君瑶．遗产的社会建构：话语、叙事与记忆——"百年未有之大变局"下的遗产传承与传播［J］．民族学刊，2021，12（4）：41-51+115．

［14］查尔斯·桑德斯·皮尔斯．皮尔斯·论符号［M］．成都：四川大学出版社，2014：50．

［15］谢彦君，于佳，王丹平，等．作为景观的乡愁：旅游体验中的乡愁意象及其

表征［J］.旅游科学，2021，35（1）：1-22.

［16］谈佳洁，刘新静.符号学视角下旅游吸引物的短视频内容传播逻辑——定性比较分析（QCA）［J］.华侨大学学报（哲学社会科学版），2021（3）：34-44.

［17］孔令怡，吴江，魏玲玲，等.旅游凝视下凤凰古城旅游典型意象元素分析——基于隐喻抽取技术（ZMET）［J］.旅游学刊，2018，33（1）：42-52.

［18］严兴佩，陈娟，祝玉兰，等.基于符号学理论的农业文化遗产景观符号解析［J］.农业与技术，2022，42（18）：121-127.

［19］宋河有.地方旅游符号的形成与调适：从文化遗产地到全域旅游空间［J］.西南民族大学学报（人文社会科学版），2022，43（9）：25-34.

［20］ZHAO C H. The construction of the derivative value of heritage tourism on the basis of symbolic consumption［J］. E3S Web of Conferences，2021（251）：01090.

［21］彭丹.旅游符号学的理论述评和研究内容［J］.旅游科学，2014，28（5）：79-94.

［22］焦雯珺，刘振东，闵庆文，等.北京京西稻作文化系统［M］.北京：中国农业出版社，2017：11-12.

［23］邹晓辉，孙静. LDA 主题模型［J］.智能计算机与应用，2014，4（5）：105-106.

［24］BRANDT T，BENDLER J，NEUMANN D. Social media analytics and value creation in urban smart tourism ecosystem［J］. Information & Mangement，2017，54（6）：703-713.

［25］刘建国，黄杏灵，晋孟雨.游客感知：国内外文献的回顾及展望［J］.经济地理，2017，37（5）：216-224.

［26］李兰莉，杨阿莉，王纪云.国家公园语境下森林公园游憩价值感知评估及优化——以马蹄寺森林公园为例［J］.林业资源管理，2022（2）：164-171.

［27］闵庆文，张碧天.中国的重要农业文化遗产保护与发展研究进展［J］.农学学报，2018，8（1）：221-228.

［28］李明，王思明.多维度视角下的农业文化遗产价值构成研究［J］.中国农史，2015，34（2）：123-130.

［29］罗伯特·麦金托什，夏希肯特·格波特.旅游学——要素·实践·基本原理［M］.上海：上海文化出版社，1985：98.

（指导教师：孙业红，北京联合大学旅游学院）

基于网络点评的北京中轴线旅游形象感知研究

李雅琦[*]

[摘 要]一条中轴线，彰显着古都北京的精神与底蕴，素有"北京老城的灵魂脊梁"之称。在北京中轴线申遗过程中，更为强调公众的参与和与旅游的融合发展。为了解公众对北京中轴线的旅游形象感知，提升北京中轴线形象，本文主要运用网络文本分析法，辅以文献分析法、访谈法和问卷调查法，基于"认知—情感"理论模型，从游客感知视角研究北京中轴线的旅游形象。主要结论有：在公众心中"单个遗产点"的概念大于"整条线"的概念，对具体内容的认知度有待提高，公众偏好存在差异；随着居住范围与北京中轴线的逐渐接近，公众对其的认知程度也在逐渐升高；游客十分重视建筑背后所蕴含的历史文化内涵，并对景区内导游的讲解质量表现出很高的关注度；情感形象总体以积极情感为主，积极评价主要集中在旅游资源、旅游环境、导游服务、旅游活动方面，消极情感主要集中在旅游设施、景区管理与服务等方面。为了提升中轴线的形象，本文提出了完善旅游设施建设、串联特色中轴文化、打造深化中轴品牌、加强历史建筑保护、形成广泛宣传声势、创造全新数字中轴等相关建设意见。

[关键词]北京中轴线；旅游形象感知；网络文本

一、引言

北京中轴线——中国理想都城秩序的杰作，是北京历史文化名城中的一个重要组成部分。2011 年北京市启动了北京中轴线申遗工作，在《北京中轴线文化遗产保护条例》中提出了促进北京中轴线的保护和旅游融合发展的要求，所以关注游客对北京中轴线旅游形象认知有一定的实践意义。随着旅游信息化的进步，游客的网络分享体验成为评估旅游形象的重要方式。本研究使用网络文本分析法、文献分析法，结合深度

---

[*] 李雅琦，本科就读于北京联合大学旅游学院旅游管理系。

访谈和问卷调查，收集携程及马蜂窝上关于北京中轴线遗产点的评论。通过爬虫软件获取数据，并用 ROST CM6 软件处理，从认知、情感及整体形象三个层面分析公众对北京中轴线的感知，并提出了相关意见。

本文从"认知—情感"理论模型出发，对旅游形象感知理论和凝视理论加以拓展并将之运用到网络文本下北京中轴线的形象感知研究中，这样既能够充实旅游形象感知理论的研究内容，又能丰富国内目的地形象感知与品牌提升的发展对策研究，弥补在北京中轴线领域对形象感知探索的不足，向公众广泛宣传北京中轴线的文化价值，加强社会文化认同，提高公众对北京中轴线的认知与参与度，使北京中轴线文化遗产不断焕发出新时期的生机和活力。

二、研究概述

（一）研究背景

北京中轴线承载着中国古代都城规划的精髓和深厚的文化内涵。自 2011 年启动文物保护计划以来，历经多个重要阶段，2012 年被列入"中国世界文化遗产预备名单"。2020 年《北京中轴线申遗保护三年行动计划》发布；2022 年《北京中轴线文化遗产保护条例》（以下简称《条例》）获得通过，为申遗提供了重要法律支持和方向指引。《条例》中第三章《传承利用和公众参与》中特别强调了公众参与的重要性，并提倡优化旅游环境、提升旅游品质。与其他申遗项目不同的是北京中轴线申遗注重社会可持续发展，并鼓励公众广泛参与——通过举办各类活动，使公众有更多渠道去了解和参与北京中轴线的申遗进程。2023 年，北京中轴线申遗工作迎来冲刺阶段最重要的时刻，为进一步推动《条例》中公众参与的贯彻与落实，提升公众参与的广泛度与深入度，更切实有效地助力北京中轴线申遗，本文从学术角度出发，思考公众对北京中轴线的总体认知，了解公众对北京中轴线的形象感知，努力使更多的人了解并参与进来。参与的一个重要方式就是旅游和欣赏，旅游又是一个非常好的提升品牌效应的方式，因此本文以公众在旅游网站的评论入手，了解在参与过程中北京中轴线在公众心目中的形象并提出对建设北京中轴线的意见与思考。

（二）研究意义

理论意义。拓展旅游形象感知理论视角，填补北京中轴线在旅游形象感知方面的研究空白，构建中轴线旅游目的地发展的理论框架。丰富国内目的地形象感知与品牌提升的对策研究，提供多维度发展策略参考，促进理论与实践的融合。

实践意义。提高公众对北京中轴线的认知度，增强市民的遗产保护意识；为北京中轴线申遗提供形象认知的现实支撑，推进其建设与形象优化；为北京中轴线遗产可持续发展提供依据，提高北京中轴线品牌认知度和社会文化认同，为城市发展与遗产保护贡献力量。

（三）研究方法

1. 文献分析法

通过查阅国内外文献，了解北京中轴线相关价值研究和旅游形象感知研究情况，确定本文的研究方向和理论框架。利用官网资源收集历史与基本信息，为网络点评分析打基础；最后研读分析软件文献，强化技术支撑。

2. 网络文本分析法

考虑到网站具有开放性等特征，游客可以真实表达出自己的出行经历与体验等。本文通过爬虫软件收集北京中轴线遗产点评论文本，并借助 ROST CM6 软件各项功能分析北京中轴线的形象感知内容。

3. 访谈法

本文采用线上为主、线下为辅的访谈方式，通过深度访谈来了解公众对北京中轴线的认知情况，以游客调研为视角在项目的基础上进行深入分析，从不同视角对网络文本内容进行补充。

4. 问卷调查法

由于网络文本分析法主要基于 14 个遗产点各自的评论采集，为了解大众对整条北京中轴线的认知情感情况，使用问卷调查法为文本数据分析提供支撑与帮助。面向北京市 16 个区进行调研。调研样本采集以线上问卷方式为主。

（四）研究思路

本文以北京中轴线为研究对象，通过梳理文献获得概念界定与理论基础的支撑。主要运用网络文本分析法，以文献分析法、访谈法、问卷调查法为辅，为文本分析提供不同视角的佐证与支持，分析公众对北京中轴线旅游形象感知的情况，并提出对北京中轴线发展建设的意见。

三、文献综述与理论基础

（一）文献综述

1. 北京中轴线研究概况

国内研究学者针对北京中轴线问题的研究颇多，其中北京中轴线概念、文化内涵、历史意义等为主要研究主题。另外对北京中轴线的文化遗产保护与申遗也积累了丰富的研究成果。相关研究成果在 2021~2022 年度的发表量剧增。整体来看，对北京中轴线的研究与现实中的保护实践联系密切，且深受政策影响。

（1）北京中轴线的概念与内涵。

建筑学家梁思成曾指出，"北京独有的壮美秩序就由这条中轴的建立而产生"。他使用了"南北中轴线"一词。《北平历史地理》中也提到了"中轴线"一词,在讨论确定元朝城墙的原则时,明确提到了"中轴线"一词(侯仁之,1949)。国外学者也曾赞扬北京的城市规划"达到了中国城市所有方面可能实现的最高水平"。

(2)北京中轴线申遗。

北京中轴线申遗工作凸显了中华文明特有魅力,可通过北京中轴线将中国故事传递给世界。在新时代对北京中轴线城市规划设计的思考下,应面对新的历史责任和时代机遇,建立层次递进、重点突出的城市规划整体管控体系,引导对北京中轴线遗产区内重要节点的保护和利用(赵幸等,2019)。在助力申遗工作方面,结合北京中轴线申遗工作的实际,运用新的技术手段,搭建北京中轴线信息数据平台,推动北京中轴线申遗不断走向深入(李诚,2021)。

2. 旅游形象感知研究概况

旅游形象感知问题一直以来都是中外学者关注的焦点。20世纪90年代以前,对于旅游形象的研究主要停留于行为与认知的表层,关于旅游形象认知研究方面的重大理论成果也很少。20世纪90年代以后,旅游感知形象更多的是在心理学视角下进行的研究。这些研究成果涵盖了形象感知概念、基础理论研究、影响因素研究以及模型研究等多个领域,对于旅游形象感知的文章逐年递增,且发表数量多。

(1)旅游形象感知的概念。

旅游地形象最早是由亨特(Hunt)在20世纪70年代提出来的。旅游地形象是指游客在处理旅游地各个方面信息时形成的整体感知,在旅游地中形成的一系列印象、看法和情感的表露。在"认知—情感"模型中,游客感知形象被划分为认知形象与情感形象两部分,二者共同组成了目的地整体形象,认知与情感判断直接作用于整体形象,认知判断通过情感形象间接作用于整体形象。

(2)基于网络文本的形象感知研究。

在互联网广泛使用和网络文本分析法逐渐成熟的情况下,用户生成内容(UGC)以其真实可靠和直观的特点成为塑造和评估旅游目的地形象的主要数据。以天津为例,李欣等(2021)以马蜂窝的游记为研究样本进行文本分析,从旅游目的地形象的角度探讨天津文化旅游融合的现实困境,提出树立文化旅游发展"一盘棋"的理念,促进文化旅游融合发展的对策与建议。

3. 研究述评

就北京中轴线研究方面,学者们对其进行了广泛而深入的研究和探索,特别是其在2012年入选《中国世界文化遗产预备名单》后,研究范围更是涵盖了文化内涵、价值评估、保护利用等多个方面。整体来看,北京中轴线的研究与保护发展实践密切相关。从总体路径来看,"外"可依据国际规定,诠释北京中轴线的世界价值和认可;

"内"可发掘北京中轴线所反映出的中国传统文化历史脉络与价值内涵，从而不断完善对北京中轴线文化遗产保护与建设的思考。

在旅游形象感知方面，国内外学者进行了多角度的分析，构建了完整的理论体系，重点关注影响因素和行为模式。国内研究虽然起步较晚，但在借鉴国外经验的基础上，侧重于对特定区域旅游地的形象认知，并利用网络文本分析法来进行研究，其研究途径多样，成果颇丰。网络文本分析法在最近几年崭露头角，作为一种定量与定性相结合的研究手段，已被很多学者应用于旅游形象感知的分析。受此启发，本文选择携程等在线旅游网站的游客点评作为研究素材，运用网络文本分析法为核心工具，结合深度访谈和问卷调查，深入研究北京中轴线的形象感知。

（二）理论基础

1. "认知—情感"理论

"认知—情感"一词来自米契尔（Michel）的情感心理学理论。认知是情绪的基础，而情绪是认知的延伸。"认知—情感"理论是研究形象感知的基础，包括：认知形象维度，即人们在评价或理解与旅游对象相关的属性时的认知；情感形象维度，即人们对旅游对象的态度和感受；以及整体形象维度。认知和情感形象相互作用，形成一个整体形象维度。

2. 凝视理论

凝视理论主要运用于旅游方向的旅游地形象和凝视者行为的研究，源于厄里提出的"游客的凝视"。厄里还认为旅游是一个符号化的过程，中介传播符号，旅游前人们通过网络中的图片符号凝视旅游目的地；游客验证符号，旅游途中是游客对旅游目的地的亲身凝视，游客试图在观光时寻找自己预想中该地的形象；收集符号，通过某种方式将观光时的风景记录下来。旅游凝视是旅游的欲望、动机和行为等因素综合抽象的结果，是旅游目的地对游客的吸引之一。本文的理论应用，如图1所示。

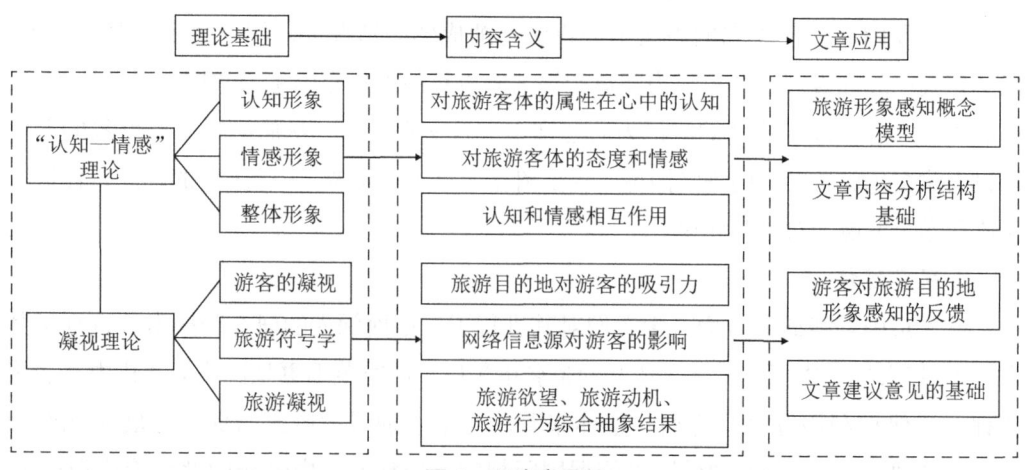

图1 理论应用图

四、研究设计

（一）数据来源与预处理

1. 网络数据与处理

根据相关报告，OTA 平台已经成为中国在线旅游市场的主力军。因此，本文选取了在全国排名靠前、知名度较高、用户流量较大、活跃度较好的携程网为样本数据来源主渠道，以马蜂窝为辅助来源。在采集器中创建任务，在评论数据页面，选择评论时间、评论内容、满意度等作为采集数据的元素，从南到北获取 14 个遗产点的在线评论数据。数据起止时间为 2015 年 1 月~2023 年 1 月，共计 8 年，为北京中轴线申遗工作的正式启动的时间点内。在数据筛选过程，对相关评论中提到中轴线的语句进行了重点关注与分析。

在网络数据处理方面，通过八爪鱼软件爬取评论数据，通过人工筛选数据进行预处理。主要经过了以下步骤：去掉文本中标点、表情和数字等，删除与遗产点无关的评论；筛选重复的文本并删除文本中重复的部分；将处理后文本利用软件中自带分词库分词，再增加与本文主题相关的自定义词典，如"中轴线"等，提高分词准确性；将处理完成的文本放入 ROST CM6 软件中进行词汇与情感相关分析。

北京中轴线遗产点网络文本采集数据表，如表 1 所示。

表 1 北京中轴线遗产点网络文本采集数据表

单位：条

序号	遗产点	搜索平台		总计
		携程	马蜂窝	
1	永定门	88	51	139
2	先农坛	85	44	129
3	天坛	2590	74	2664
4	正阳门及箭楼	418	74	492
5	毛主席纪念堂	0	75	75
6	人民英雄纪念碑	0	75	75
7	天安门广场	0	74	74
8	天安门	0	75	75
9	社稷坛	39	8	47
10	太庙	151	75	226
11	故宫	2600	75	2675

续表

序号	遗产点	搜索平台		总计
		携程	马蜂窝	
12	景山	1510	75	1585
13	万宁桥	33	6	39
14	鼓楼及钟楼	152	75	227
共计		7666	856	8522

2. 访谈数据与处理

北京中轴线的访谈内容以定性的非结构性访谈提纲为主，开展的时间为 2022 年 10 月~11 月，受访者涉及北京中轴线周边居民以及游客 14 人。其中北京中轴线周边居民是作为本地游客，对其的访谈内容包括认知情况、对北京中轴线品牌的建议等。

在访谈结束后，整理和分析访谈资料，包括对受访者的回答进行分类和归纳，提取有用的信息和结论。将受访者口语化的语言进行书面语转化。对访谈内容进行从认知程度、参与程度、意见建议维度的整理和分析，从深度访谈的文本观点，对网络文本内容分析进行更多的解读和补充。

3. 问卷数据与处理

根据北京中轴线周边与非周边的划分以及北京各城区地理、人口比例情况，我们进行了合理的人群分配调研，共回收有效问卷 200 份，其中东城区和西城区调研的样本最多，占全部样本的 18%。受访者性别比例相当，整体偏中青年群体；调研样本兼具代表性与广泛性，分布涉及北京 16 个区，其中来自北京中轴线所在的东城区和西城区的样本超过 1/3。

在北京中轴线认知部分，问卷题型为单选和多选题，主要运用两种分析方法。在多选题中采用多重响应，变量编码方法选用二分法计数，最后形成多重响应集。单选题，采用频数分析法：通过简单频数统计得出个案占比结果；将其对北京中轴线的认知问题与其居住范围进行交叉分析，得出相应结论。将以上分析得出的频数进行整体排序，形成直观的词云图与统计图。

（二）建立分析类目

本文根据"认知—情感"模型以及文本实际情况，将北京中轴线旅游形象认知分为旅游吸引物、环境氛围与区位、历史文化、旅游设施与服务、游客行为及感知五大类。旅游吸引物包含人文吸引物、自然吸引物两个次级类目；环境氛围与区位分为自然环境氛围、社会氛围、地理位置 3 个次类目；历史文化包含历史沿革、文化内涵两个次级类目；旅游设施与服务包含基础设施、旅游服务两个次级类目；游客行为及感知包含旅游消费、旅游时间、旅游活动、旅游氛围、游客感知5个次类目。

（三）形象感知分析模型

本文依据"认知—情感"理论以及凝视理论，构建北京中轴线旅游形象感知分析模型。北京中轴线旅游形象感知分析以在线评论文本为基础，首先，从高频词词性分类分析、高频词类属分析两个方面展开研究，依据所设定类目的归类分析，探究北京中轴线旅游形象感知中的高频词等特征，并获取游客对北京中轴线旅游感知的认知维度。其次，根据构建的情感分析词典，对在线评论文本进行积极、消极和中性情感方面的研究，以获得游客对北京中轴线旅游感知的情感维度。最后，进行语义网络分析并深入研究其关联，综合认知形象维度与情感形象维度组合的成果，获得游客对北京中轴线的整体形象研究。

五、北京中轴线旅游形象感知分析

（一）认知形象分析

1. 高频词词性分类分析

高频词词性分类分析是指对文本中出现的重要词汇词频变化的统计和分析，以反映热点和趋势为目的的一种方法。它能直观反映公众对北京中轴线形象的突出感受，直观展示公众对北京中轴线形象的认知——随着词频的增加，游客对其的认知深度和关注度也随之提升。

名词、动词和形容词是高频词汇的主要组成部分，其中名词在描述旅游吸引物方面占据主导地位，主要应用于活动对象、地理位置、遗产点等方面；游客的行为常常用动词描述，这些动词主要用于描绘游客的具体活动；形容词多数用于描述游客的感知体验和评价，主要表现在游客对景区主体形象和景区环境的整体感受。本文统计前12位高频词的名词、动词以及形容词，并对其进行了排序。

北京中轴线高频词词性排序表如表2所示。

表2 北京中轴线高频词词性排序表

单位：次

名词	词频	动词	词频	形容词	词频
故宫	3219	讲解	1889	不错	865
北京	2351	值得	635	很好	641
景山公园	1570	了解	528	细致	305
天坛公园	1392	看到	437	耐心	289
导游	1240	位于	434	专业	251

续表

名词	词频	动词	词频	形容词	词频
历史	1071	推荐	356	幽默	251
建筑	1034	跟着	313	最大	241
秀才说	931	游览	312	超赞	217
景色	629	感受	282	壮观	191
景点	571	感谢	262	性价比高	172
门票	564	祭祀	259	值得推荐	164
中轴线	535	俯瞰	244	丰富	162

从名词高频词方面来看，样本中名词词性的高频词所占的比重约为50%，其中旅游吸引物为"故宫""景山公园""天坛公园"，可见此3个遗产点在整条中轴线中关注度最高，最受公众关注。"中轴线"与单个遗产点相比，提及量较少，说明在公众心中单个遗产点的概念大于整条线的概念。另外，"秀才说"和"导游"提及量较多，可以看到游客在感知旅游景点形象的时候，旅游服务是重点，导游的服务质量会影响游客的感知形象，而"孩子"正是服务对象的核心，让孩子学到知识也是家长关注的重点。还有，"景色"被提到的次数也较多，说明游客对景区的自然风景关注度很高。

从动词高频词方面来看，样本中动词词性的高频词所占的比重约为25%，主要反映了旅游活动的体验性。"游览""感受"表明游览者的主要游览方式是视觉欣赏，带着比较放松的心情去感受北京中轴线的美。"拍照"表现出游客对旅游地优美的自然风光、具有吸引力的人文景观等旅游吸引物的凝视。其中"值得""推荐"具有正向的情感倾向，表明对游览北京中轴线景观的满意程度，意味着游客认为体验值得，愿意推荐给更多人。

从形容词高频词方面来看，样本中形容词词性的高频词所占的比重约为14%，形容词体现消费者情感偏向，从该表中形容词高频词中可以发现游客对北京中轴线总体情感偏向较为积极，多为积极形容词，体现了游客满意度更高。其中，表达对游览的整体氛围感受的词有"值得推荐""丰富"，表达对北京中轴线遗产点景观感受的词有"壮观""宏伟"，表达对服务人员感受的词有"细致""专业""幽默"，可见游客的整体满意度较高。

2. 高频词类属分析

本文将高频词划分类属进行分析，第一，旅游吸引物主要包括自然吸引物和人文吸引物，同时又是北京中轴线上游客感知比较明显且直接的组成部分；第二，自然环境氛围、社会氛围和地理位置属旅游目的地客观环境范畴，故归属环境氛围和区位主类目；第三，社会变迁是对文化的继承与拓展，而文化的生成又需要以历史为基础，所以把历史沿革与文化内涵归在历史文化这一类目的范畴之内；第四，基础设施、旅游服务是指旅游目的地管理者所提供的硬件设施及软件服务，它构成了旅游设施及服务的主类目；第五，旅游时间、旅游消费、旅游活动、旅游氛围、游客感知这些概念，可以描述游客在旅游中的行为活动、心理活动和感受，从而归入游客行为与感知大类。

北京中轴线旅游形象感知类目表如表3所示。

表3 北京中轴线旅游形象感知类目表

单位：次

主类目	次类目	高频词及词频
旅游吸引物	自然吸引物	景山公园（1570）、牡丹园（201）、万春亭（189）、北海（142）
	人文吸引物	故宫（3219）、天坛（1392）、中轴线（535）、正阳门（397）、太庙（260）、前门大街（233）、钟鼓楼（215）、天安门广场（229）、箭楼（172）、永定门（157）、午门（129）、珍宝馆（95）、先农坛（93）、社稷坛（92）
环境氛围与区位	自然环境氛围	景色（629）、天气（295）、山顶（179）、风景（147）、环境（122）、日落（42）
	社会氛围	游客（280）、老人（91）、疫情（61）、胡同（58）
	地理位置	北京（2351）、中国（462）、中心（318）、东城区（93）、西城区（70）、首都（43）
历史文化	历史沿革	历史（1071）、紫禁城（389）、宫殿（322）、大殿（167）、帝王（150）、保存（141）、皇宫（138）、古建筑群（131）、明永乐（107）、崇祯（98）
	文化内涵	皇家（442）、文化（249）、历史文化（141）、象征（123）、红墙（117）、古树（98）、文化遗产（87）、文物保护（84）、天圆地方（63）、五谷丰登（62）、内城（57）、文化底蕴（46）
旅游设施与服务	基础设施	景点（571）、南门（153）、方便（118）、景区（114）、路线（100）、讲解器（80）、正门（74）、交通（72）、地铁（71）、展览（68）、马路（63）、公交车（42）
	旅游服务	讲解（1889）、导游（1240）、秀才说（931）、耐心（289）、详细（370）、专业（251）、幽默（251）、风趣（220）、热情（205）、到位（150）、生动（141）、安检（96）、携程（62）
游客行为及感知	旅游消费	门票（564）、性价比高（172）、预约（130）、好吃（112）、便宜（119）、联票（77）、票价（76）、免费（60）、文创（43）、雪糕（36）
	旅游时间	时间（357）、小时（144）、淡季（59）、旺季（54）、季节（43）、再次（44）
	旅游活动	了解（528）、看到（437）、参观（361）、游览（312）、俯瞰（244）、旅游（205）、打卡（197）、拍照（192）、游玩（184）、登上（127）、排队（94）、旅行（87）、照片（82）、学到（70）、远眺（65）、观赏（61）、拍摄（60）、学习（58）、供奉（58）、瞻仰（41）
	旅游氛围	全景（237）、壮观（191）、制高点（130）、宏伟（147）、全貌（114）、大气（114）、震撼（114）、漂亮（103）、庄严（101）、著名（100）、完整的（99）、最高点（87）、雄伟（86）、高大（78）、标志性（73）
	游客感知	不错（865）、很好（641）、值得（635）、推荐（356）、感谢（262）、体验（244）、喜欢（240）、超赞（220）、开心（186）、有趣（145）、满意（138）、收获（121）、好评（113）、值得一看（79）、受益匪浅（40）

（1）旅游吸引物。

自然吸引物中"景山公园"以及包含在景山公园内的遗产点"万春亭""牡丹园"被多次提及，提及最多的"万春亭"为旧时北京制高点，南面可以俯瞰北京中轴线，而景山公园里的"牡丹园"是赏花的宝地。人文吸引物的词频多于自然吸引物。提及多的"故宫""天坛"词频都在千次以上，是知名度最广的遗产点。其次是北京中轴线上的"正阳门""钟鼓楼""天安门广场"等遗产点，可见其给游客留下了深刻的印象，占据了游客对北京中轴线认知形象的大部分内容。除了14个遗产点外，前门大街作为北京著名的商业街受到的关注也较多，在这里游客可以逛到各种老字号商铺等。故宫中的"珍宝馆""钟表馆"也位列其中，说明游客对展馆藏品的兴趣度也较高，认为工艺精湛的藏品值得深度游览。

根据问卷数据，58%的受访者"知道北京中轴线"，从本地游客角度出发，居住地与北京中轴线越接近的人，对其的认知程度就越高。除了名词或概念的认知之外，对"北京中轴线"的认知涉及非常广泛的内容。关于形成时间的调查数据显示，52%的人正确了解北京中轴线成型的朝代。关于南北端点的调查数据显示，43%的人了解其南端点为永定门，47%的人了解其北端点为钟鼓楼。对于大部分的遗产点与北京中轴线的关系较为明确，认知度较高。受访居民游览过的建筑群及组成单元中，最受欢迎的是故宫，其次是天安门、景山公园，这也与网络文本分析的结果相互印证。

问卷中设置了有关北京中轴线建筑认知的3个问题，数据显示，天安门、鼓楼、故宫是人们最为熟悉的北京中轴线建筑。与天安门和故宫等相比，人们对另外一些北京中轴线建筑的认知度偏低，在网络文本也有评论，"最后我才知道这个叫万宁桥，就是一个很不起眼的小桥"。总体来看游客对北京中轴线建筑具体内容的认知度有待提高，公众偏好存在差异。

游客认知度较低的北京中轴线5个建筑统计数据，如图2所示。

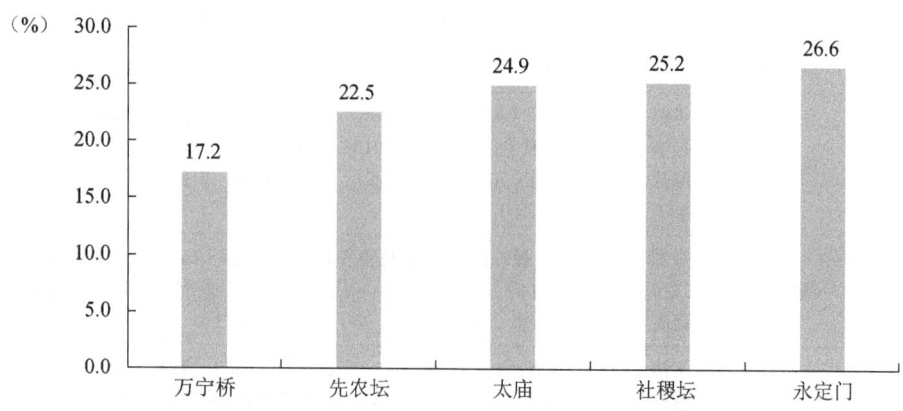

图2　游客认知度较低的北京中轴线5个建筑统计数据

(2)环境氛围与区位。

自然环境氛围是游客对旅游环境、建筑特色等的感知。在北京中轴线自然旅游氛围认知中,"景色"词频为629次,搭配着"天气""风景",可见人们对其的感知内容为景色秀丽宜人、蓝天白云、红墙黄瓦,是人们旅游度假娱乐的好地方。其中游客评论景山公园中,"日落"出现次数很多,表明人们乐于在此观赏夕阳美景,享受自然环境的氛围。

在社会氛围中提及"老人""胡同",内容则多为游客对古建筑周围的生活氛围的感受。在天坛,很多老人坐在古建筑长廊里休息聊天,下棋打牌。在鼓楼附近,听老人家聊四九城那些故事,站在楼上看南北的风景。在景山公园,老人在这里健身娱乐打太极。巍巍太庙,老人在唱京剧,这些都是游客感受老北京人生活的一大体验。在地理位置中,"北京""中国""首都"在网络文本中用于描述北京中轴线所在地的行政区域划分,"东城区""西城区"为城区地理位置,说明游客在旅游之前考虑了北京中轴线所在的地理位置是否方便。"中心"则为对北京中轴线城市核心位置的属性认知。

(3)历史文化。

历史沿革是指旅游地的历史发展和变革,具有相当的吸引力,承载着中国的历史变迁,给予游客感受最深的是建筑本身的风采,且游客更加赞叹于建筑背后的厚重历史文化。"明永乐""崇祯""封建"等词汇则表明游客对北京中轴线相关历史的认知程度较深。

文化内涵是指旅游地的历史文化、文化价值等。游客对北京中轴线文化内涵的认知,主要涵盖了皇家历史文化、建筑风格、文物遗产保护等,包括对"天圆地方"建筑文化的认知、"五谷丰登"天坛祭祀文化的认知等,这些内容体现了游客对北京中轴线文化传承的感知程度较深以及对学习中国文化的渴望。其中高频词提到的"文化遗产""文物保护"正是中轴线文化遗产保护的重点。评论中大多提到游客通过导游的讲解了解到很多文化知识,对故宫乃至中国传统文化都有了一个全新的认识,表达了希望通过学习历史和建筑的由来来了解北京中轴线的愿望。游客对景区导游、讲解员讲解的质量等都表示出极高的重视,因此要注重遗产点文化属性传播,深挖历史人文内涵。问卷对其宣传内容及最有吸引力的内容进行了调研,历史人文背景排名第一,是最有吸引力的内容。

(4)旅游设施与服务。

基础设施包括旅游地景点设施、交通设施和娱乐设施。游客对北京中轴线基础设施的认知主要集中在景区景点设施以及交通设施上。"南门""正门"体现了游客对整体线路规划的关注。"讲解器"为游览基础设施,评论有"进门时租一个自助讲解器,真的很方便,租一台讲解器就可以更好地了解各个朝代的历史"。"路线""地铁""交通"的相关感知描述有"交通比以前便利了许多,附近都有地铁可直达,以后可以常来""马路边有旅游专线,出游方便"。可见大部分游客对北京中轴线的基础设施多为正面的感知,且可以看出因为便捷的交通游客重游的意愿明显增高。

旅游服务是景区服务人员在旅游期间对游客所进行的各项服务。游客对旅游服务的认知表现为景区的管理服务和导游服务,"公交有服务人员直接售票,服务就在眼前"等内容能体现游客对管理服务的高度认可。导游服务方面感知主要包含"耐心""详细""幽默"等词汇,体现出游客认为导游的讲解服务十分专业,为游览增色不少。游客的导游服务以及出行预订服务大多选择"携程"软件,"秀才说"是携程里游客选择较多的品牌,表现为"在携程订票方便、轻松、实在,为携程服务点赞",可见携程的预订服务受到公众选择和好评。

（5）旅游行为及感知。

旅游消费包括游客对旅游产品与服务的购买水平。通过对文本中高频词的分析,我们发现在北京中轴线附近居住的游客更注重遗产点的门票选购性价比。其游览必须购买的"门票",绝大部分人认为性价比高,也有很多其他游客在天坛的游览评论中强烈推荐购买"联票",认为比较划算。旅游消费还包含"文创""雪糕",网络评论包括"祈年殿的图案是最典型的天坛公园,有意义的文创纪念品",这表明文创小店中精致可爱的伴手礼很受游客的喜爱与欢迎。

旅游时间是游客标记的游览时间词汇,包括旅游的总天数、遗产点游览时间、旅游季节等。"时间""小时"包括游览时间、开放时间等,多数人认为北京中轴线上的遗产点大概都需要花上半天到一天的时间,其中故宫游览时间会多于天坛、景山、太庙等遗产点,并认为利用周末闲暇时间光顾是非常不错的选择。多写到"淡季"的时候很舒服,"旺季"的时候多为陪孩子暑期游览参观。"再次"一词有两方面的表达,一方面体现了游客重游北京中轴线的意愿强烈,另一方面表达出再次前往又学到很多知识,是一种积极的态度。

旅游活动,游客感知度较强的多半是与景区相关的活动,包含"参观""游览""游玩""学习"等主要活动形式。评论中提及"在参观的同时能充分了解当时的历史情况,让孩子们体会到学习历史的乐趣",表明能够通过旅游活动达到休闲娱乐和学习双目的。"拍照"一词,在北京中轴线游客活动高频词中出现次数较高,表明"拍照打卡"是当下流行且传播度较广的旅游活动,"故宫的红墙、宫殿超美,拍照出片非常漂亮",照片的感染力会使更多的游客愿意前往。问卷中对公众进行旅游项目种类方面的调研显示,一日游、跟团游、自助游三类占比位于前三,其中自助游是参与最多、最受游客喜欢的旅游项目。

（二）情感形象分析

情感分析主要分析游客游记评价中的情感色彩，发掘其所包含的情感倾向，从而从深层次上解读游客内心特征，从而了解游客对旅游地的真实感受和总体印象。本文利用ROST CM6的情感分析功能进行情感分析，从而获取北京中轴线上遗产点情感分布的结果。总体来看，游客的情感倾向主要有3种类型，包括积极情绪，中性情绪和消极情绪，并把积极情绪与消极情绪分为一般、中、高3个强度。其中积极情绪比例最高，达81.52%；消极情绪占比最低，为7.11%；中性情绪占比中等，为11.37%。

北京中轴线游客评论情感分析表如表4所示。

表4　北京中轴线游客评论情感分析表

情感类别	比例（%）	强度	比例（%）
积极情绪	81.52	一般	28.43
		中度	26.41
		高度	26.68
中性情绪	11.37	—	11.37
消极情绪	7.11	一般	5.57
		中度	1.34
		高度	0.20
总计	100	—	100

1. 积极情感分析

积极情绪中，一般强度（28.43%）、中度强度（26.41%）、高度强度（26.68%）三种强度的占比较为平均，一般强度的占比略高，可以看出北京中轴线在旅游形象方面获得了较高的游客满意度评价。游客大体情感感知的方向以积极情绪为主，这也与"震撼""宏伟""壮观"等积极的情感用词相呼应。"方便"一词的评论中涉及了交通通达性、观赏配备解说的理解度以及预约购票的便捷度，表明游客对北京中轴线旅游服务人员的服务态度以及对基本设施的满意。"详细""耐心""幽默"是对导游解说的认可度，"收获""超赞""推荐"等词汇能看出游客对北京中轴线遗产点出游的满意程度高于预期，这也影响了游客的重游意愿，大部分游客愿意将其推荐给他人并且有再次前来的意愿。评论中用"值得一去"表示对此次旅游体验的正面肯定，乐于积极"推荐"自己觉得有趣的事情。

2. 消极情感分析

消极情绪中，一般强度（5.57%）、中度强度（1.34%）、高度强度（0.20%）3种强度的占比略有差异，一般强度的占比略高，"疫情"这个关键词经常被提及，多谈及疫情期间游客体验感变差。另外也谈到疫情时期游人稀少会更加清净。

负面感知主要来自景区的管理与服务，主要体现在"导游解说服务体验不佳""捆绑售票不合理""门票价格高""基础服务设施人性化不足""餐饮体验差"等方面，根据文本内容可发现其主要成因在于服务人员的态度较差，导游应付工作讲解差，不考虑游客体力，捆绑售卖讲解票，太庙门票价格高，天坛文创雪糕价格昂贵且味道不佳，指示标不明确走了很多冤枉路，讲解器同一景点只能讲一次，陡峭的楼梯让老人孩子很不方便，旅游的人很多，不文明的情况也时常出现等，这些消极反映折射出景区管理与服务方面的欠缺，亟须改进。旅游管理水平、旅游服务人员的知识和技能水平都会对游客的旅行体验产生直接的影响，所以管理人员的水平对游客的旅游体验起着决定性作用。

对于建筑修缮方面，谈及最多的就是永定门的重建问题，表达了对拆除旧建筑的遗憾和复建的不满，希望把精力多放在保护现存的建筑之上。认为太庙宫殿建筑的琉璃瓦片斑驳不堪，可见建筑的修缮工作仍需加强。

尽管正面认知和负面认知同时存在，但是在总体情感区分上，游客对于北京中轴线旅游形象的情感形象认知是正面的、积极的。

（三）整体形象分析

1. 社会语义网络图分析

语义网络分析图由节点和连线组成，每个节点代表高频关键词，这些关键词与其他节点存在语义联系，而连线则表示它们之间的语义关联。语义网络图能够直观体现词汇间深层次的结构关系。社会语义网络图由内而外有三层结构。从整体结构来看，此图呈发散状，由中心圈层向外围扩散，处于核心部分的关联词体现了游客的重点关注对象与核心需求。

北京中轴线社会语义网络图如图 3 所示。

第一层由"故宫""北京""中轴线""讲解""导游""历史"构成，在图的中心，联系最紧密，形成了以这些词为中心的语义网络图。这些词是北京中轴线游客评论系统的核心词汇。点度中心性最高的词是"故宫"，在对北京中轴线的研究中，位于中心点的故宫成了热门词条。点度中心性第二高的便是"北京"，这与北京中轴线所处的地理环境息息相关。"中轴线"的概念排在第三，可见与故宫在大家心中地位相比，人们对于一整条中轴线概念的认知还是较少的。

外层由"天坛""景山公园""建筑""文化""景点"等词语组成，表明游客对北京中轴线上遗产点的地理位置、历史文化氛围、古建筑群、旅游服务的感知较深。这一层词语的主要遗产点是天坛和景山，这些热度稍高的遗产点也会带动其他遗产点的发展，在一定程度上完善北京中轴线旅游整个产品链的完整性与多样性。

最外一层展示了高频词间特定关系的信息,"导游"与"讲解""孩子""历史"相关联,说明了游客在很大程度上有意让孩子了解北京中轴线的历史文化。与"耐心、生动、细致、详细、幽默"相连的,是导游讲解风格的类型。由此可见,讲解的多样性在北京中轴线文化的传播中十分重要,良好的导览服务和态度将直接提高人们对北京中轴线乃至北京的整体评价。

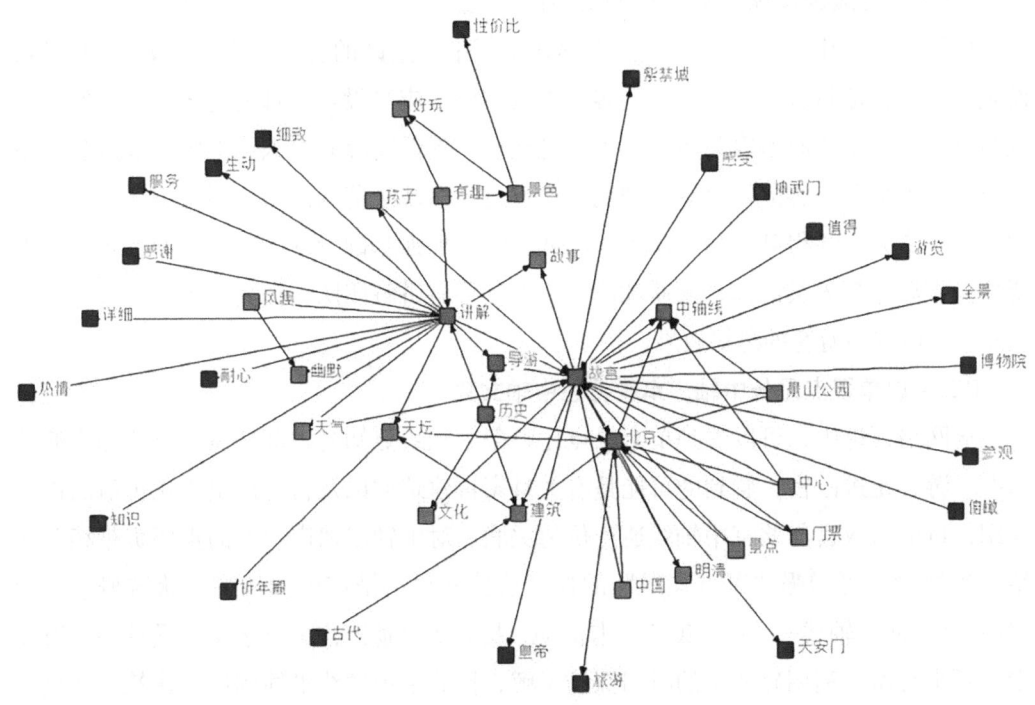

图 3　北京中轴线社会语义网络图

2. 整体形象总结

整体形象是指游客在北京中轴线旅游形象感知和情感形象维度共同作用下形成的综合感知。在旅游吸引物方面,人文吸引物比自然吸引物更受关注,人文古建筑的宏伟令游客感到震撼,但也对永定门、太庙等建筑的重建修缮持有一定的负面看法。环境氛围方面,游客呈现中性为主情感倾向——自然环境与都市气息受到好评,而疫情成为负面影响因素。在历史文化方面,游客呈现完全积极的情感倾向。游客对北京中轴线的历史文化认知程度较深,对建筑背后的历史文化感到赞叹。在旅游设施与服务方面,游客呈现积极为主、消极为辅的情感倾向。便利的交通和合理的票价得到认可,但服务态度和设施细节有待改进。在旅游行为及感知方面,游客呈现积极为主的情感倾向。大多数游客认为旅游消费性价比高,喜爱文创产品,冬季的故宫尤其受欢迎,旅游活动以拍照学习为主,但也存在排队等问题。从北京中轴线社会语义网络图中可以看出，与故宫相比，公众对整个中轴线的认知较少，多样化的导游讲解对于提高游客兴趣和扩大受众范围至关重要。游客对北京中轴线旅游的整体形象感知具有统一、多元和复合的特点。

六、发展建议

（一）完善旅游设施建设，提升旅游服务质量

从评论文本中可以看到大多负面感知主要来自景区的管理与服务，如标识不清、设施不便及人流量大。为了提升游客的参观体验，应当设定合理的游客容量，实施限流与分流；公示实时游客数量，给出游览建议；降低高峰时段人流上限；改进公共服务设施。大部分游客前往北京中轴线遗产点进行参观游览的同时，还希望了解到独特的历史与文化，并得到良好的服务。因此，除了加强基础设施的完善建设，景区还需要提升旅游服务人员的综合素质和能力，优化导游讲解团队，提高旅游服务人员的专业水平，以提高游客的感知效果。

（二）以单景点见长中轴，串联特色中轴文化

从网络评论中，可以看到单个景点比整条中轴线更知名，部分遗产点认知度低的情况。游客走进故宫，看到的可能是有关皇家古建筑群以及自身历史文化价值的讲解介绍，目前对故宫与北京中轴线遗产价值关联、对中轴线遗产价值的重要贡献相关介绍还很缺少，可增强"以点连线"的遗产价值解说；推广中轴线整体旅游概念，如"从故宫走向中轴线"；开展集章打卡活动，提升更多遗产点的知名度；设计一日游或多主题半日游，利用碎片化的时间探访了解，把北京中轴线沿线的历史建筑、文化习俗串联起来，充分发掘北京中轴线建筑群之间的内在联系，让人们对北京中轴线能够有一个更全面、生动的认识。

（三）挖掘中轴文化内涵，打造深化中轴品牌

从网络评论中可以看出游客十分重视建筑背后所蕴含的文化内涵，应全面打造"北京中轴线"的品牌形象，塑造北京中轴线"华夏文脉、古都脊梁、历史印迹、市井烟火"品质形象。面向不同人群开展不同主题的品牌活动，构建品牌推广计划矩阵，深化文化遗产价值；开发优质文创及展览产品，提高公众认知度；构建中轴线文创体系，塑造北京中轴线在新媒体时代的新面孔，将文创与吉祥物IP广泛应用到历史城郭、历史街巷、城市标志物或者标志性建筑点。积极开发创新产品，如"中轴奇集"盲盒、"中轴巧建"Lego挑战赛等，增强游客黏性，提升北京中轴线旅游品牌形象价值。

（四）发动多方媒体参与，形成广泛宣传声势

"当107路再次经过，时间是带走青春的电车。"网络评论中显示，很多人被赵雷歌曲中的情景所触动，专程前来拍摄107路公交经过鼓楼的照片。访谈中采访者也建

议利用微信、微博和抖音等新媒体渠道及时发布北京中轴线的信息与动态，以吸引更多的关注者。问卷调查显示，36.1%的受访者通过电视新闻了解中轴线。尽管传统媒体仍然是宣传主阵地，但近年来各种渠道的宣传力度也在逐渐加强。应充分利用新媒体平台的互动优势，并结合传统媒体的权威性，制作视觉冲击力强的创意视频，针对不同的公众群体推广不同的活动。此外，还可以开展新媒体线上活动，让更多人了解并参与到北京中轴线的保护和发展中来。

（五）加强历史建筑保护，留住城市文化根脉

维护和修缮历史建筑被认为是保护文化遗产最有效的措施。在北京中轴线建筑群中，游客最为赞叹的是这些建筑本身的魅力。保护文化遗产不仅是为了传承中华优秀传统文化，也是为了留住文化的根和民族的魂。应当从长远的角度出发，坚持"修旧如旧"的原则，注重文物本体及其周边环境的整体保护，以保持文化遗产的活力，延续其生命力。

（六）创造全新数字中轴，推动数字产品发展

数字化已成为文化遗产保护的关键手段，尤其是对于大型文化遗产群，数字化有助于更好阐述遗产价值并提高公众参与度。应通过推进北京中轴线的数字工程，采用前沿技术，实现数字展示、媒体传播和产品开发，构建历史文化大数据，全方位展示中轴线的文化魅力。利用3D和VR技术让用户在线上沉浸式体验中轴线魅力；推出4D互动体验，呈现中轴线厚重的历史变迁，打造全球最大的文化遗产元宇宙。综合运用高清扫描、游戏引擎和云游戏等技术，在数字世界中重现北京中轴线，以增强其历史、文化和美学价值的传播，探索文化遗产可持续发展的新模式。

七、结论

本文基于形象感知的视角，从认知形象、情感形象和整体形象3个方面深度挖掘了游客对中轴线旅游形象的感知情况。本文结论如下。

认知形象包含旅游吸引物、环境氛围与区位、历史文化、旅游设施与服务、游客行为及感知5个主类目。通过提取的高频词我们发现，单个遗产点的概念大于整条线的概念，游客最关注的是人文吸引物，特别是建筑本身的魅力，但对具体内容的认知度有待提高，公众偏好存在差异；居住位置越接近中轴线的人对中轴线的认知程度越深；历史人文是对游客而言最有吸引力的内容，且游客高度关注景区导游的讲解质量与内涵；在旅游设施与服务方面，游客对交通设施、导游服务多为正面感知，对景区的管理和设施多为负面感知；在旅游行为及感知方面，旅游消费中门票的性价比以及文创受到游客好评，游客更多希望通过旅游活动达到休闲娱乐和学习的目的，游客倾向于一天或半天的游览，多数愿意重游；自助游最受欢迎。

在情感形象方面，大部分游客对北京中轴线持有积极情感，消极情感占比低；积极评价集中在旅游资源、旅游环境和导游服务方面；消极评价涉及旅游设施、景区管理和服务问题，包括疫情期间的限流、旺季的人流拥挤、导游解说不理想、捆绑售票、高价门票、工作人员态度不佳和基础服务设施不足等问题。

在整体形象方面，游客对北京中轴线旅游形象的感知是统一、多元和复合的；良好的导游服务和态度能显著提升整体评价。

针对上述研究结果，本文提出如下建议：完善旅游设施建设，提升旅游服务质量；以单景点见长中轴，串联特色中轴文化；挖掘中轴文化内涵，打造深化中轴品牌；发动多方媒体参与，形成广泛宣传声势；加强历史建筑保护，留住城市文化根脉；创造全新数字中轴，推动数字产品发展的建议。

参考文献：

［1］古玉玲，刘蕊，李卫伟.北京中轴线文化遗产保护规划研究［J］.北京城市学院学报，2021（2）：28-37+43.

［2］吕舟.北京中轴线申遗研究与遗产价值认识［J］.北京联合大学学报（人文社会科学版），2015（2）.

［3］秦红岭，周坤朋，陈荟洁."北京中轴线建筑文化价值阐释与保护传承"学术研讨会综述［J］.中国名城，2022（11）：31-35.

［4］孙潇，户文月，李亚芬.基于网络文本分析的古村落旅游形象感知研究——以苏州明月湾古村为例［J］.旅游纵览，2022（8）：11-14.

［5］张敏，刘旭玲，彭雅诗，等.基于网络文本分析法的旅游目的地形象感知研究——以泰山风景区为例［J］.泰山学院学报，2022（4）：85-96.

［6］郑钰婷.基于网络文本的张家界国家森林公园品牌个性研究［D］.长沙：中南林业科技大学，2019.

［7］白冰，张茵.基于虚拟社区的旅游凝视分析——故宫意象感知研究［J］.林业与生态科学，2021（2）：223-228.

［8］陈芳.基于网络文本挖掘的邮轮品牌形象研究［D］.镇江：江苏科技大学，2021.

［9］吴安，轩福华.基于网络文本的景区旅游形象感知研究——以亚龙湾热带天堂森林公园为例［J］.对外经贸，2023（1）：68-72.

［10］李冲，范健英，段文军.基于网络文本分析的平遥古城旅游形象感知研究［J］.黑龙江生态工程职业学院学报，2021（5）：45-48.

［11］王彬.北京中轴线建筑文化景观数字化影像保护探索［J］.北京印刷学院学报，

2021（12）：66-67+98.

［12］庞书经，李乃慧，林燕秋，等.城市设计如何引导北京中轴线遗产区内重要节点保护与利用［J］.北京规划建设，2019（1）：26-31.

［13］吕舟.北京中轴线：世界遗产的价值认知体系［J］.北京规划建设，2019（1）：4-8.

（指导教师：孙梦阳，北京联合大学旅游学院旅游管理系）

乡村非遗旅游共生系统：要素识别、构建与验证

郑宏泰[*]

[**摘　要**] 积淀着民族记忆、文化内涵和精神象征的乡村非物质文化遗产是重要的旅游资源。在新的发展要求下，传统生产关系在旅游活化中逐渐从博弈合作演变为相互依存的共生关系，多利益主体间共生关系成了共生系统形成和演化的关键。本研究通过实地调研山东、贵州、河南三省，运用共生理论梳理共生关系，扎根识别并归纳了乡村非遗旅游共生系统各维度和系统要素，形成四维结构框架；并深入挖掘非遗利益主体共生关系，借助系统观的设计理念构建出了一般性的乡村非遗旅游共生系统；接着将定性的系统要素细化为量表，构建验证模型，进行探索性和验证性因子分析，检验其系统结构的聚合效度和内部一致性；最后对优化系统结构、促进共生关系提出了针对性建议。本研究拓展了共生理论在乡村非遗旅游领域的研究，将抽象的共生系统维度操作化，为各方利益主体在乡村非遗旅游活动的共生实践提供了理论支持和参考路径，也为乡村非遗旅游的可持续发展带来更多启示。

[**关键词**] 乡村非遗旅游；利益主体；共生理论；共生系统

一、绪论

乡村非物质文化遗产（以下简称乡村非遗）不仅反映了乡村社区的生活方式和生产结构，而且是社区文化认同和历史记忆的载体[1-2]。随着时间的推移，乡村生活方式和生产结构的变迁对这种传统生产关系构成了挑战，导致传统非物质文化遗产面临衰退乃至消失的风险[3]。旅游业的介入被视为一种潜在的解决方案，为乡村非遗提供了新的生命力，并促进了新的生产体系的形成[4]。然而，基于旅游业的开发模式往往

---

[*] 郑宏泰，本科就读于北京联合大学旅游学院旅游管理系，毕业后就职于清华大学公共管理学院，担任研究专员。

以利益为导向，缺乏连续性和稳定性，使得这种新的生产关系具有本质上的脆弱性[5]。这一点在环境微小变动可能导致生产关系断裂的风险上得到了体现。学术界对此话题进行了讨论：一方面，哈丽特·迪肯、高寿华等学者积极论证旅游开发和非遗保护之间的影响，探讨两者的可持续发展关系[6-8]；并通过使用博弈论[9]、扎根理论[10-12]和共生理论[13-15]等理论方法构建测量与评价模型，以及建立利益相关者共享和协调机制[16-18]。另一方面，乡村非遗因所在区域文化氛围、地质风貌、传统习惯等不同，展现出不同的特质，使得旅游开发结果也各不相同。目前的国外研究案例有俄罗斯[19]、印度[20]、意大利[21]等，国内研究案例有安徽省[22]、天津市[8]、甘肃省[9]、内蒙古自治区[10]和辽宁省[23]等。还有一些学者的视角相对微观，聚焦于具体的景区，如广西壮族自治区贺州市昭平县黄姚古镇[24]、贵州省黔东南苗族侗族自治州雷山县西江千户苗寨[13]和辽宁省盘锦市大洼区西安镇[14]等，立足其区域特色，分析了当地非遗现状和开发对策建议。

共生系统为多利益主体与非遗资源互动所形成的共生关系培育了有利的生态基础[15, 25]。共生理论提供了一个分析框架，用于理解和设计能够支持乡村非遗可持续发展的共生系统[26-27]。根据这一理论，创建一个连续且基于互惠互利的共生系统是确保乡村非遗通过旅游活化实现可持续发展的关键。然而，作为新兴研究议题，共生系统研究尚处于起步阶段，部分学者对其内涵和维度进行了初步理论探讨[28-31]。但对乡村非遗旅游研究在共生关系方面的系统性梳理和分析较为缺乏，亟待学者们进一步开展系统要素识别和系统构建探索。鉴于此，本文运用共生理论深入剖析利益相关者的共生关系及其互动方式，由此识别和分析乡村非遗旅游共生系统的各维度和要素，构建一般系统模型。本文旨在促进乡村非遗旅游开发中的多方协调与利益共生，为乡村非遗保护与旅游开发提供新的理论视角和实践路径，也为促进利益相关者之间的有效互动、构建稳定且互惠的共生关系提供重要的策略指导，从而进一步推动乡村非遗旅游的可持续性发展。

二、理论基础与数据来源

（一）理论基础

1. 共生理论

共生理论为本文探究共生系统结构提供关系线索。该概念为德国学者德贝里于1879年首次提出，其揭示了生物间相互依存的本质及其生存驱动的形成机制。该理念强调生物体为适应生存需求而发展出的特定互动模式，并通过能量交换实现共存与协同进化，构建互利的共生关系[32]。在国内，袁纯清（1998）首次将共生理论应用于社会科学（经济学）范畴，明确共生理论中包含了共生单元、共生环境及共生模式三大要素[33]。共生单元亦称共生体，构成了共生关系中的基本单元，负责能量的生产与交换。而共生环境由共生单元之外的各种因素所构成，为共生单元及其相互关系的存在提供了必要的外部条件。共生模式描述了共生单元通过特定的共生通道进行相互作用或结合的方式，它是共生理论的核心概念，阐释了生物体在一个共生体系中与其他生物体所建立的联系与相互关系的本质。共生模式从行为方式来看，存在寄生、偏利共生、非对称互惠共生、对称互惠共生4种关系；从组织程度来看，共生模式有点共生、间歇共生、连续共生和一体化共生4种情形。对称互惠是共生模式行为方式的最优形态，一体化共生则是共生模式组织程度的进化目标。同时共生模式也是共生关系的重要评判标准[33]。近些年共生理论逐渐被用于非遗领域，用于探讨利益主体、文化与环境等相关的可持续关系。但现有关于共生系统的研究大多宏观阐述共生单元的类别和运行机理，较少深入分析共生单元之间的互动关系。本文在共生理论三要素（共生单元、共生模式和共生环境）基础上加入共生界面，着重突出利益互动渠道和共生关系的发展方向及内容，强调主体间的互动交往，多维度形成共生系统要素结构。这更贴合乡村非遗旅游的应用情景，更有利于挖掘共生单元之间的互动关系和总结共生模式，从动态视角分析共生系统的运行机制。由此思路搭建了共生理论在本文中应用的概念框架，如图1所示。

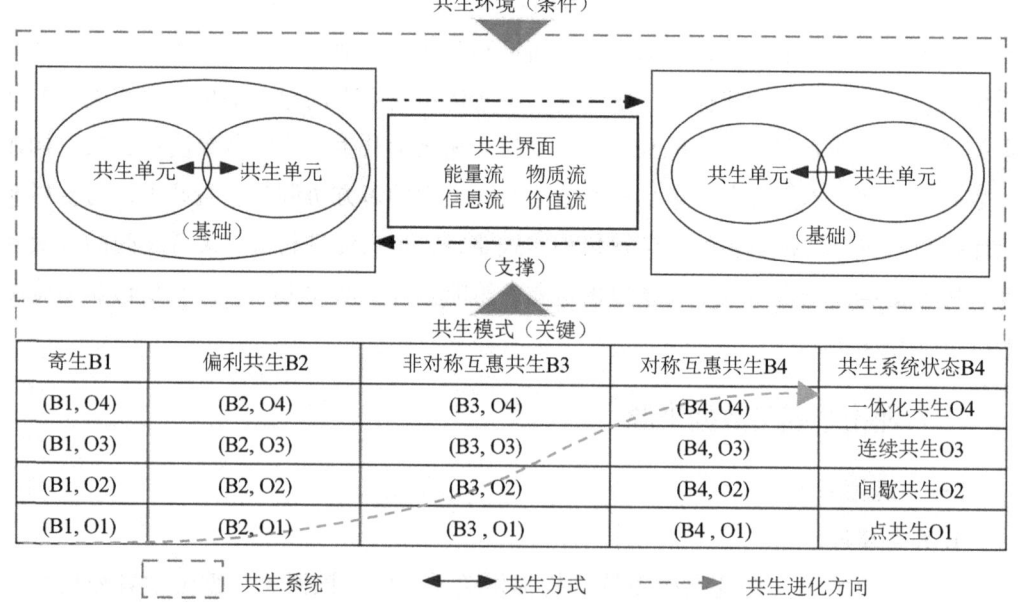

图1 共生理论概念框架

2. 利益相关者理论

利益相关者理论认为，组织的成功取决于其与各种利益主体的有效互动。共生系统形成的标志是多主体间共生关系的建立。因此,识别和划分出参与乡村非遗旅游活动中的利益相关者是构建共生系统的重要步骤。该理论在经济学、人类学、生态学等领域广泛传播和应用。利益相关者是指"在企业中能够影响其组织目标实现,或者能够被企业实现目标的过程影响的任何个人和群体[34-35]"。伊莉斯·索特、刘静艳、王纯阳等学者使用不同的工具和方法,在商业经营模式[36]、互动关系[37]、遗产地保护功能[38]等领域中,对利益相关者的概念和类别进行识别和划分。本文将乡村非遗旅游利益相关者定义为"参与乡村非遗旅游活动并承担一定风险的个人或组织,其活动能够影响非遗旅游或是被非遗旅游影响"。乡村非遗旅游涉及众多利益相关者,基于以上文献中利益相关者的分类,结合乡村非遗旅游特性,本文将乡村非遗旅游中涉及的利益主体分为核心利益主体和边缘利益主体,具体划分如表1所示。本文重点分析政府、企业、遗产地社区、非遗传承人和社会公众5类核心利益主体。

表1 乡村非遗旅游利益主体划分

类型	相关组织	包含范围
核心利益主体	政府	①省、市、县(区)、乡(镇)等各级政府;②文旅广电(体育)、农业、财政、交通等部门;③非遗保护中心、景区管委会、专项办公室等
	企业	开发商、设备供应商、材料供应商等
	遗产地社区	遗产地社区居民、农民集体经济组织、村民自治委员会等
	非遗传承人	国家级、省级、市级、县级各类非遗项目传承人
	社会公众	非遗活动所涉及的消费者、文化爱好者等
边缘利益主体	技术服务机构	数据资源协同平台、旅游战略咨询、项目监理、规划院等
	金融机构	银行、融资、信托、保险等官方公司,民营机构及投资人等
	研究机构	高校、各单位旅游规划院、文物保护机构等
	其他	公共媒体等

(二)数据来源

笔者团队在2021年7月~2023年5月,多次到贵州、山东和河南三省进行调研,通过面谈、电话访谈以及座谈的形式,收集了贵州(雷山、丹寨)、山东(泰安、济南)、河南(新乡、三门峡、洛阳)等地各类核心利益相关者大量的访谈文本,涉及的乡村非遗旅游项目如表2所示。本次访谈涉及:①政府人员(ZF)22人(山东8人、河南5人、贵州9人);②非遗传承人(CCR)19人(山东5人、河南2人、贵州12人);③旅游企业人员(QY)22人(山东3人、河南7人、贵州12人);④遗产地居民(JM)8人;⑤游客(YK)12人;⑥专家学者(XZ)4人,共计87人。其中包含单独访谈 57 次，座谈（ZT）3 次（其中涉及多位利益主体），平均访谈时间 1.23 小时，根据访谈形式进行规范性整理可得 60 项共计 90 多万字的访谈数据。

表 2　三省乡村非遗旅游相关项目调研情况

省份	非遗项目	调研时间	资料编码
山东省	肥城桃木雕刻技艺、肥城聂氏铜器铸造工艺、泰山石刻碑拓技艺、济南面塑、鲁绣、淄博刻瓷、漆器髹饰技艺、古琴斫制技艺等	2021 年 7 月 8 日 ~8 月 7 日	SD-CCR-01~05、SD-ZF-01~08、SD-YK-01~12、SD-JM-01、SD-XZ-01~02、SD-QY-01、SD-ZT-01~02
贵州省	苗族蜡染技艺、鸟笼制作技艺、苗族银饰锻制技艺、雷山苗绣等	2022 年 1 月 9 日 ~1 月 18 日 2022 年 7 月 14 日 ~7 月 19 日	GZ-CCR-01~12、GZ-ZF-01~09、GZ-QY-01~12、GZ-JM-01~07
河南省	河洛剪纸、高村张氏绿豆粉皮制作技艺、酊酒制作技艺、平乐牡丹画、青铜器制造技艺、杜康酒酿造技艺、唐三彩烧制技艺等	2022 年 7 月 22 日 ~8 月 2 日 2023 年 5 月 7 日 ~5 月 14 日	HN-CCR-01~02、HN-ZF-01~05、SD-XZ-01、HN-QY-01~05、HN-ZT-01

三、共生系统要素识别与构建

（一）共生系统要素识别过程

扎根理论是系统地将抽象的概念转变为具体事实体系的一种研究方法，是一种对原始的事实经验资料进行的逻辑归纳。基于共生理论，本文运用扎根理论通过对调研中所编号的文本材料进行开放式、主轴式和选择式三阶段编码，以此梳理乡村非遗旅游开发实践中的各主体共生关系，识别出乡村非遗旅游共生系统构成的各维度要素。

本文运用 Nvivo11 软件对获取的 90 多万字有效文本资料编码，并进行节点设计，其过程主要包括：（1）开放式编码阶段，对原始资料逐句地进行分析，以研究主题和目的为核心，进行共生系统要素维度的节点提炼，并产生了 350 个语句词条，整合相同或相似概念、归纳重复有交叉概念、摒弃出现频次小于 2 及相互矛盾的初始概念，最终根据概念间的内涵关系形成 43 个初始范畴，每个范畴都有代表性的原始语句来定义现象。（2）主轴式编码阶段，本文将与研究问题关联最为紧密的概念从初始编码中挑选出来进行范畴聚焦，进而对 43 个初始范畴进行归纳和比较，按照"对后文具有阐释性价值"的标准，得到 12 个主范畴。（3）选择式编码阶段在 12 个主范畴基础上进行重新类化，按照增强共生系统维度特征反复推敲，以此萃取出更高层次的 4 个核心范畴（共生单元、共生环境、共生界面和共生模式），这些核心范畴代表了共生系统中不可或缺的存在。（4）最后对事先预留的 1/5 初始资料依据上述步骤进行编码分析，没有发现新的概念范畴，因此认为理论饱和，可进行下一步总结归纳，编码过程见表 3。

表 3　构建式扎根理论编码过程

核心范畴	主范畴		初始范畴	材料来源数	编码考点数	原始代表性语句（节选）
共生单元	主体特征 A		传承人特征 A1	24	35	A1-1 熬制膏药一般都是家传秘方，基本上都是家族传承，徒弟传承很少
			社区居民意识 A2	15	22	A2-1 原来在早以前的时候，人们就觉得这些东西是个"下九流"的东西，老觉得这些东西拿不到台面上来
			企业性质 A3	18	31	A3-1 万达是民营企业，但在丹寨的旅游开发更多是扶贫性质……
			政府发展战略 A4	9	15	A4-1 地方习惯用招商引资的思维方式更进工作，他们可能更愿意去做一些，比如说是非遗融合的这种大景区
	主体意愿 B		公众偏好 B1	8	15	B1-1 现在人的这种旅游方式不再像过去那样大山大水，去看一些休闲观光，他们更多的是干一些季节，在干一些深入化的体验……
			传承意愿 B2	11	17	B2-1 我要把这个手艺发扬光大，其实就是一种责任……
共生环境	政治环境 C		政策扶持 C1	22	34	C1-1 现在大部分的一个项目就给 10 万元左右，有 20 万元，少点 5 万元……
			财政支持 C2	18	24	C2-1 咱们省现在需要政策来调动非遗传承人的积极性，主动奖励他扩大传承，收徒，提高技艺
			教育培训 C3	28	36	C3-1 市里会不定期地开展传承人进课堂活动，也会在职高里开设相应的课程……
			体制模式 C4	5	14	C4-1 局长再将单位打散分包，分为文化，广电，体育，旅游等专班包括体育，旅游产业专班开展包括体育，旅游等相关部分，相容执法，互相牵扯……
	经济环境 D		市场需求与竞争 D1	18	26	D1-1 行业的不良竞争，也让手艺人之间出现了相互诋毁的情况
			区域经济水平 D2	21	24	D3-1 它整体也要随着地方的财政经济去发展。我们之前非遗活动做得很热闹，让我们一年都征得不亦乐乎，但是近几年来由于财政支出可能会有一些问题，光依靠这个市场是没办法活下去的
			企业个人可能性 D3	7	13	D4-1 丹寨县政府在招商引资这一块，还是挺重视，对你这种重点企业也好，还是作出贡献的企业也都是会有不一样的一些待遇
			资源开发状况 D4	8	18	D5-1 宝贵的文化资源受交通影响，无法让百姓享受旅游红利
			旅游市场规模 D5	15	34	D6-1 我觉得我们现在这个客户群体已经是一个非常大的市场了，我没必要单纯地去为了追求小众
			金融服务 D6	8	16	D7-1 达不到标准，款也不会那么容易贷，银行要承担风险。像我们这边儿的这十万这样子的小企业太多了……

续表

核心范畴	主范畴	初始范畴	材料来源数	编码考点数	原始代表性语句（节选）
共生环境	文化环境 E	文化认知 E1	31	36	E1-1 对佛像发自内心地尊重、敬畏，我们一般很少在这方面运作，其他的那些我觉得没有什么限制……
		文化自信 E2	18	24	E2-1 现在是非遗的传承人，他觉得很有面子，而且谈到文化自信，而且他把出产的东西定义为文化产品
		非遗认同感 E3	24	38	E3-1 老百姓认为这不是高大上的内容，并不是难得的参贵的东西，只是老祖宗传下来的。这个东西无法满足生活需求，就会被舍弃
	社会环境 F	生态保护开发 F1	3	5	F1-1 来这旅游的游客体验文化的同时，还可以体验贵州的山山水水，它们是相辅相成
		科技生产水平 F2	18	34	F2-1 现在很多科技的介入，很多文化遗产已经不太能适应当代的生活条件，特别是现在有些体育、游艺和杂技
		艺术审美与设计 F3	15	22	F3-1 把一些高定的东西跟西方礼服的一些东西结合在一起，然后蜡染也是尝试的一些运用，这样做起来真的感觉一下子跟世界接轨了
		社会危机影响 F4	32	35	F4-1 疫情这几年来，2020 年是靠积蓄支撑的，2021 年是靠借贷支撑的，2022 年如果再不好的话，那就只有关门
共生界面	利益沟通 G	信息分享 G1	8	14	G1-1 有"一码游贵州"，贵州省与联通、腾讯合作的
		利益表达 G2	10	15	G2-1 小企业如果是打通了渠道，商品直接发送到消费者手上，没有这种经过中间商，客人和企业都能借助这个平台获取信息，价钱也是买实在在的，然后材料质量都有保证，服务也有保证
		利益反馈 G3	3	3	G3-1 我们一直希望能提供竞争，不能是一家，一家的话形成垄断以后，它的利益驱动就不再进行非遗方面的工作
		运营决策参与 G4	23	28	G4-1 运营不太懂，因为我们的整个团队都不是专业的线上运营的团队，都是手艺人
	利益分配 H	分红方式 H1	7	18	H1-1 像朗德他做得一个很好的事情就是分票，发工分票，参与了就给你发个票，就像以前集体制一样的给你发票，但没有发票
		权力归属 H2	14	29	H2-1 小企业没有很大的自主权，主要是部里主导，而是依靠文化旅游
		资源价值评估 H3	4	5	H3-1 丹寨没法依靠名山大川，有八项国家级非遗，有相应的配套政策

续表

核心范畴	主范畴	初始范畴	材料来源数	编码考点数	原始代表性语句（节选）
共生界面	利益保障 I	法律保障 I1	8	17	I1-1 我要推广，你仿我再开，我再开发，但最后我就要弄专利了，但在网上很维权
		人才保障 I2	24	37	I2-1 国春班是中职，然后读了三年之后又读黔东南职院，三年高职，他毕业要六年时间，毕业之后他就是大专生
		设施保障 I3	14	21	I3-1 宝贵的文化资源受交通影响，无法推广，无法让百姓享受旅游红利
		宣传保障 I4	11	24	I4-1 我们宣传对象是两广、湖南。营销力度不允许范围扩大，也没有专业的团队去做
	利益补偿 J	价值补偿 J1	3	5	J1-1 大家都集中出来后山上面取的，我们每年都会补充一些树苗种在山上
		生态补偿 J2	1	3	J2-1 制纸的原料都从后山上面取的，我们每年都会补充一些树苗种在山上
		实物补偿 J3	5	8	J3-1 （非遗小镇景区）被占地村庄的居民很多都搬进了政府的安置房
共生模式	行为方式 K	审核机制 K1	18	34	K1-1 把那种真正传统的非遗要推出来，咱们要通过这种细则去给它限制过滤，把那些不是真正非遗的东西，对，把它踢出去
		重要激励 K2	15	24	K2-1 我们每年还在搞的雕刻大赛，一个技能大赛，和人才局合作，评选他们，给他发证
		合作方式 K3	22	37	K3-1 设计传承人不会，企业根据市场、销售情况，不用传承人来试这种图案什么的，企业都试好了，这种图案你就按照这个做，然后你就专心做，那量就上来了
	组织程度 L	资源依赖 L1	12	16	L1-1 我们即使不用苏绣的东西，有可能随着时代的发展，原来传统技艺要求的那些原材料它已经消失了，或者说它可能随着时代的发展会被更好的东西代替
		信赖程度 L2	17	31	L2-1 大家对政府有信心，也愿意听安排，就在村里找了一份工作
		组织方式 L3	8	14	L3-1 大家都集中出来各家带各家的货，到了以琳琅满目的，没有冲突，然后一块销售，利润一块核算，搞得很好，大家共同发财

（二）编码结果解读

构建共生系统的核心目标是多主体协同开发出具有创新性和关联性的机会集，形成共生关系从而实现共同成长。根据归纳式质性内容分析方法，本文从访谈资料中扎根识别出乡村非遗旅游共生系统的12个主范畴维度，其中包含43个初始范畴。按照逻辑线索，总结得到了乡村非遗旅游共生系统的4个核心要素维度，分别为共生单元、共生环境、共生界面和共生模式。

1. 共生单元：传承人、政府、企业、社会公众、遗产地社区

共生单元即共生主体，是乡村非遗旅游活化过程中实现信息传输和利益互换的单位。对核心利益主体的了解，形成了构建共生系统的基础。相关文本的内容，显示出了相关利益主体的个性特质，形成了主体特征A与其主体意愿B两个指标维度。在共生单元S1部分，可将不同的利益相关者进行区别与联系，构成了其利益相关者的生态定位，是实现乡村非遗旅游活化中利益相关者共生的基本物质条件。

2. 共生环境：经济、文化、政治、社会

共生环境是乡村非遗旅游活化过程中所处重要的外部条件。除了利益主体内在的个性特质，乡村非遗旅游开发在很大程度上受限于外部宏观环境。良好的社会环境能够促进乡村非遗旅游的持续进步，恶劣的社会环境则会限制其发展，而建立利益主体共生系统必然要全面地考虑来自外部的影响。共生关系语境构建了其利益主体共生的宏观背景，主要集中在政治环境C、经济环境D、文化环境E、社会环境F（包括科技、生态）4个方面。

3. 共生界面：沟通、分配、保障、补偿

共生界面是共生单元、共生环境、共生模式之间物质、信息和能量传导的媒介、通道或载体，是共生关系形成和发展的基础[20]。此部分主要关注乡村非遗旅游利益主体之间的互动情况，了解其利益协调的沟通渠道及内容，以此来保证利益主体之间互动和交换渠道的畅通，从而促进其活态共生。共生界面部分可概括为利益沟通G、利益分配H、利益保障I和利益补偿J 4个维度。共生界面是作用于共生单元间的内在变量，对利益相关者共生系统的构建有着重要的意义。

4. 共生模式：行为方式、组织程度

共生模式是共生单元在乡村非遗旅游活化过程中相互作用的方式或相互结合的形式。共生模式是评判共生系统运转的重要评判标准，理想的共生模式也是共生系统运行的追求目标，可以分解为行为方式K和组织程度L两个维度。我国拥有众多的乡村非遗资源，其个别非遗项目发展势头良好，甚至形成了一定的产业规模，但总体上大多利益主体的状态是处于偏利共生的状态，远远达不到对称互利共生的程度。只有引入相应举措，才能使其趋于共生，而如何引入，引入什么，便是构建共生系统的关键

所在。

(三) 共生系统构建

结构分析方法就是从系统论的观点出发，着重从总体和部分、内部和外部之间的相互关系、相互作用、相互制约的关系中去把握研究对象，达到系统整体的最佳效果[43]。借助系统观，本文认为乡村非遗旅游共生系统是共生单元之间在一定的共生环境中通过相应的共生界面进行利益物质互动和交换，并按某种共生模式活态运行的系统。只有通过不断改善其周边"生态"，才能使这个共生系统运作起来，并可持续地发展下去。而共生系统的生态框架中既需要宏观背景的构建，也需要微观个体特质的呈现和个体之间的互动交往特征及内容，并引导多元利益主体向活态共生的方向发展。因此，为满足构建共生系统的需要，根据上文中已构建的乡村非遗旅游共生系统要素体系，一般乡村非遗旅游共生系统构想如下。

1. **利益主体的核心共生生态平台**

确定各共生单元的生产活动关系是实现利益主体共生的前提条件。本文以非遗传承人为中心，构建其在乡村非遗旅游活动中的核心利益关系网，并在确定各方利益主体定位后，通过梳理共生单元之间的利益关系和互动内容，在一系列的沟通、分配、保障、补偿等利益协调方式的指导下，实现其利益关系的梳理，建立起乡村非遗旅游利益主体共生的生态定位，这是共生系统生态图的最里层，也是其利益主体共生系统的构建基础。

2. **共生模式理想发展方向：一体化和对称互惠**

前文分析到，乡村非遗旅游利益主体的共生模式并不是单一、不变的，受微观利益主体和宏观社会环境多方因素的影响，需要综合评定判断，且能够区别利益主体现阶段的共生状态，同时作为指导乡村非遗旅游利益主体共生发展的导向标。因此，在共生系统中明确地指出共生模式的发展方向和历程是十分必要的。以此作为目标参考，可以引导利益相关者共生的发展方向，使其良性、可持续地发展下去。

3. **元共生环境的设置**

在该系统内，在政治、经济、文化、社会等环境条件的背景下，如何实现各核心利益相关者权责对等，并通过协调、交易等方式，确保各方利益诉求得以实现，最终使得共生模式趋近于理想模式，对宏观环境的调控是实现利益相关者共生的重要保障，多元的共生环境也是利益主体共生系统的最外层。

4. **共生系统多层级关系构建**

乡村非遗旅游活化是从外及内，或由里及外多种因素共同作用的结果，需要对非遗共生系统的整体构造进行一个合理、科学的安排。根据乡村非遗旅游活化的特点，按照影响乡村非遗旅游活化的互动空间将其分为三个层级，分别为：共生单元内部之间按照一定的内容和方向交换而形成的平台（第一层级）；通过设置活动内容和交换方向从而使整个系统呈现出良好的发展状态——共生模式（第二层级）；而这些都是发生在一定的共生环境中（第三层级）。最终，本研究对每个层级的乡村非遗旅游共生系统结构做优化，构建合理的共生关系体系框架。

综上所述，乡村非遗旅游活化过程中多元利益主体的共生系统一般模型如图2所示。

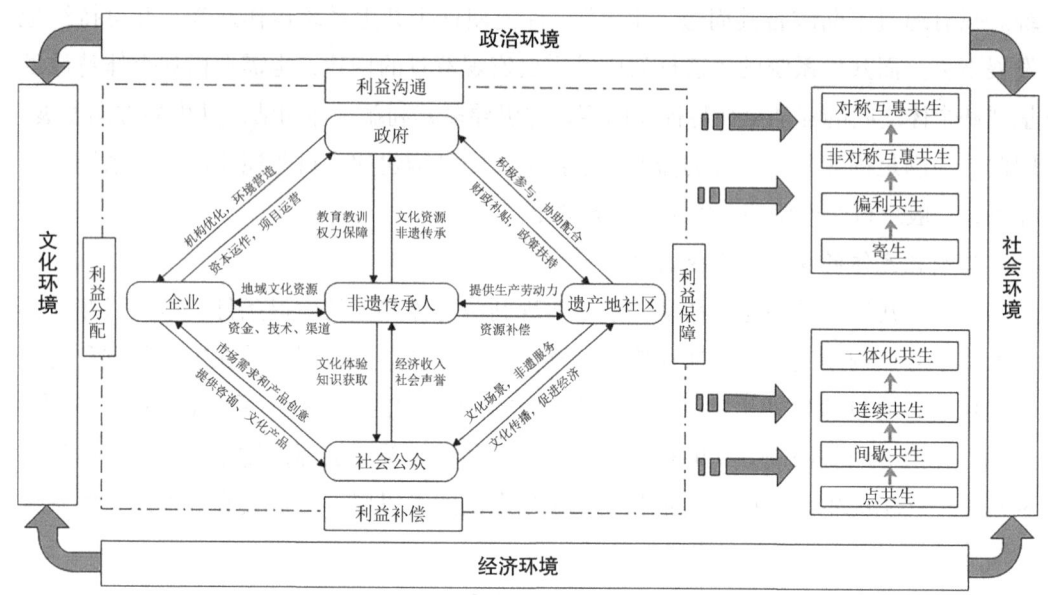

图2　乡村非遗旅游共生系统一般模型

四、问卷设计与实证检验

（一）问卷设计与数据收集

本文分析识别了乡村非遗旅游共生系统的四维结构及每个维度重点关注的要点，但仍然缺乏客观性的共生系统验证过程。因此，本研究尝试构建一套完整的测量题项，用于一般乡村非遗旅游共生系统构建合理性的测量验证。

根据上文的4个核心维度，可作为验证体系的名义要素，研究重点观察其下发展出来各维度要素和指标。本文将12个主范畴维度作为外生潜在变量，以其各自对应的43个初始范畴系统要素作为观测变量，以此来构建乡村非遗旅游共生系统验证量表（表4）。由于影响因素数量较多，且导向性大体接近，因此本文采用了李克特七级量表来进行评定打分。

调查量表通过调查问卷的形式发放，面向的主要群体为参与乡村非遗旅游活动的5

类核心利益主体。截至 2023 年 5 月 31 日，共发放问卷 130 份，有效问卷 123 份，问卷回收率为 94.61%。其中，职业分布上，非遗传承人 13 人（10.57%）、企业职工 55 人（44.72%）、政府人员 17 人（13.82%）、社区居民 22 人（17.89%）、游客消费者 14 人（11.38%），其他 2 人（1.62%）；男性 70 人（56.91%），女性 53 人（43.09%）；年龄分布上，18 岁以下 7 人（5.7%）、18~24 岁 21 人（17.07%）、25~45 岁 71 人（57.72%）、45~65 岁 21 人（17.07%）、65 岁以上 3 人（2.44%）；学历分布为高中及以下 23 人（18.7%）、大专 25 人（20.33%）、本科 68 人（55.27%）、硕士研究生及以上 7 人（5.7%）。

表 4 乡村非遗旅游共生系统测量题项

变量	问题题项
主体特征 A	A1：不同的传承人特征（如继承方式）会对乡村非遗旅游的活态发展产生影响； A2：社区居民看待非遗的态度会影响当地乡村非遗旅游的开发； A3：不同性质的企业（如民营、国企）会影响乡村非遗旅游的发展； A4：当地政府的旅游开发策略（如产业的布局）会影响乡村非遗旅游的发展
主体意愿 B	B1：游客对旅游产品的消费意愿影响乡村非遗旅游的发展方向； B2：传承人的传承意识和被传承人的接受程度会影响乡村非遗旅游的活态发展
政治环境 C	C1：政府对乡村非遗旅游提供政策支持能够更好地促进其发展； C2：政府对乡村非遗旅游提供财政资金支持能够更好地促进其发展； C3：政府对乡村非遗旅游提供教育培训支持能够更好地促进其发展； C4：政府旅游部门的设置会影响乡村非遗旅游的开发程度和效率
经济环境 D	D1：市场的需求和竞争对当地的乡村非遗旅游的发展有着重大的影响； D2：当地的经济发展水平影响其乡村非遗旅游的开发； D3：当地的招商政策会影响企业参与乡村非遗旅游的发展； D4：当地资源的开发程度会影响乡村非遗旅游的活化发展； D5：乡村非遗旅游的市场规模影响其活化发展； D6：金融机构对旅游中小微企业提供的信贷服务对其有着重要的影响
文化环境 E	E1：非遗有助于乡村振兴； E2：非遗是中国人的自豪与骄傲； E3：非遗是我国宝贵的文化财富
社会环境 F	F1：非遗促进生态保护和宜居环境建设； F2：非遗产业的发展受科技发展水平的影响； F3：非遗具有很高的观看和欣赏价值； F4：非遗产业的发展容易受社会因素的冲击（如新冠疫情）
利益沟通 G	G1：利益主体之间的信息分享能够促进乡村非遗旅游的发展； G2：利益主体之间的需求与不满充分合理地表达能够促进其协调合作； G3：利益主体之间的沟通反馈渠道的畅通能够帮助其协调合作； G4：利益主体参与乡村非遗项目的决策和运营能够推动其发展
利益分配 H	H1：利润分红的方式会影响利益主体之间的关系； H2：乡村非遗旅游中权力的分配与处置会影响其利用开发； H3：当地拥有资源的多少会影响其乡村非遗旅游活化程度

续表

变量	问题题项
利益保障 I	I1：法律条文的制定与颁布能够影响乡村非遗旅游的开发； I2：乡村非遗旅游从业人员数量及文化水平会影响开发； I3：当地所拥有的设施条件（如道路）会影响乡村非遗旅游的活化发展； I4：宣传推广能够促进乡村非遗旅游的活态发展
利益补偿 J	J1：乡村非遗旅游的发展能够补偿利益主体的利润缺失； J2：乡村非遗旅游的发展能够促进当地的生态保护； J3：乡村非遗旅游能够促进当地的基础设施建设
行为方式 K	K1：非遗项目的申请和淘汰机制能够帮助乡村非遗旅游的活态发展； K2：正向的激励能够促进乡村非遗旅游利益主体的发展； K3：恰当的合作方式能够促进非遗利益主体的共同发展
组织程度 L	L1：乡村非遗旅游原材料的缺失会影响非遗的可持续发展； L2：利益主体之间的信任程度会影响其非遗的活态发展； L3 不同利益主体、不同的组织形式会影响非遗的发展

（二）因子分析与测量模型

1. 探索性因子分析

本研究首先运用 SPSS 软件进行探索性因子分析（EFA），以发现数据中潜在的因子结构是否与构建的共生系统结构符合。本文通过分析得到 0.889 的 KMO 值和显著性 P 值为 0.000 的 Bartlett 球形检验结果，证实了因子分析的适用性；采用 Varimax 旋转法，以特征根大于 1 为标准提取因子，并构建因子载荷矩阵。结果显示，测量指标间存在显著相关性，每个因子负载均超过 0.5，所得到的探索性因子降维结果为 12 簇（方差贡献率为 88.091%），与扎根理论得到的编码关系基本一致，初步验证共生系统模型具有较好的汇聚效度。

2. 验证性因子分析与检验

为确证 EFA 结果的科学性，本文采用 AMOS 软件开展验证性因子分析（CFA），以验证乡村非遗共生系统模型的正确性，如图 3。CFA 通过评估因子与测度项间的理论关系及其残差，以拟合优度指标衡量模型的准确性。在共生系统验证模型的 CFA 中，得到的拟合系数包括卡方/自由度比为 1.296，RMSEA 为 0.049，GFI 为 0.959，IFI 为 0.923，TLI 为 0.932。这些指标均满足接受标准，证实了乡村非遗旅游共生系统测量模型的拟合优度良好，模型结构合理可靠。

首先，本文通过 AVE 分析，可知平均 AVE 值为 0.75~0.83，虽然"主体意愿 B"与"经济环境 D""行为方式 K"，"政治环境 C"与"社会环境 F"之间相关性并不显著，但大多变量数值符合判别效度的要求，为保证系统的多样性和完整性特征，本文仍保留其共生关系。采用组合信度 CR 测量模型的信度水平，可知组成信度 CR 也为

0.857~0.954，证实测量模型的信度水平较高，见表5。综上分析可知，本文所构建的共生系统具有较好的科学性和合理性，可用作一般模型在旅游开发实践中的应用和推广，以促进非遗活化和共生发展。

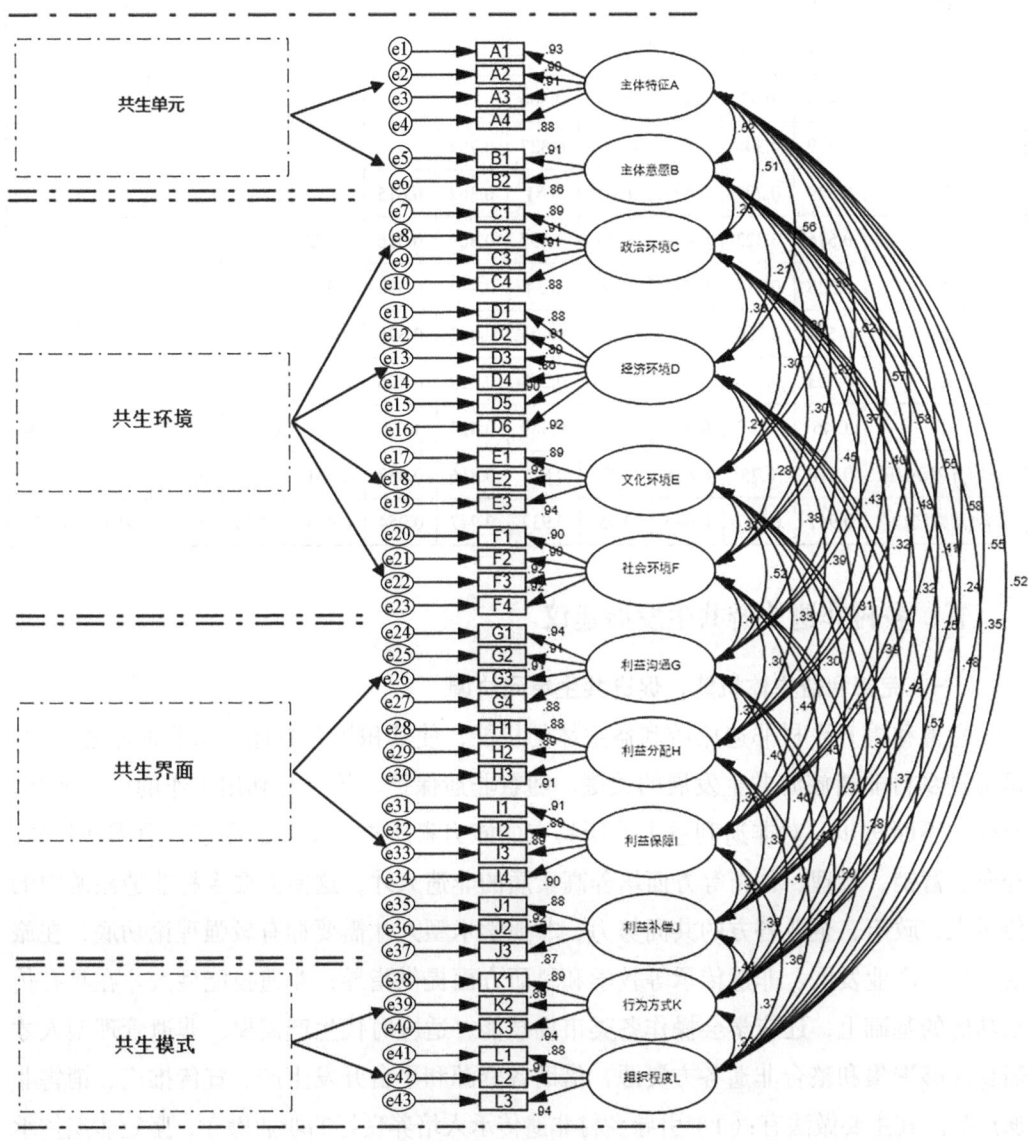

图3　乡村非遗旅游共生系统验证性因子分析结果

表5　皮尔逊相关矩阵及组合信度

题项	A	B	C	D	E	F	G	H	I	J	K	L
A	0.704											

续表

题项	A	B	C	D	E	F	G	H	I	J	K	L
B	0.463	0.566										
C	0.439	0.31	0.603									
D	0.558	0.159	0.365	0.672								
E	0.473	0.32	0.308	0.24	0.806							
F	0.569	0.348	0.1	0.346	0.327	0.703						
G	0.529	0.297	0.427	0.312	0.51	0.362	0.615					
H	0.516	0.323	0.446	0.26	0.407	0.309	0.316	0.772				
I	0.525	0.414	0.281	0.297	0.34	0.474	0.393	0.322	0.798			
J	0.515	0.366	0.22	0.331	0.404	0.423	0.376	0.38	0.334	0.794		
K	0.523	0.156	0.272	0.475	0.268	0.319	0.426	0.465	0.392	0.433	0.687	
L	0.46	0.268	0.498	0.418	0.389	0.427	0.24	0.355	0.279	0.349	0.265	0.694
平均方差 AVE	0.818	0.75	0.815	0.761	0.821	0.816	0.838	0.761	0.806	0.799	0.786	0.8
组合信度 CR 值	0.947	0.857	0.946	0.95	0.932	0.947	0.954	0.905	0.943	0.922	0.916	0.923

五、乡村非遗旅游共生发展建议

（一）完善利益主体机能，促进共生单元协调

完善和提升乡村非遗旅游利益主体的机能，使其积极有效地参与非遗旅游开发，是促进乡村非遗旅游共生发展的关键。随着非遗保护、传承与利用工作的广泛展开，时代的不断进步，对非遗利益主体所具有的能力素质提出了新的要求，急需在技能、经营、营销、管理、创新等方面培养高素质的非遗人才，这便需要乡村非遗旅游中的传承人、政府、企业各方的共同努力。非遗学术型人才需要拥有较强理论功底，在旅游开发、产业发展、非遗传承等教学和科研方面提供指导；非遗技能型人才在具有传承功底的基础上，还应学会操作各类市场技能，适应时代生产需要；非遗管理型人才需要能够聚集和整合非遗各方资源，借助各资源和平台开发生产、宣传推广、销售非遗产品。其主要做法有：（1）引导乡村非遗传承人培养良好的职业操守，坚定非遗传承发展的信念，改变保守职业观念，增加传承方式和渠道的多样性，使传统技艺传承合理有序；（2）合理规划非遗企业的发展选择，用可持续发展的战略眼光对待非遗的保护与开发，并以此来进行实践活动；（3）拓宽社会公众了解非遗项目的接触面，增加非遗文化宣传、传播的渠道，营造非遗文化发展氛围；（4）遗产地社区应立足自身特色，有针对性地开发和利用当地非遗旅游资源；（5）政府应按当地乡村非遗旅游规划的实际情况，合理设置行政和旅游专项部门，以促进各部门间的协调合作。

（二）发挥外部资源优势，改善非遗共生环境

从三省非遗与乡村旅游融合发展的现状来看，乡村非遗资源丰富，非遗的发展抓住了国家发展战略契机，有着良好的内在驱动与发展前景。旅游业作为服务行业的重要组成部分，迫切需要遗产地社区培育跨领域领先企业，从而驱动产业升级和经济提升。旅游开发在完善城市基础设施的同时，也会进一步促进乡村旅游与非遗的共生，为二者融合创造优质的经济文化生态条件。同时，乡村非遗扎根在乡土大地，相当程度上依托当地的生态环境，并反馈其中，在遇到诸如新冠疫情等社会因素冲击时，有一定的抵抗能力和及时恢复能力，具有较好的韧性；文化与旅游企业需加强产业与非遗融合，通过文化与旅游发展的渠道，带动涉及旅游活动各个环节中的各行业均衡发展，优化乡村非遗与旅游产业融合共生环境。其主要做法有：（1）中央和地方需重视各方利益需求，出台相应扶持政策，营造多方利益相关者参与旅游市场活动的良好氛围，引导非遗活态发展进行；（2）以政府为主体投入非遗专项资金，号召社会力量，积极引入企业等民间资本参与非遗开发和活态传承；（3）依托生态文明建设，文旅协调发展，乡村地区可以借助其良好的自然生态，为开发乡村非遗产品提供原材料等生产要素，非遗发展成果也可反馈于当地生态环境建设之中，二者相互促进；（4）完善非遗法律体系，重视知识产权保护。政府相关机构应加强对非遗知识产权的监管，优化电商环境，提供立法保障，这是促进非遗长期发展的重要保证。

（三）合理利用乡村非遗资源，畅通利益互通渠道

乡村非遗资源是地方产业发展的宝贵财富，如何在保护传承基础上，合理地利用开发，兼顾各方利益，使其持续发展，是共生系统的重要内容。要改变"单边利益垄断"、利益渠道堵塞等现象，就要积极调整各方非遗利益主体的生产定位，打通其沟通渠道，主要做法有：（1）促进乡村非遗旅游利益主体多边交流合作，搭建乡村非物质文化遗产共享平台，实现在非遗保护利用领域的资源、成果、思维以及理论上的交流和共享；（2）加强扶持和有序组织在乡村非遗旅游中以个人或小群体为主的"非遗作坊""非遗合作社"等经营实体，实现资源共享和信息沟通，规范家庭作坊式经营市场秩序和交易营销平台；（3）非遗保护部门应准确定位当地文化资源，抓住时事热点，以多形式多平台、新颖化等方式积极开展宣传和引导工作，拓展非遗保护的宣传渠道，使各年龄层次、各兴趣团体、更多的社会公众能够意识到非遗保护和传承的重要意义，使更多的群众提升保护非遗的自觉性；（4）明晰在非遗产业链各环节的分工权限，明确各利益主体活动权责，完善乡村非物质文化遗产决策管理机制和各方利益分配模式，提高乡村非遗自身的活化创新程度。

（四）制定审核退出制度，分类规划非遗发展

非遗内容广博，包罗万象，但众多非遗项目的出现，使市场上充斥着品质不一的

非遗产品。审核退出机制可以帮助评估非遗项目的价值和可持续性，确保项目的传承和发展符合相关的规范和标准，避免虚假、过度商业化等问题出现，保障非遗项目的真实性和可持续性。但在各地的乡村非遗旅游发展中仍然存在着同质化严重、缺少自身风格和特色等问题。如何规划设计，打破"困局"，是实现乡村非遗旅游可持续发展的关键之处。

其主要做法有：（1）在乡村非遗旅游发展中需要根据非遗类别进行不同规划和开发，分期分批分层次发展，并不断挖掘具有潜力的非遗项目，保证乡村非遗的可持续性发展，有步骤地推进非遗产业化进程；（2）根据国家、省、市、县四级非遗名录，确定不同的发展目标，整合种类较多的乡村非遗项目，或者资源特性接近的资源，打包成一个地域性主题品牌，如非遗旅游特色小镇、非遗文化节、非遗运动会等，进行统一开发；（3）在组织规划时，不要一味地将非遗项目捆绑打包，要做好项目评估，单体非遗项目的产业化也是一种途径，通过整合在类别和地缘环境相似的非遗文化资源，形成地方产业品牌，产生规模效应，该做法也同样适用于非遗文化产业发展。

参考文献：

[1] BUTLER G, KHOO-LATTIMORE C, MURA P. Heritage tourism in Malaysia: fostering a collective national identity in an ethnically diverse country [J]. Asia Pacific Journal of Tourism Research, 2014, 19 (2): 199-218.

[2] HUNTER W C. Rukai indigenous tourism: representations, cultural identity and Q method [J]. Tourism Management, 2011, 32 (2): 335-348.

[3] BEC A, MCLENNAN C L, MOYLE B D. Community resilience to long-term tourism decline and rejuvenation: a literature review and conceptual model [J]. Current Issues in Tourism, 2016, 19 (5): 431-457.

[4] LEE T H. Influence analysis of community resident support for sustainable tourism development [J]. Tourism Management, 2013, 34: 37-46.

[5] COAFFEE J, WOOD D M. Security is coming home: rethinking scale and constructing resilience in the global urban response to terrorist risk [J]. International Relations, 2006, 20 (4): 503-517.

[6] DEACON H. Intangible heritage in conservation management planning: the case of Robben Island [J]. International Journal of Heritage Studies, 2004, 10 (3): 68-70.

[7] GUZMAN P C, RODERS A R P, COLENBRANDER BJF. Measuring links between cultural heritage management and sustainable urban development: an overview of global monitoring tools [J]. Cities, 2017, 60: 192-20.

［8］李烨，王庆生，李志刚．非物质文化遗产旅游开发风险评价——以天津市为例［J］．地域研究与开发，2014（5）：88-93．

［9］欧阳正宇．甘肃省非物质文化遗产旅游开发SWOT分析［J］．干旱区资源与环境，2011（7）：201-208．

［10］王雪，杨存栋．内蒙古非物质文化遗产旅游开发探究［J］．干旱区资源与环境，2011（12）：196-200．

［11］李虹，南晓磊．辽宁省非物质文化遗产旅游开发探析［J］．辽宁师范大学学报（社会科学版），2012（4）：469-475．

［12］伍燕琼，唐凡茗．旅游开发对黄姚古镇非物质文化遗产的影响和保护［J］．科技展望，2017（4）：267-268．

［13］廖远征．基于体验经济视角下非物质文化遗产的旅游开发——以西江千户苗寨为例［J］．怀化学院学报，2015（8）：21-25．

［14］刘敬华，王辉，郝文军．乡村旅游发展中的非物质文化遗产保护性开发研究——以辽宁省西安镇为例［J］．环渤海经济瞭望，2014（4）：35-38．

［15］朱秀梅，林晓玥，王天东．数字创业生态系统动态演进机理——基于杭州云栖小镇的案例研究［J］．管理学报，2020，17（4）：487-497．

［16］时吉光．非物质文化遗产保护与旅游产业的融合发展机制研究［J］．旅游纵览，2021，350（17）：182-184．

［17］郭盼盼．基于利益相关者的RBD内非物质文化遗产传播效果优化研究［J］．旅游纵览（下半月），2013，（14）：318．

［18］王慧欣．鄂西土家族非物质文化遗产保护与利用的利益共享机制研究［D］．武汉：武汉轻工大学，2017．

［19］ISMAGILOVA G，SAFIULLIN L，GAFUROV I. Using historical heritage as a factor in tourism development［J］．Procedia-Social and Behavioral Sciences，2015（188）：157-162．

［20］AZMI E，ISMAIL M Z. Cultural heritage tourism：kapitan keling mosque as a focal point & symbolic identity for Indian muslim in Penang［J］．Procedia-Social and Behavioral Sciences，2016，（222）：528-538．

［21］ANTONIO P. The vicious circle of tourism development in heritage cities［J］．Annals of Tourism Research，2002，29（1）：165-182．

［22］秦珊珊．安徽省非物质文化遗产保护与旅游开发分析［J］．石家庄学院学报，2013（3）：58-63．

［23］李虹，南晓磊．辽宁省非物质文化遗产旅游开发探析［J］．辽宁师范大学学

报（社会科学版），2012（4）：469-475.

[24] 伍燕琼，唐凡茗. 旅游开发对黄姚古镇非物质文化遗产的影响和保护[J]. 科技展望，2017（4）：267-268.

[25] 王玲，彭正银，彭秀青. 创业生态系统情境下共生关系研究演进与未来展望[J]. 科技进步与对策，2023，40（15）：150-160.

[26] 石海涛. 西双版纳勐景来非遗旅游利益相关者共生机制研究[D]. 昆明：云南大学，2020.

[27] 冯淑华. 基于共生理论的古村落共生演化模式探讨[J]. 经济地理，2013，33（11）：155-162.

[28] 熊海峰，祁吟墨. 基于共生理论的文化和旅游融合发展策略研究——以大运河文化带建设为例[J]. 同济大学学报（社会科学版），2020，31（1）：40-48.

[29] 吴振宇. 利益相关者共生视角下昆曲保护性旅游开发研究[D]. 徐州：江苏师范大学，2017.

[30] 王维艳，林锦屏，沈琼. 跨界民族文化景区核心利益相关者的共生整合机制——以泸沽湖景区为例[J]. 地理研究，2007（4）：673-684.

[31] 何自力，徐学军. 一个银企关系共生界面测评模型的构建和分析：来自广东地区的实证[J]. 南开管理评论，2006（4）：64-69.

[32] 杨玲丽. 共生理论在社会科学领域的应用[J]. 社会科学论坛，2010（16）：149-157.

[33] 袁纯清. 共生理论及其对小型经济的应用研究（上）[J]. 改革，1998（2）：100-104.

[34] 袁文军，石美玉，卢萍. 非物质文化遗产开发中的各利益主体内部矛盾分析[J]. 潍坊工程职业学院学报，2019，32（6）：88-93.

[35] 赵悦，石美玉. 非物质文化遗产旅游开发中的三大矛盾探析[J]. 旅游学刊，2013，28（9）：84-93.

[36] ELISE TRULYSAUTTER. Brigit leisen. managing stake holder tourism planning model[J]. Annals of Tourism Research，1999（26）：312-328.

[37] 刘静艳. 从系统学角度透视生态旅游利益相关者结构关系[J]. 旅游学刊，2006（5）：17-21.

[38] 王纯阳，黄福才. 村落遗产地利益相关者界定与分类的实证研究——以开平碉楼与村落为例[J]. 旅游学刊，2012，27（8）：88-94.

（指导教师：石美玉，北京联合大学教师发展中心）

冯小刚电影公社景区无障碍环境体验满意度研究

吴小祺*

[摘 要] 社会经济的发展和城市建设理念的更新，带动了全国各地文明城市的创建和无障碍设施的建设。而旅游景区作为休闲娱乐的重要场所，其内在无障碍设施的完善程度已经成为影响游客游玩体验的重要方面。本文以海南冯小刚电影公社景区为研究对象，以国内外文献为依据，梳理了以往的研究思路和成果，并构建了本文的理论框架，并在此基础上进行问卷调查，在设计问卷时做到有效且有针对性。最后总结了游客对冯小刚电影公社的服务满意情况，并针对数据所反映出来的情况，对该景区的无障碍设施建设和旅游服务提出相关建议。

[关键词] 无障碍旅游；景区无障碍；满意度

旅游景区作为旅游服务行业的重要组成部分，是游客旅游服务质量感知、体验的重要场所，旅游景区的服务质量直接决定游客的旅游感知的满意程度[1]。海南作为国际旅游岛，因气候温和、空气湿润、风景优美，成为许多游客青睐的旅游目的地之一，因此具有巨大的旅游市场。进一步从旅游市场细分的角度分析，因为环境适宜，庞大的老年群体会选择在海南休养生息，所以当地需要配套的软硬件设施，其中就包括国际化的无障碍环境。因此，本文以海南旅游景区的无障碍环境建设为切入点，研究游客体验的满意度，并根据调研结果找出问题，对景区的无障碍设施建设和旅游服务提出了相关建议。

一、国内外研究现状

（一）国内外无障碍环境研究现状

1. 国内无障碍环境研究现状

我国有关无障碍环境的研究起步比较晚，学者们从环境建设、旅游市场开发、相

---

* 吴小祺，本科就读于北京联合大学旅游学院旅游管理系。

关地区发展中存在的问题及对策等视角对无障碍环境展开了论述。

在无障碍环境建设方面，刘何丽（2015）通过问卷调查的形式，分析了无障碍环境的建设对残疾人旅游行为的影响，根据旅游动机理论和目的地选择行为理论为旅游无障碍环境提出了政策和旅游目的地建设相关方面的建议[2]。李馨瞳（2022）认为无障碍环境设计要遵循安全、开放和可感知性原则，提出无障碍环境建设是城市精神文明和生态文明的重要标志[3]。

在无障碍旅游市场开发方面，陈凯、王莹（2006）分析了残疾人旅游市场的现状，认为该市场的开发受所研究人群身体条件和外界环境的制约，相对于许多发达国家，我国的残疾人旅游市场还未得到足够的重视[4]。许晓薇（2009）分析了残疾人的出游需求，提出旅行社和旅游景区应加强无障碍旅游产品和无障碍设施的建设[5]。王雨田、郑郁凰（2016）分析了外部环境因素对旅游市场的影响，认为环境设施建设的不完善，会影响残疾人旅游市场的发展，而旅游市场的发展又影响着未来旅游业的发展[6]。

也有学者从地区的角度进行研究，饶华清（2004）以长三角地区为例，强调应运用现代技术建设一个为所有人共享的旅游环境，从食住行游购娱的角度提出要加大政府相关政策的支持力度、提高景区的无障碍建设程度、加强景区无障碍建设的宣传力度等相关措施[7]。尤佳（2018）以山东省青岛市为例，通过对青岛市有关景点、交通、住宿等方面的实地走访，结合问卷调查和深入访谈的形式，研究得出影响残疾人出游的因素，提出在青岛市的旅游发展中，要加大对无障碍旅游信息的宣传，在经济较发达的市区建立无障碍环境建设试点，并最终推广到全市范围[8]。

综上，相关文献从多角度、多层次系统地研究了无障碍环境建设的因素，为本文调查景区无障碍建设背景、提高相关建议的可行性和有效性提供了多方位的参考。

2. 国外无障碍环境研究现状

国外有关无障碍环境的研究大多集中在通用建设方面，有的学者通过分析老年人的出行特征，研究了城市无障碍交通环境的发展，总结出了无障碍交通环境需要关注的因素，如道路无障碍、车辆无障碍、信息和通信无障碍等，并为城市无障碍环境的快速发展提出了建议[9]。卡萨格瓦（A. Kazachkova，2018）讨论了创建信息系统设计的基本原则，使用在公共场所导航的例子，识别并分析了以保证公共场所"可达性"为目标的购物中心导航系统的关键任务及其主要组成部分，提出了有关无障碍信息系统设施建设的建议[10]。

有的学者通过对相关餐厅的实地考察，从顾客对无障碍设施和服务质量的满意度方面来调查和评价我国台湾地区著名旅游区餐厅的无障碍环境设计。结果表明，无障碍物理环境设计的合格率仅为44%，残疾人对停车场的空间分配、卫生间的可达性、地面的滑塌等无障碍物理环境并不满意。并且通过回归分析，得出无障碍物理环境和服务质量对回购意向的影响达到统计显著性水平，表明特别是在旅游地区，无障碍环境设计对餐厅管理至关重要[11]。还有学者从个人角度，发现人们对无障碍的人文环境、物理环境、信息环境的适应能力不同，并在此基础上提出了目前在无障碍环境建设方面，虽然取得了阶段性成果，但仍存在不足，认为应改善无障碍环境条件，加强人们的适应训练，尤其是心理调适[12]。

在无障碍环境建设与政府关系的研究方面，彻尼维纳（L. A. Chernyavina，2018）探讨了在城市空间中创建无障碍区域的问题，并选择了俄罗斯街道作为研究对象，找出了其开发中存在的问题，提出了政府应在无障碍区域建设上加大管理力度等相关建设[13]。柯巴托瓦（S. M. Kurbatova，2020）的文章对与现代社会国家本质相关的若干问题进行了讨论，该文章注意到无障碍环境对于保障残疾人权利的重要性，并得出结论：在为残疾人创造无障碍环境的过程中，政府面临着新任务，即完善社会国家制度并保障能力有限之人的权利[14]。

综上所述，国外文献为国内无障碍环境的通用设计建设提供了许多宝贵借鉴，在道路、交通、卫生间以及停车场空间布局等方面提出了可达性的建设建议。同时从与政府关系的角度，明确了政府在无障碍环境建设中所扮演的角色，为相关政策的落实提供了解决方案。

（二）国内外游客满意度研究现状

1. 国内游客满意度研究现状

（1）满意度的影响因素。

国内学者对游客满意度的影响因素做了大量研究，连漪、姜营（2013）从消费者感知的角度进行研究，认为旅游目的地对顾客体验价值的重要影响因素与提升品牌价值、打造良好口碑、加强营运管理等有关[15]。朱丽萍（2015）认为旅游资源、交通运输设施与服务、住宿条件和餐饮等设施也是影响游客满意度和重游意愿的重要因素[16]。李伟、徐华和李媛媛（2020）认为游客对目的地体验感包括对公共服务体系、旅游服务体系、基础设施体系和吸引要素体系四大方面的感知[17]。张庆和曹曈（2021）针对寺庙文化旅游满意度，提出文化旅游的因子包括产品因素因子、基础设施因子和相关服务因子，其影响程度是产品因素因子＞基础设施因子＞相关服务因子。文章还研究了游客对景区中的休息设施、环境卫生、各种活动、公共厕所分布的感知，并指出，游客通过参加景区举办的活动，满足了自身参与性的需求，同时还会考虑门票价格、文化内涵、各种活动、服务态度、知名度等因素[18]。

（2）IPA模型。

本文基于IPA模型，构建了游客满意度模型并对其进行分析。国内许多学者利用IPA模型，对游客满意度进行了相关研究。吴江等（2022）利用IPA模型进行分析，发现自然风光以及娱乐性是宏村风景区的优势属性,认为应该在消费者感知、商业化和旅游服务方面首先进行改进,其次应该改善客流、餐饮、基础设施和景区管理。此外,客流量、餐饮、基础设施以及景区管理作为低优先级发展选项,在资源充足的情况下可进行有序改进[19]。杜永凤、李丽媛和张燕(2022)通过问卷调查获得了巴音布鲁克景区的游客基本信息,其运用14个影响因子对游客满意度和重要程度进行了考察,并通过IPA模型对问卷所收集的数据进行了分析,采用IPA指数评价了巴音布鲁克景区的游客满意度。研究结果表明:巴音布鲁克景区游客满意度主要受餐饮、住宿、交通、旅游服务质量、旅游产品等方面因素的影响。在此基础上提出了规范景区管理、优化食宿体验、发展智慧化公共交通体系、提高景区便捷度等相关措施[20]。秦彬朦、孙小龙和曾艳艳(2022)的IPA模型分析显示,游客信息满意度和重视程度较低,部分受访游客认为景区缺乏网络可及性。智慧旅游可以通过合理利用智能设备有效传达或获取建设所需信息,从而为提升旅游景区的效率和加强科学管理提供新思路,提高旅游质量,进一步提升游客体验。最后得出的结论是可以将贵御温泉打造为智慧化的旅游景区,这将对提升游客满意度、促进景区的可持续发展具有重要意义。[21]

(3)提出的相关措施。

申雪萍(2020)从文旅融合的发展现状出发,提出为使游客满意,旅游业的发展不仅需要行政机构的资源整合,还应当充分发挥市场的功能,更好进行景区营销,提高游客对景区的认识。可借助自媒体推销,促进当地的旅游和文化产业快速发展,提高游客的体验感。并由市政府文化和旅游部门牵头推广,使周边行业均参与促销活动,从而使游客对目的地产生向往[22]。

李慧(2022)的研究表明,提高游客满意度,首先,要提升景区自身建设,可通过统一规划、功能分区,拓展景区的空间和功能。若功能较单一、业态不均衡,则既满足不了游客多元化、高层次的需求,也制约了街区和城市旅游的高质量发展。其次,要整合周边资源,提升景区的旅游功能,实现与其他旅游景区串联,通过各自的路牌相互导引、节事活动的举办,将景区置于更大的主题旅游线路中,发挥景区的餐饮和购物等功能。最后,要改进景区的服务与管理,营造良好交融的氛围,完善景区自身及其与外部链接的解说系统,设立线上线下的介绍牌、指示牌和导览图,尤其完善与外部景点或其他街区的交通疏导,提高景区的可进入性和延展性[23]。

本文基于IPA模型,以无障碍环境建设相关的多种影响因素对游客满意度进行数据分析,参考了学者们提出的影响因子和相关措施,以便对景区进行更为具体的分析和研究。

2.国外游客满意度研究现状

在游客满意度对景区重要性的研究方面,丹纳赫、海德尔(Danaher、Haddrell,

1996）从景区经营绩效的角度进行研究，利用游客满意度作为游客满意的定量表述，表明游客满意度是审视旅游产业发展程度的标准之一，对旅游产业的发展有着举足轻重的作用，可以为旅游产业的发展提供经营方面的管理指导[24]。

在影响因素方面，伊格内修（Ignacio A.）等（2006）从游客过去经历、游客交流和景区形象等因素分析游客满意度，提出了改善游客对景区忠诚度的相关建议。研究考察了参与期望形成的不同成分，以及期望在消费者满意过程中可能产生的影响，提出了预期形成的经验证据，以及预期、满意度与消费者忠诚之间的关系[25]。

西曼尼哈努·麦德（Simanihuruk Maidar，2019）在写作中采用定量研究的方法，研究发现旅游设施将会是影响游客满意度的重要变量，建议给予旅游设施建设更多的关注和发展，使景区提供的旅游吸引物和旅游设施对游客满意度形成积极的影响和显著的贡献，从而吸引更多的游客来到该景区[26]。

穆卢甘·西瓦卡米（Velmurugan Sivakami）等（2021）测量了游客的社会经济概况和各种属性，即旅游活动、环境影响、社会文化影响、游客影响管理、游客教育和游客总体满意度。研究结果表明，游客影响管理与游客满意度呈显著正相关[27]。

国外学者在满意度对景区的重要性方面进行了较多研究，这也为国内研究进行了更好的补充，同时其研究的影响因子也从更为特别的角度，如从游客忠诚的角度研究游客的过去经历和景区形象，从而扩展了研究的视野，为本文影响因子的分析提供了有力借鉴。

（三）国内外文献总结

在无障碍环境研究方面，国外的研究相对较早，认为在设施相对健全、无障碍的观念宣传到位的情况下，加强从交通、信息、景区等系统性的无障碍建设，可以帮助有需求的游客顺利完成整个旅游活动的过程。国内的研究则多集中在无障碍基础设施建设和市场开发的过程，倡导加强无障碍宣传和相关政策的实施。

在游客满意度研究方面，国外学者首先提出了有关满意度的测量，并提出了实现满意度的具体措施。国内学者在提出的测量标准的基础上，进一步探讨了如何优化测量指标。国内外的满意度相关指标为本文满意度体系的建立提供了依据。

综上所述，我国对无障碍环境和旅游满意度的研究起步较晚，针对旅游景区无障碍环境建设的游客满意度的分析则更为欠缺。本文从无障碍狭义定义的角度出发，借鉴国内外研究成果，研究不针对特定人群，而是探寻满足所有游客旅游需求的无障碍环境建设，为提升景区口碑和游客满意度、增强游客"回头率"提供参考。

二、研究方法

（一）文献分析法

本文在初期整理了大量相关文献和资料，进一步研究和参考了40余篇文献，整理出有关无障碍环境建设和游客满意度的国内外研究情况，找出国内外研究特点及趋势，为后续提出相关建议建立了资料数据基础。

（二）实地调查法

笔者对冯小刚电影公社景区进行实地调研，了解景区的基本情况，通过对景区背景的调查，加速开展线下调研工作。通过4次实地走访，对每个园区的实地通行便利程度进行考察，并根据无障碍设施建设标准对卫生间、坡道、出入口的相关设施进行测量，考察了景区相关设施是否符合标准。后期结合景区建设背景对无障碍设施和服务总体情况进行总结，并针对反映的问题提出相关建议。

（三）问卷调查法

本问卷共有三个部分：第一部分是问卷说明，本问卷希望被调研者可以按照真实的意愿填写，并对被调研者的信息进行保密处理；第二部分为问卷的人口统计数据收集，主要集中在基本统计学分析层面；第三部分是问卷的主体问答部分，分为七大板块，包括景区无障碍整体大环境、景区交通无障碍环境、标识和信息无障碍环境、景区旅游服务、景区公共旅游设施、景区内餐饮与住宿和游览与购物的重要性和满意度评价（见表1）。

表1　评价指标对应表

目标层	要素层	指标层
冯小刚电影公社景区游客满意度指标体系	景区无障碍整体大环境	景区卫生环境整洁
		景区的治安设施良好（包括消防措施、应急救援措施、重要位置的安全标志等）
		景区价格的适宜程度（景区门票价格、景区各项目的价格等）
		交通便利程度
		景区宣传信息到位程度（电影公社微信公众号或社交账号提供的无障碍旅游信息等）

续表

目标层	要素层	指标层
冯小刚电影公社景区游客满意度指标体系	景区交通无障碍环境	景区内道路通行便利程度（包括人行道、婴儿车道、轮椅坡道、盲道等）
		景区内交通工具租借的方便程度（包括无障碍观光车、轮椅、婴儿车等）
		交通收费价格合理（包括停车场费用、观光车乘坐费用、轮椅、婴儿车租借费用等）
		停车场设计合理（停车位数量、空间布局等）
		景区内交通标识明显
	标识和信息无障碍环境	景区官方网站可获取的信息是否全面（包括微信小程序、去哪儿网、公众号、微博等）
		景区信息设施设置的合理程度（包括信息显示屏、语音文字互转等设施）
		景区导览地图提供的无障碍信息清晰程度（包括无障碍停靠标识、无障碍卫生间的标识等）
		景区导航标识明显程度（景区内指示牌、无障碍标志、导视地图）
		景区导游解说清楚程度（语音导游系统、图文说明等）
	景区旅游服务	景区问询服务质量（服务人员利用多种媒介提供的无障碍旅游信息服务指引服务等）
		景区导游服务质量（导游讲解能力、沟通协调能力、应急处理能力、导游理解并满足残障游客的个性化要求、手语服务等）
		景区售检票服务质量（服务人员利用多种媒介提供的票务介绍服务、办理票务费用结算服务等）
		景区安保服务质量（安保人员对需要帮助的游客群体提供的客流疏导、道路指引等服务）
		景区餐饮和住宿服务质量（工作人员的态度、礼貌程度、尊重度、负责度等）
	景区公共旅游设施	垃圾桶的便利情况（包括垃圾桶的数量、空间布局等）
		卫生间使用便利情况（包括卫生间的数量、母婴室、无障碍卫生间、无障碍厕位等）
		休息座椅设置合理程度
		通信设施的便利情况（包括移动通信网络设置、固定电话等设施）
		景区内医疗设施情况（包括医疗站的设施、医疗服务器械、医护人员配备等）

续表

目标层	要素层	指标层
冯小刚电影公社景区游客满意度指标体系	景区内餐饮与住宿	就餐设施的便利情况（包括景区餐厅、咖啡厅、茶座的无障碍通道、轮椅席位等）
		住宿设施便利情况（包括酒店的无障碍出入口、通道、电梯和客房等设施）
		餐饮住宿的可达性（包括餐饮住宿所在地到达方便性、咨询与预订便捷性等）
		对工作人员服务的满意程度
	游览与购物	游乐休闲设施（游玩体验区、观赏区、休闲区等）
		展览及演出（展览馆等建筑的出入口、观影席位、语音解说等）
		购物方便（包括纪念品商店讲解、通道、低位柜台等）

笔者4次进入冯小刚电影公社景区进行数据收集，共计收到线下300份问卷，筛选和剔除填写明显敷衍和错误的问卷16份，回收有效问卷284份，问卷的有效率约为95%。其中，人口统计学数据如表2所示。

表2 人口统计学数据

项目	分项	人数（位）	占比（%）
性别	女	156	54.93
	男	128	45.07
年龄	18岁以下	38	13.38
	18~30岁	58	20.42
	31~64岁	150	52.82
	65岁及以上	38	13.38
月收入/生活费	2000元以下	83	29.22
	2001~5000元	126	44.37
	5001~10000元	40	14.08
	10000元以上	35	12.33
受教育水平	小学及以下	1	0.35
	初中	5	1.76
	高中/中专	71	25
	本科	173	60.92
	硕士及以上	34	11.97

续表

项目	分项	人数（位）	占比（%）
职业	学生	90	31.69
	教师	24	8.45
	企业职员	51	17.96
	政府人员	19	6.69
	自由职业	53	18.66
	待业/无业	20	7.04
	退休	27	9.51

在问卷设计时满意水平采用5分制，即非常满意（5分）、满意（4分）、一般（3分）、不满意（2分）、非常不满意（1分）。重要性评价采用5分制，即非常重要（5分）、重要（4分）、一般（3分）、不重要（2分）、非常不重要（1分）。为了方便游客填写，减少填写时间，提高调查的效果，调查表除"出游时比较注重出游过程中的什么？"所在一项需排序外，其余各项均设计为打钩选择。本调查表可在8~10分钟完成，可保证当场回收[12]。

（四）访谈法

笔者总共进行了4次实地调查，第3次主要针对游客进行采访，第4次主要针对景区工作人员进行面对面的访谈，从而了解了冯小刚电影公社景区服务的实际情况、游客满意度、游客体验情况和游客需求，获取资料后进行整理和总结，为本文研究框架的构建和研究结果的正确性提供保证。

（五）IPA分析法

本文通过IPA分析法，利用收集到的有效数据进行平均值对比，绘制散点图，比较景区相关无障碍设施与服务的重要性与游客满意度的表现，从而直观地识别出景区优势项、劣势项，并主要针对重要程度高、满意度低的相关方面进行深入研究，并依据第四象限所反馈出来的内容提出建议。

三、调查研究分析

（一）实地调查结果分析

良好的旅游无障碍环境是一个整体，需要从无障碍设施、无障碍服务和无障碍信息等角度综合考虑，需要景区的不断完善。

该景区十分重视无障碍设施的建设，建成的3个园区都有第三卫生间，因为拍摄的需要，园区部分地方道路并不平坦，但冯小刚电影公社景区在门口设置了共享车可供使用。在景区内也设置了休息区，方便游客游玩与休息。景区还提供覆盖整个园区的无线网络，同时还提供充电宝供游客使用。轮椅直接进入江城谣景区和南洋朝景区可能存在困难，因为道路不平整，游客推轮椅游览有可能会伤及腰部，建议还是选择乘坐共享车游览景区，但共享车的局限在于只能进入两个景区，江城谣景区由于阶梯太多并不方便驶入。除了景区有很多学生研学旅游外，不管是旅行团还是散客，景区中的老年旅客都有很多。景区在大多数表演的地方都安排了方便人们休息观看的座椅。东方红景区因为是最新建成的园区，园区道路比较平坦，方便老年人行走，并且无障碍厕所的建设相对完善。景区内可以租借轮椅，设有母婴室，并定时有一些互动活动，如魔术表演来让游客沉浸式体验景区内的乐趣，很多家长都喜欢带孩子过来玩。

1. 无障碍设施

近几年的冯小刚电影公社景区无障碍建设主要集中在无障碍洗手间、无障碍坡道、第三卫生间、轮椅、扶手或者地图导览等方面，相较于《旅游无障碍环境建设规范》的要求而言，该景区缺少电动无障碍通道、语音提示装置、无障碍标识等设施。通过对游客调查发现，游客认为旅游景区的无障碍水平一般，认为景区无障碍设施较少、无障碍标识数量较少、无障碍设施智能化水平低、无障碍服务信息建设不健全，景区中的坡道、无障碍卫生间、无障碍电梯或者无障碍升降台等设施也需要进一步完善。通过调查发现，一些园区对无障碍设施管理不足。没有专门的机构负责园区内无障碍设施的建设和维护以及科学安排园区的无障碍环境，体现出园区对无障碍建设不够重视。具体来说，一是设施的后期维护不到位，有些公园存在第三卫生间或无障碍坡道破损或被占用的现象，但无人问津；二是无障碍设施的建设流于形式，有些园区的无障碍设施设计不当，坡道尺寸不达标，如设置了第三卫生间，但卫生间的出入口处只有台阶，没有扶手，第三卫生间设置了但是没有发挥作用；三是，问题反映渠道少，游客有无障碍需求或对景区无障碍设施有意见时，一般只能向景区工作人员反映，或者拨打消费者投诉电话，但是效果并不好。

2. 无障碍服务

无障碍服务是指创造和利用各种条件，帮助游客群体获得他们所需要的信息产品和服务。近年来冯小刚电影公社景区加大了对公共区域、部分园区无障碍服务的投入，提供中英文的讲解服务，在售票大厅配置问询处，还为行动不便的游客提供游览车辆接送服务，体现了对旅游群体的重视。为提高各类人群旅游的满意度，每个园区都有许多工作人员进行服务。虽然看起来该景区服务完善，但对开发无障碍旅游市场的重要性认知还有所欠缺，没能为各类群体提供优质的旅游服务，虽然有一部分已经取得初步成效，还需要继续加强。

（二）问卷结果分析

1. 信度效度分析

因冯小刚电影公社景区内建有酒店，问卷围绕旅游活动六大要素（食、住、行、游、购、娱）以及影响无障碍效果的相关因素，设计了 7 大类共 32 个评价项目。对其满意度与重要性进行了信度和效度分析，结果发现其信度为 0.968，高于 0.7，KOM 为 0.947，保证其可信和有效。见表 3、表 4。

表 3 信度分析表

可靠性统计	
克隆巴赫 Alpha	项数
0.968	64

表 4 效度分析表

KMO 和巴特利特检验		
KMO 取样适切性量数	0.947	
巴特利特球形度检验	近似卡方	18465.19
	自由度	2016
	显著性	0

2. 问卷数据分析

由图 1 可知，大部分游客认为，出行遇到的障碍原因出自收入限制、不知道哪里能够找到旅游信息、没有合适的旅游线路，以及景区配套服务存在的障碍，占比分别为 50.33%、43.33%、45.67% 和 42.33%。由此可见，游客收入、信息获取难易程度和景区配套建设完善与否，会影响游客对出游行为的选择，冯小刚电影公社景区在建设过程中，应注意门票价格、景区信息宣传以及无障碍设施方面的管理。

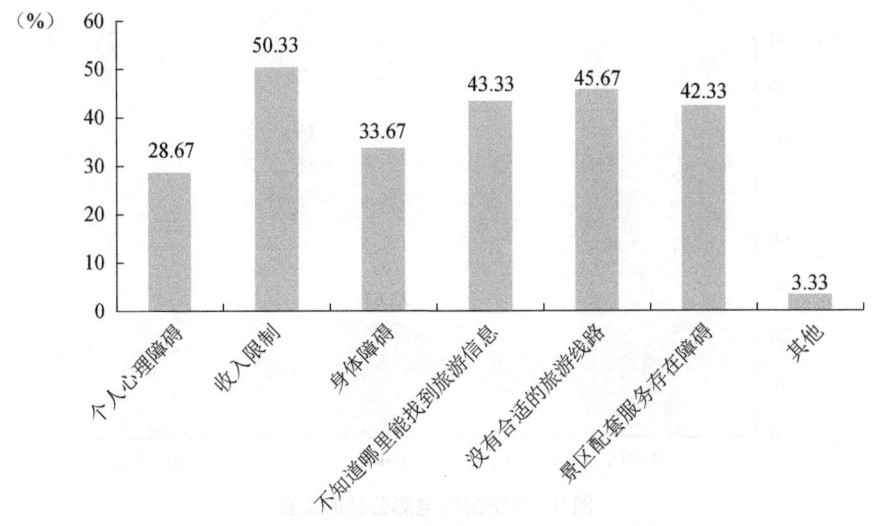

图 1 出游遇到的一般障碍

如图2所示，从被调研对象所反映出来的数据可以看出，出行队伍中（或家里）有老人、幼儿、残障人士的比例较高，共有180人，占总人数的60%，由此可以看出，冯小刚电影公社景区的无障碍建设十分重要，为了游客更顺利地出游，在设施和服务上应更多满足相关游客的需求。

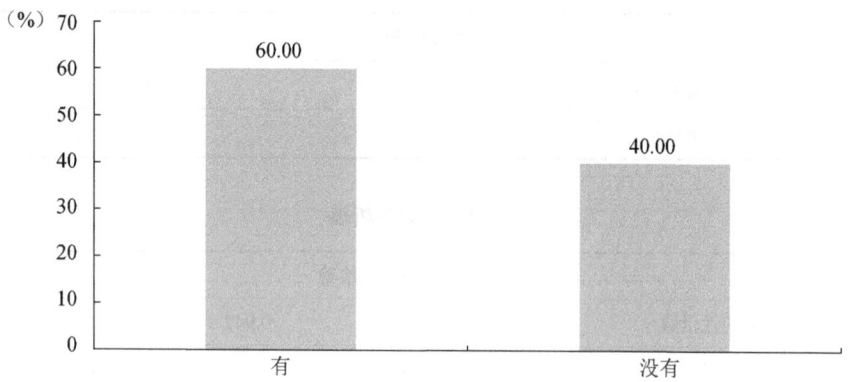

图2　出行队伍中（或家里）是否有老人、幼儿、残障人士

从图3可以看出，从游客去往冯小刚电影公社景区的次数来看，绝大多数游客停留在1~2次，总计达到了202人次，占比67.33%，3~4次的占比达到23.67%，但5次及以上的游客非常少，总计27人，占比9%。而从游客重游意愿上来看，有201位游客会再次选择来到冯小刚电影公社景区，占比67%，说明大多数游客还是愿意再来。从无障碍环境是否影响重游率来看，超一半的游客认为无障碍环境的建设会影响游客是否重游的决策。因此，景区应抓住机会提升自身服务和建设，以便让愿意重游的游客对景区感到满意，从而增加游客游览次数，并提升游客的忠诚度。

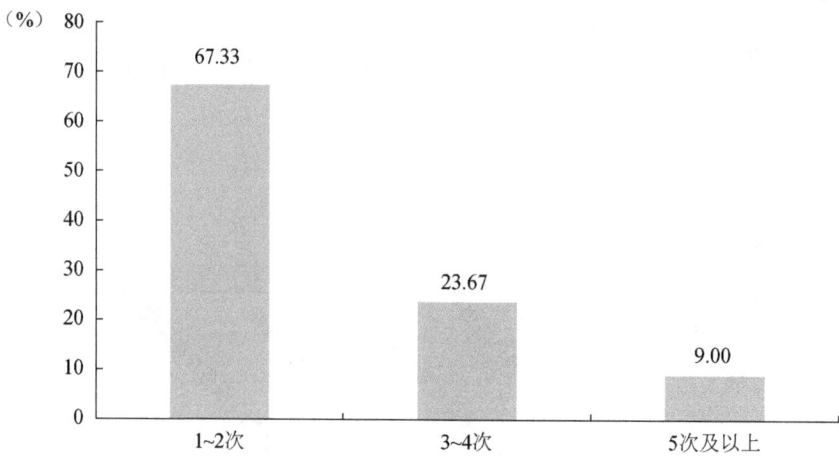

图3　目前游玩电影公社的次数

3. IPA 分析

根据对该景区问卷数据整理，以及将重要性和满意度的数据进行统计，再对数据分别进行平均值的表示，每一项平均数值如表 5 所示。

表 5 该景区重要性满意度均值表

序号	相关指标	重要性	满意度
1	景区卫生环境整洁	4.24	3.77
2	景区的治安设施良好	4.36	3.53
3	景区价格的适宜程度	4.28	3.44
4	交通便利程度	4.25	3.53
5	景区宣传信息到位	3.75	3.68
6	景区内道路通行便利程度	4.32	3.63
7	景区内交通工具租借的方便程度	4.18	3.52
8	交通收费价格合理	4.28	3.43
9	停车场设计合理	4.11	3.48
10	景区内交通标识明显	3.81	3.84
11	景区官方网站可获取的信息全面程度	4.16	3.54
12	景区信息设施设置的合理程度	4.17	3.47
13	景区导览地图提供的无障碍信息清晰程度	4.2	3.54
14	景区导航标识明显程度	4.16	3.55
15	景区导游解说清楚程度	3.71	3.95
16	景区问询服务质量	4.21	3.6
17	景区导游服务质量	4.13	3.67
18	景区售检票服务质量	4.21	3.53
19	景区安保服务质量	4.17	3.54
20	景区餐饮和住宿服务质量	3.8	3.91
21	垃圾桶的便利情况	4.09	3.52
22	卫生间使用便利情况	4.23	3.89
23	休息座椅设置合理程度	4.2	3.94
24	通信设施的便利情况	3.78	3.48
25	景区内医疗设施情况	4.14	3.95
26	就餐设施的便利情况	4.23	3.86
27	住宿设施便利情况	4.05	3.48

续表

序号	相关指标	重要性	满意度
28	餐饮住宿的可达性	4.21	3.72
29	对工作人员服务的满意程度	4.24	3.87
30	游乐休闲设施	4.23	3.89
31	展览及演出	4.11	3.48
32	购物方便	4.21	3.91

将有效数据编码输入计算机，采用 SPSS 软件建立数据库，获得的重要性中位数约为 4.13，满意度的中位数约为 3.66，以其为原点建立二位象限坐标图，数据如图 4 所示。

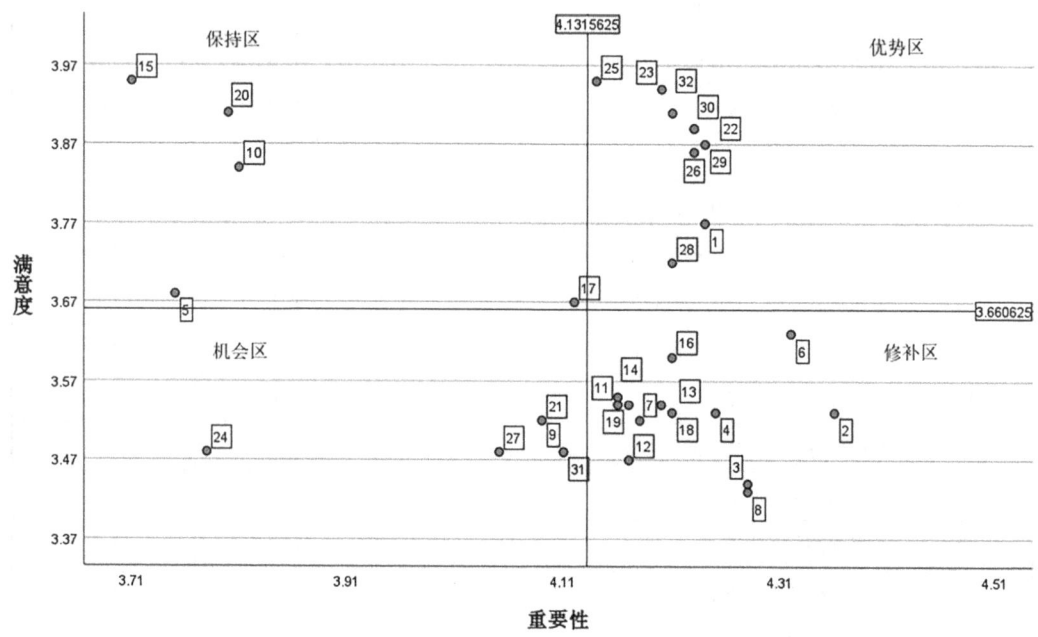

图 4　IPA 分析散点图

由图 4 可以看出，第一象限为优势区。该区域的满意度和重要性都比较高，并且都在均值以上。有景区内医疗设施情况、休息座椅设置合理程度、购物方便、游乐休闲设施、卫生间使用便利情况、就餐设施的便利情况、餐饮住宿的可达性、对工作人员服务的满意程度、景区内卫生环境整洁 9 个指标。这 9 个指标需要不断稳步完善，便可以满足游客在这 9 个方面对该景区的需求。从前文分析可以看出，冯小刚电影公社景区的公共服务设施完善，如公共厕所布局比较合理，景区所有卫生间设计美观，还设有母婴室和无障碍卫生间，避免带孩子的游客在去卫生间的时候还要担心孩子的安全。总体来说，该象限上的各项指标应该继续保持优势，在现有功能的基础上不断完善优化，提升冯小刚电影公社景区的整体形象。

第二象限为保持区，此区域重要性较低但满意度较高，有景区导游解说清楚程度、景区餐饮和住宿服务质量、景区内交通标识明显、景区宣传信息到位程度、景区导游服务质量5个指标，由此可见，景的相关建设已经获得了游客的高满意度，景区在未来的发展中需维持该满意度水平。

第三象限为机会区，指标的满意度和重要性均低于平均水平。落入第三象限的指标分别有通信设施的便利情况、住宿设施便利情况、垃圾桶的便利情况、停车场设计合理、展览及演出5个指标。第三象限所反馈的指标可以作为冯小刚电影公社景区提升自身建设的次要指标，体现出冯小刚电影公社景区在通信设施，有关食住方面的便利性建设、停车场布局设计等设施的空间布局还略显不足，大多数游客表示不满意。但这些指标又是游客们认为不太重要的方面，故冯小刚电影公社景区在提升游客所注重的指标以后，可以对第三象限所反馈的问题进行进一步改善。

第四象限是修补区。在这一象限区域内，指标的重要性较高而满意度较低。共有13个指标分布在此区，体现出多数游客对冯小刚电影公社景区在无障碍建设方面并不满意，指标中的大多数集中在了第四象限。在景区的治安设施良好、景区价格的适宜程度、交通便利程度、景区内道路通行便利程度、景区内交通工具租借的方便程度、交通收费价格合理、景区官方网站获取的信息全面程度、景区信息设施设置的合理程度、景区导览地图提供的无障碍信息清晰程度、景区导航标识明显程度、景区问询服务质量、景区售检票服务质量和景区安保服务质量方面，游客十分重视。其中景区的治安设施良好、景区官方网站信息设施设置的合理程度、交通工具租借的方便程度属于无障碍设施方面建设；景区官方网站可获取的信息是否全面、景区导航标识明显程度方面属于信息无障碍方面的内容；景区问询服务质量、景区售检票服务质量和景区安保服务质量属于无障碍服务方面的内容。这一象限属于需要持续并且重点改进的地方，冯小刚电影公社景区在导览无障碍信息、无障碍设施和无障碍服务方面设置得不够合理，包括网络上提供的游览信息比较缺失，降低了游客的体验感。景区安保设施需要加强，对工作人员也需要加强无障碍服务意识的培训。

（三）访谈结果分析

1. 景区无障碍相关设施的满意情况

景区自身十分重视无障碍设施的建设，但游客表示，虽然景区所建成的三个园区都有第三卫生间，但卫生间的引导标识不明显，同时没有十分清晰的引导标志。景区内设置了休息区，方便游客游玩与休息。景区提供无线网络全覆盖，同时还提供充电宝，游客对这一点比较满意。

工作人员表示在道路方面，因为园区电影拍摄的需求，园区部分地方道路并不平坦，推轮椅游览有可能会伤及游客腰部，建议还是选择乘坐共享车游览景区，但共享车的局限在于只能进入两个景区，江城谣景区由于阶梯太多并不方便驶入。

2. 景区信息化程度的满意度分析

根据访谈情况，游客在出游前想获取有关景区游玩设施、景区内相关活动、景区无障碍设施的情况、相应的无障碍服务等信息，但现阶段冯小刚电影公社景区几乎没有较为完善的关于旅游的信息来源网站及产品。

从对工作人员的访谈中可以了解到，企业较少进行景区的宣传，对这方面的投入不够重视，忽视了游客对信息获取方面的旅游需求，景区整体的宣传力度不够。

3. 无障碍服务满意度分析

从游客角度可以发现，在游览过程中有专门的工作人员为游客讲解产品的特点，这是游客比较满意的部分。根据访谈对象的描述，工作人员态度温和，能够非常耐心地解决游客所遇到的问题。

工作人员表示，景区提供问询服务和导游服务，也提供了多个自助取票机。为了打造民国时期的氛围，景区内一些工作人员的穿着也是民国时期的风格，除此之外还提供景区独有的文创产品。

四、现存问题分析

本文针对实际调研、访谈以及问卷所反映出来的问题进行分析，将位于第四象限的修补区的项目进行分类：将景区的治安设施良好、景区内交通工具租借的方便程度等项目归结于景区管理问题；将景区官方网站可获取的信息全面程度、景区信息设施设置的合理程度等项目归结于信息化程度不完善问题；将景区问询服务质量、景区售检票服务质量等项目中出现的无障碍意识问题进行归类；最后将无障碍导览和相关服务归结为景区对无障碍包容度问题。

（一）无障碍设施管理不到位，问题反馈渠道少

从实地调研的无障碍设施问题、访谈中游客对设施的评价和 IPA 分析法的第四象限指标所反馈的内容可以看出，虽然，冯小刚电影公社景区有很多可取之处，但是不可否认的是，景区内无障碍设施存在发展监管和管理规模问题，重形式化的建设和投资开发而缺乏对设施使用的监管。在旅游吸引物上投资过多而忽视了景区无障碍监管的投入，在游客出行便利方面不能切实保障。首先，无障碍设施建设不到位，后期维护较差。一些园区存在第三卫生间或者无障碍坡道不符合相应的宽度和角度的标准要求，不仅如此，冯小刚电影公社景区存在无障碍设施被破坏或占用的现象，但没有相关工作人员注意。其次，无障碍设施形式化。一些园区存在无障碍设施设计不合理、盲目建设的现象。例如，尽管园区设置了第三卫生间，但卫生间的出入口只有台阶通道，没有扶手或坡道，使第三卫生间几乎不发挥作用。又如，某广场一些无障碍坡道的坡度超过30°，坡道宽度不符合规范，轮椅根本无法通行。最后，问题反映渠道少。根据2020年出台的《海南省无障碍环境建设管理条例》，县级以上人民政府应发挥作用，工业和信息化、教育、公安、民政、财政、交通、城市管理、文化和旅游、卫生、广播电视等部门应当在各自职责范围内做好无障碍环境建设。但现实中，当游客对景区无障碍设施有需求或意见时，一般只能向景区工作人员反映或拨打"12135"消费者投诉热线，但效果非常有限。

（二）该景区信息化程度不完善

该景区存在无障碍设施宣传缺少、无障碍设施发展无规划、游客查不到景区相关信息等问题，原因在于旅游信息不对称和冯小刚电影公社景区的宣传力度小。旅游信息需要被景区重视，从访谈中可以看出，游客对景区的信息化程度极为不满意。一般来说，被访谈的游客会因为身在景区或考虑到要做访谈记录的原因，不易表现出对景区的不满，但在该景区的信息获取方面，许多游客在访谈过程中都表示对该景区的信息获取较难，不知道从哪里获得信息，从而造成了信息上的障碍。从IPA分析法第四象限的数据可以看出景区对信息化程度的不重视，冯小刚电影公社景区在信息化的软硬件设施上投入较少，没有重视景区的宣传与发展，对无障碍设施信息的宣传更少。

（三）该景区缺乏无障碍设施建设的规范化指导

首先，无障碍设施的建设是一项系统专业的工程，不仅涉及道路、标识、信息化建设等方面，具体建设也有明确的要求与规定。但对冯小刚电影公社景区的无障碍环境建设规划，从实地调研所反馈的问题中可以看出，虽然景区出台了一些相关要求，但并未形成统一标准，缺乏规范指导，导致实际建设过程中难以找到可遵循的依据，造成旅游景区无障碍设施建设呈现出不系统、不均衡的状态。其次，从采访中了解，景区无障碍设施在维护的过程中，涉及景区内各个部门利益，实际的分工与负责领域难以厘清，导致权责界限模糊、政策执行的效果与力度大打折扣。同时IPA分析法第四象限的指标反映出无障碍设施建设监管不到位的情况——监督监管是促进建设标准、要求落到实处的关键，缺少监管或者监管不严格，易出现景区管理者不重视或敷衍塞责，无障碍设施被占用、被损坏的现象，致使景区总体建设水平不高。

（四）该景区对无障碍环境的包容度和建设意识有待加强

虽然景区对无障碍环境有所重视，但从实地调研、问卷、访谈以及IPA分析法第四象限的分析所反馈出来的真实情况来看，仍有较大提升空间。景区无障碍设施的建设、维护需要各方共同努力，但目前景区尚未形成强调无障碍建设的氛围。首先，一些景区的工作人员和管理人员对景区内无障碍环境的建设并不十分重视，在设计、施工和维护方面没有严格遵守无障碍设施建设的规范和标准。其次，对大多数游客来说，他们认为无障碍设施必要且重要，但景区并未及时改善因自身不足导致的游客不满意的情况，仍然认为无障碍设施是专门为残疾人群体设计的。最后，由于对无障碍设施的介绍不到位，许多游客没有意识到无障碍设施的存在，导致旅游壁垒持续存在。

五、相关建议

在海南实施全域旅游和自由贸易港政策的背景下，海南的旅游业也在不断进步和发展，在未来将会有极大的提升空间。近年来，虽然新冠疫情对旅游行业造成了较大影响，但随着政策环境的改善，旅游景区最先获得反弹并逐步恢复。据此背景，本文通过实地调研、问卷调查、IPA分析以及访谈的方法，探究在目前形势下海口市冯小刚电影公社景区旅游发展中存在的问题，并综合IPA分析法第四象限的改进区，提出以下建议。

（一）提升无障碍设施的管理水平，增加问题反馈渠道

建设和使用无障碍设施，需要景区进一步加大投入力度，按照相关条例的要求，修缮不符合要求设施，健全和完善场所的无障碍设施硬件建设，在对应的设施区安排专门的管理人员。同时，在无障碍设施建设过程中，还要注重和加强人文关怀，增加问题的反馈渠道，听取多方面的意见，让无障碍设施真正方便起来，得到有效利用。

（二）完善旅游信息，加强景区无障碍环境宣传

该景区目前在旅游信息提供方面还做得不够。首先，需要加强冯小刚电影公社景区旅游信息的收集和发布，让游客在有出游欲望时能够接收到信息，并在游客不满意时及时向其反馈信息，为游客的旅游目的地选择和出行提供帮助。同时景区在宣传时需要告诉游客该景区的无障碍设施在哪里，具体设施有什么，切实为游客解决问题。

其次，冯小刚电影公社景区需要做好景区口碑的宣传，充分发动周边居民或是当地人，通过人们的口口相传提升景区的知名度。在此基础上也要加强与政府相关部门、政府旅游推介会、地方电视台、报社等单位的联系，将无障碍环境的建设、景区活动的通知以及相关信息通过各种渠道宣传出去。在互联网方面，需要做好类似旅游OTA平台，如去哪儿网、携程、驴妈妈等的线上宣传和活动发布，不断引导游客更方便地进入景区。可以通过网络主播、旅游摄影师等人同步推进宣传，从而提高景区知名度，减少信息不对称。

最后，可以组织内部宣传部门编写专门针对不同游客人群的无障碍旅游指南，通过在政府旅游网站和景区官方网站上增加更多的无障碍旅游信息介绍使游客可以了解详细的区域内无障碍信息。

（三）提升该景区无障碍环境建设的标准化水平

标准化建设有利于提高该旅游景区无障碍环境建设的执行力度。目前，国家无障碍环境建设的相关条文较多，但该景区在无障碍环境建设方面的落实方面缺乏统一规划，不成体系且无人执行。建议根据实际情况协调景区内各级相关部门，制订规范有序的无障碍环境建设条例和发展规划，确保无障碍环境的有序建设和可持续发展。

在制订时，应科学规划无障碍设施布局，以满足不同游客的多样化需求。进一步有计划、有重点地引导相关人员重视无障碍设施的使用，定期培训无障碍服务内容以确保无障碍设施的运转。由于无障碍设施建设涉及的领域和景区自身的园区较多，首先，需要明确各部门职责和权限，做好各个部门之间的沟通协调工作。其次，还要落实、做好景区内无障碍设施的检查监督工作。目前监管工作由景区和政府部门合作完成，对于落实不到位的园区，多是以罚款的形式进行处罚，形式较为单一且处罚力度较轻，对无障碍建设的改进作用不大。监管的原则是追求质量而非简单地完成任务，建议制订明确的监管内容及具体的整改措施，并加大处罚力度；同时监管的重点不仅要放在无障碍设施的有无，更要注重游客的实际需求和使用感受，以避免形式主义。

（四）加强人员培训，营造关注景区无障碍环境建设的氛围

在该景区内营造"以人为本""和谐发展"的价值理念，提高认识，把无障碍环境建设放在突出位置。努力实现人人关注参与、共同推进无障碍环境建设的良好氛围。第一，扭转"无障碍设施是残疾人专用"的观念，通过培训改变景区工作人员的思想观念。明确随着老龄化社会的到来，游客对无障碍设施的需求范围更广，其服务对象也不仅仅局限于残疾群体，应将目标扩大至为社会每一个成员提供不受约束的、便利的物质及社会生活环境，其服务对象为社会所有群体，是人人皆可共享的通用建筑设施。还要提升无障碍设施的知晓率，让游客游玩得更便捷，提升游客的满意度。第二，切实营造关注无障碍环境建设的氛围，通过宣传景区无障碍环境建设的重要性，引起整个景区对残疾人、老年人、带小孩的家庭等群体的关注，并且让人们意识到，任何人在任何时间段都有可能在出行的过程中遇到障碍，但是冯小刚电影公社景区的无障碍环境建设会让游客感到便利和满意。

参考文献：

［1］罗能会.青城山——都江堰景区旅游服务质量提升策略研究［D］.成都：四川农业大学，2022.

［2］刘何丽.我国残疾人旅游行为的核心影响因素及相关对策研究［D］.海口：海南大学，2015.

［3］李馨瞳.城市公园无障碍环境设计——以福州市温泉公园为例［J］.现代园艺，

2022,45(18):71-73.

[4]陈凯,王莹.残疾人旅游市场——和谐社会中不容忽视的旅游细分市场[J].北京第二外国语学院学报,2006(1):121-124.

[5]许晓薇.旅行社残疾人旅游市场开发探析[J].中国新技术新产品,2009(15):202.

[6]王雨田,郑郁凰.国内残疾人旅游市场发展的制约因素及开发对策[J].旅游纵览(下半月),2016(14):210.

[7]饶华清.为所有人的无障碍旅游——从长三角无障碍旅游看待残疾人旅游[J].黑龙江科技信息,2004(11):9.

[8]尤佳.青岛市残疾人旅游障碍分析及发展研究[D].青岛:青岛大学,2018.

[9]YAN H H. The urban barrier-free environment in an aging society[J]. Applied Mechanics and Materials,2011,1446(90-93).

[10]A KAZACHKOVA O. Creation of information systems design on the concept of "accessible environment": designing systems orienting information in public places[J]. International Journal of Engineering & Technology,2018(7):4-36.

[11]CHENG CHIA-HSIN. The satisfaction study of people with disabilities regarding the restaurant with barrier-free environment in Taiwan Province tourism area[J]. International Business Research,2020,13(4).

[12]YUYE FU. Research on environmental adaptation and personalized development of visually impaired students in colleges and universities[J]. International Journal of New Developments in Education,2021(3):1-4.

[13]L A CHERNYAVINA,E I FILONENKO,M A SCHEKALEVA. The formation of the urban barrier-free environment on the pattern of vladivostok[J]. IOP Conference Series:Materials Science and Engineering,2018,463(3).

[14]S M KURBATOVA,KURBATOVA S M,AISNER L YU,NAUMKINA V V. Accessible environment as a means of ensuring the rights of persons with disabilities and as a task of the modern social state[J]. IOP Conference Series:Materials Science and Engineering,2020,962(3).

[15]连漪,姜营.区域旅游品牌发展及品牌价值提升策略——基于桂林旅游地品牌建设的思考[J].企业经济,2013,32(2).

[16]朱丽萍.基于网络营销模式下的城市形象旅游品牌价值推广研究——以江苏泰州城市形象旅游品牌推广为例[J].现代城市研究,2015(9):108-113.

[17]李伟,徐华,李媛媛.节假日时段国内自驾游客满意度研究——基于结构方

程模型的实证分析［J］.河南师范大学学报（自然科学版），2020，48（6）.

［18］张庆，曹暕.北京寺庙文化旅游游客满意度研究［J］.科技和产业，2021，21（10）：336-341.

［19］吴江，李秋贝，胡忠义，等.基于IPA模型的乡村旅游景区游客满意度分析［J/OL］.数据分析与知识发现，2022，27（12）：1-14.

［20］杜永凤，李丽媛，张燕.基于IPA模型的巴音布鲁克景区的游客满意度研究［J］.绿色科技，2022，24（17）：217-220.

［21］秦彬朦，孙小龙，曾艳艳.基于IPA方法的贵阳市温泉旅游体验评价研究——以贵阳市贵御温泉为例［J］.兴义民族师范学院学报，2022（4）：26-33.

［22］申雪萍.新时代我国文化旅游融合发展的问题及对策研究［D］.武汉：湖北大学，2020.

［23］李慧.基于网络文本的城市休闲商业街区游客满意度研究——以合肥市淮河路步行街为例［J/OL］.长江师范学院学报，2022，27（12）：1-9.

［24］DANAHER P J, HADDRELL V A. Comparison of question scales for measuring customer satisfaction［J］International Joural of Service Industry Management, 1996, 7(4): 426.

［25］IGNACIO A. RODRIGUEZ DEL BOSQUE, HECTOR SAN MARTIN, JESUISCOLLADO. The role of expectations in the consumer sat-isfaction formation process: empirical evidence in the travel agency sector［J］. Tourism Management, 2006, 27: 410-419.

［26］SIMANIHURUK MAIDAR. Tourist attraction and tourist facilities intentions to visitor satisfaction: case of sindang barang cultural village［J］. E-Journal of Tourism, 2019.

［27］VELMURUGAN SIVAKAMI, VAZHAKKATTE THAZHATHETHIL BINDU, GEORGE BABU. A study of visitor impact management practices and visitor satisfaction at Eravikulam National Park, India［J］. International Journal of Geoheritage and Parks, 2021（prepublish）.

［28］王颖，吕雅丽，王昱双，等.济泰地区旅游景区无障碍环境建设研究［J］.城建档案，2022（9）：36-40.

［29］周珊珊.更好满足全社会的无障碍需求［N］.人民日报，2022-11-10（005）.

［30］高倩倩.河北省城市社区无障碍环境建设研究［D］.石家庄：河北大学，2020.

［31］陆和建，康媛媛.近10年我国公共图书馆残疾人服务研究综述［J］.图书情

报工作，2013，57（17）：134-138.

［32］王博.北京市无障碍环境建设问题调研及对策研究［D］.北京：北京建筑大学，2017.

［33］张瑜.澳大利亚无障碍环境建设立法研究［D］.济南：山东师范大学，2018.

［34］SIMON DARCY，TRACEY J，DICKSON. A whole-of-life approach to tourism：the case for accessible tourism experiences［J］.Journal of Hospitality and Tourism Management，2009，16（1）.

［35］陶长江，李卓涵，刘懿睿，等.我国5A级景区网站无障碍化建设的评价及建议——基于WCAG 2.0测试的分析［J］.浙江树人大学学报，2022，22（4）：26-35.

［36］杨丹卉.江西省发展无障碍旅游的对策探究［J］.网络财富，2010（21）：80-81.

［37］赵晨，张璟.我国区域无障碍旅游研究述评与发展趋势［J］.湖北文理学院学报，2013，34（2）：60-65.

［38］万绪才，丁敏，宋平.南京市国内游客满意度评估及其区域差异性研究［J］.经济师，2004（1）：246-247.

［39］符全胜.旅游目的地游客满意理论研究综述［J］.地理与地理信息科学，2005（5）：90-94.

［40］PIZAM A，NEUMANN Y，REICHEL A. Dimentions of tourist satisfaction with a destination area［J］.Tourism Research，1978，5（3）：314-322.

［41］王丹.旅游目的地老年旅游服务质量评价研究［D］.郑州：郑州大学，2018.

［42］海南省无障碍环境建设管理条例［N］.海南日报，2020-04-09（B05）.

［43］吴江，李秋贝，胡忠义，等.基于IPA模型的乡村旅游景区游客满意度分析［J/OL］.数据分析与知识发现，2023（5）：1-14.

（指导教师：吴宁，北京联合大学旅游学院旅游管理系）

北京农业文化遗产地旅游景观意象感知研究

范新茹[*]

[摘　要] 随着乡村振兴战略的全面推进，大众对农业文化遗产的关注度越来越高，发展农业文化遗产地旅游是乡村振兴战略的关键，这种旅游模式的开展，不仅有助于传承和弘扬乡村文化，还能促进乡村经济的多元发展，从而为实现乡村全面振兴的目标提供有力支撑。而对于农业文化遗产地旅游来说，景观意象是其发展旅游的核心吸引物。在互联网背景下，游客在网上生成的海量UGC数据能够有效地反映其对农业文化遗产的感受与评价，进而对农业文化遗产地的旅游开发与科学利用产生重要影响。

本研究以北京市4处中国重要农业文化遗产地为基础，以携程、去哪儿、微博等用户评论网站爬取的游客的网络评论文本为研究材料，应用ROST CM6进行词频分析、语义网络分析，按照认知形象—情感形象的思路展开研究，探讨基于UGC文本数据的景观意象感知评价和分析的手段与模型。在深入剖析游客对农业文化遗产地的认知与情感意象差异的基础上，进一步解析整体景观意象的特征，从而为提升游客的旅游满意度和体验质量提供科学依据，并采用扎根理论构建农业文化遗产地旅游景观意象感知体系模型。

[关键词] 农业文化遗产地；景观意象；网络文本分析；扎根理论

一、研究背景和意义

（一）研究背景

作为农业文明历史悠久的国家，在5000多年的发展过程中，中国各民族携手并进，共同创造了丰富多样且独具魅力的农业文化遗产。在全面推进乡村振兴战略的背景下，

---

[*] 范新茹，本科就读于北京联合大学旅游学院旅游管理系。

农业文化遗产逐渐转型为遗产旅游核心吸引物，其开发价值日渐凸显，已经发展为一种备受瞩目的旅游资源。

随着 Web 4.0 时代的到来以及自媒体的迅速发展，网络的自由、开放与共享的特质为游客在旅游目的地的亲身体验提供了更为全面且真实的反馈渠道。互联网这些特征使得游客的声音能够得以更广泛地传播，为旅游目的地的改进与发展提供宝贵的参考依据。网络文本分析法在多个研究领域展现出应用价值，特别是在目的地形象感知的剖析、游客行为特性的探讨、旅游体验的深度研究以及游客满意度分析等方面，其独特的分析优势为这些领域的研究提供了有力的工具支持。运用网络文本分析法，可以深入探讨在旅游大数据时代下，游客对农业文化遗产地的认知和感受，鉴于此，本文深入分析游客对北京 4 处中国重要农业文化遗产地的评论和游记，探讨农业文化遗产地旅游意象的构成维度，为其可持续发展战略的制定提供直接参考，以便其可以被更好地传承与保护。

（二）研究意义

1. 理论意义

良好的旅游景观意象是旅游地成功的关键，如今对旅游目的地的意象研究逐渐多了起来，成为学术界的新焦点。在我国，相关学者对于旅游地意象的探讨主要聚焦于城市与古镇这两大领域。过往针对农业文化遗产地旅游景观意象的相关研究很少，且对北京地区的农业文化遗产地旅游景观意象的研究探讨也比较少。更鲜有学者在大数据的支撑下，从网络文本分析的视角深入探索北京的农业文化遗产地旅游景观所呈现的意象，为相关领域的研究提供新颖的洞见。农业文化遗产所囊括的内在景观意象纷繁复杂，对发展农业文化遗产地旅游具有重要意义。

2. 实践意义

本文选取北京市的 4 处中国重要农业文化遗产地，深入探究这些农业文化遗产地的旅游形象与游客感知，并应用 ROST CM6 进行词频分析、语义网络分析，旨在深入分析游客对农业文化遗产地的认知意象与情感意象感知的差异性，并进一步解读整体景观意象的显著特征。通过这一过程，识别出影响旅游体验的核心景观意象维度与关键要素，从而全面提升农业文化遗产地的旅游质量。并采用扎根理论深度分析游客对北京农业文化遗产地旅游景观意象感知的情绪文本，明晰游客对北京农业文化遗产地旅游景观的意象感知，最终达到提升农业文化遗产吸引力、讲好农业文化遗产故事的目的。同时本文也对北京地区农业文化遗产地旅游景观的保护与层次化旅游利用具有积极的推动作用。

二、相关研究及理论基础

（一）相关概念的界定

1. 农业文化遗产

农业文化遗产的概念起源于2002年8月联合国粮食及农业组织（FAO）、联合国开发计划署（UNDP）和全球环境基金（GEF）等10余家国际组织以及一些地方政府，共同发起的一项旨在保护具有全球重要的意义的传统农业系统项目——全球重要农业文化遗产。国内外学者基于联合国粮食及农业组织的定义，对"农业文化遗产"的概念展开了广泛探讨。例如国外学者法尔萨尼（Farsani）等（2019）在联合国粮食及农业组织概念界定的基础上，进一步强调农业文化遗产的文化价值与遗产传承价值，可以为当地提供丰富的旅游资源[1]；我国学者王衍亮和安来顺（2006）基于文化视角，在探讨农业文化遗产的组成时，主张其应与其他类型的遗产相似，同时他们认为，基于经济视角，农业文化遗产作为一种独特的农业系统，深刻体现了农民、土地与农作物之间紧密相连的生态关系。这一系统不仅展示了人与自然的和谐共生，还承载了丰富的农业智慧和文化价值，也为后世提供了宝贵的农业文化遗产[2]。也有学者从广义和狭义的视角来界定农业文化遗产的概念。从广义视角来看，农业文化遗产仍是一种农业遗产，所以具有农业遗产的共性特征，主要包括古农书、古农具、古农谚等；从狭义视角看，农业文化遗产是具有系统性的遗产，具有农业景观的丰富性与农业系统的多样性，蕴含遗产、生态、农业、文化、经济等多重属性[3-4]。

为明确研究的范围，本文在界定"农业文化遗产"的概念时，主要依据其狭义的界定方式，视农业文化遗产为遗产地居民历经世代居住与辛勤劳作，所形成并延续至今的系列独特农业活动之总和。这些活动不仅展现了人与自然和谐共存的智慧与价值观念，还蕴含着丰富的生物多样性、多姿多彩的农业景观以及深厚的农业知识技术体系。

2. 旅游意象

（1）旅游意象概念发展。

"意象"一词源自英文的"image"，其早期主要应用于城市意象的研究。这一概念被理解为人类大脑意识活动的产物，具体而言，它指的是认知主体在感知和观察客观事物或现象时，所形成的对其表象信息的接收与构建，这一过程融合了主客观元素，共同塑造了丰富的意象内涵[5]。1965年，雷南德（Reynold）率先将"意象"理论融入旅游研究领域，将其界定为游客在整体环境信息中，基于个人印象筛选出的特定元素所构成的认知图景。学者亨特（Hunt）提出旅游意象是目的地与游客心理之间建立的情感纽带，是评估游客对目的地感受的关键指标[6]。巴尔奥卢（Baloglu）则强调，游客在心中对旅游地的认知意象和情感意象进行评估，形成对整体城市意象的评判意识，这一过程即是旅游意象在游客内心和思维中的深化与感知[7]。尽管国外各学者对意象的定义不同，但他们普遍认为旅游意象是游客对旅游目的地的整体感知，是游客的主观性表达。

国内对于"image"一词多是从"形象"开始理解，"形象"与"意象"常常被混淆，随着相关研究的不断深入，学者们开始关注"形象"和"意象"的不同，并加以研究区分。周永博（2011）认为，旅游景观意象可被视为旅游主体在与旅游景观客体互动的过程中，所形成的一种集合了认知与情感的综合性体验。这种意象不仅反映了主体与客体之间的互动方式，还揭示了整个互动过程及其最终产物，体现了旅游主体对景观客体的深刻理解和情感体验[8]。学者赵刘（2020）借助现象学研究了旅游意象的本质和类型，他认为旅游意象是一种意识，是用客观事物及感性材料将想象意象进行补充转化的一种过程[9]。纵观国内外学者关于旅游意象的研究，大多数人认为旅游意象是一种非常具有主观性的存在，是游客在旅游过程中对旅游景观的观赏与评价，以及在这一过程中形成的头脑认知与内心表达。

（2）旅游意象的相关研究。

国外学者对于旅游意象的测量研究一般借助语义差异量表的结构性测量，文本分析、访谈、问卷、图片拍摄等非结构性测量方法，以及定性、定量研究分析等。"认知—情感—意动"三维意象在旅游研究中被广泛应用，随着科学研究的不断发展，此理论被改进为"认知—情感—整体"三维意象理论，后续大多意象研究都以此理论作为研究基础[10]。基于此理论并结合不同情境，国内学者从不同研究维度进行了旅游意象的相关研究。田逢军（2009）认为城市旅游地意象由评估性意象和结构性意象组成[11]。谢彦君（2016）基于网络游记文本以心理意象、社会意象、时间意象、空间意象、内容意象5大维度搭建了旅游地意象框架[12]。梁晨晨（2020）等通过LDA模型和特征等维度分析提炼了丽江古城旅游目的地意象感知特征[13]。经过对旅游地意象进行跨学科、多维度的理论探究，依据旅游地意象形成的复杂因素、演变过程以及游客的个性化特征，各位专家学者提出了不同的维度划分方法，全方面深入剖析了旅游地意象的多元构成。

（二）相关理论基础

1."认知—情感"理论

在旅游意象的研究领域中，"认知—情感"理论因其广泛适用性和较好的理论价值而备受推崇。为了更全面地解析旅游目的地的意象构成，学者们采用了这一理论框架，并将其细化为多个维度进行深入探讨。认知意象，基于游客对目的地的理性认知；情感意象，源于游客对目的地的情感反应；以及由这二者相互交织、相互影响而形成的综合整体意象,这种划分有助于我们更全面地理解游客对旅游目的地的感知和评价。游客对旅游目的地最初的认知被看作认知意象,游客的情感要素则构成了情感意象,旅游目的地的整体意象源自认知意象与情感意象的交织与融合。这一过程中,认知意象基于对旅游目的地的理性认知,情感意象源于游客对旅游目的地的情感共鸣,而整体意象是这二者在相互协调与融合中共同塑造的结果。这种融合不仅丰富了旅游地的形象,也为游客提供了更为全面和深入的体验[14]。

2. "核心—边缘"理论

该理论亦被称为"中心—外围"理论,是众多学者经过深入研究和归纳得出的理论框架,旨在阐释区域空间演变的模式和规律。主要是从发达地区与欠发达地区之间关系的角度阐述自由市场经济中空间结构演变的理论,展示了发达国家和不发达国家、地区间的不平衡发展关系[15]。一定区域内,部分区域在各种因素的作用下逐渐发展为"核心",而其他区域由于发展缓慢成为"边缘",核心对边缘之间存在一定的支配关系,一定程度上压制了边缘区域的发展,形成了核心与边缘不平衡发展的局面[16]。随着研究的不断深入,此理论也逐渐用于构建基于旅游流的"核心—边缘"空间结构[17]以及旅游地意象特征研究,用于高频词共现网络的"核心—边缘"圈层分析[18]。

3. 扎根理论

扎根理论作为一种质性研究方法,已被广泛应用于多个领域,以自下而上、由特殊到一般的分析数据为特点,在利用所获得的数据或文本资料时,特别强调通过深入的总结与分析,来揭示事物或现象背后的本质特征,确保结论的准确性和深入性[19]。在本研究中,借助扎根过程,此过程被形象地称为"编码"。

(三)国内外研究评述

本文对农业文化遗产、农业文化遗产地旅游、农业文化遗产地旅游景观意象等相关文献进行了梳理。通过梳理发现:农业文化遗产近年来受到了国内外理论界和实践界的关注,相关研究也日益丰富,通过发展旅游来推进农业文化遗产可持续发展和保护已经成为一种主要方式,大多数学者赞同在农业文化遗产地发展旅游,并对其旅游发展的特点、模式、旅游发展潜力[20]、游客偏好[21]、旅游影响[22]等作了探讨。目前国内外有关农业文化遗产地旅游的研究主题较为广泛,但是对于农业遗产地旅游景观意象感知的研究较少,缺少对基于游客视角的农业文化遗产地旅游景观意象感知影响因素分析,无法很好地指导遗产地旅游景观构建合理的意象感知。本文将着重对农业文化遗产地旅游景观意象的感知影响因素进行研究分析,并结合北京4处中国重要农业文化遗产地发展案例,构建旅游景观意象感知模型,提出针对性发展路径,以促进农业文化遗产地旅游的高质量发展。

三、研究方法与研究设计

（一）案例地概况

本研究的案例地分别是京西稻作文化系统、平谷四座楼麻核桃生产系统、怀柔板栗栽培系统和门头沟京白梨栽培系统。这4处中国重要农业文化遗产，在研究农业文化遗产地的旅游景观意象方面非常具有代表性。在目前乡村旅游越来越火爆的背景下，如何强化农业文化遗产旅游地形象，提升其吸引力，已成为时下需要研究的议题。因此，选择上述案例地，既具有理论意义，也具有较强的现实意义。

（二）数据收集与整理

本研究利用八爪鱼数据采集器在线爬取游记获得数据资料，通过在微博、小红书、大众点评、携程等平台爬取深度游记和评论，最终筛选保留654份游记或评论，对其采用ROST CM6进行内容分析，以获得游客视角对于农业文化遗产地旅游景观意象的感知。同时应用扎根理论，对654份、共计6万余字的网络文本进行三级编码分析，深度分析游客对北京农业文化遗产地旅游景观意象感知的情绪文本。

1. 文献研究法

通过在中国知网、万方、维普、Proquest等资料库进行文献检索，本文对农业文化遗产地、扎根理论、景观意向、旅游感知等与本研究相关内容进行脉络梳理、整理归纳。并且通过对大量书籍文献的整理，针对关键词进行细化研究，掌握课题研究的手段，从游客的视角对农业文化遗产地旅游景观意向感知进行研究。

2. 编码探究法

科宾和施特劳斯将扎根理论中的资料分析过程命名为"编码"，这一过程实质上是对收集到的文字资料进行深度剖析和概念化。它涉及将资料逐一拆解，赋予相应的概念标签，并通过合理的方式将这些概念进行提炼、升华和综合，最终形成范畴和核心范畴。这一过程包括3个层次：首先是开放编码，即对原始资料进行初步的概念化；其次是主轴编码，通过对比和关联，将概念进一步提炼和分类；最后是选择式编码，从所有范畴中挑选出最为核心的范畴，以此构建研究的理论框架[23]。本研究采用NVivo12软件的自由编码功能，对网络文本内容进行深入的内容分析。

3. 网络文本分析法

网络文本分析法又叫内容分析法，属于质性研究的范畴，本研究运用ROST CM6软件进行文本分析。将数据文本导入文件后，首要步骤是进行一般性行处理，合并多余的空格行以确保数据整洁。为了提升分析效率，需构建自定义词表和过滤词表，利用这些词表对文本进行分词操作，并剔除无用的词汇，从而为后续的深入分析奠定坚实基础。在数据处理的最后阶段，统计各个词汇的出现频次，并据此绘制社会网络语义图。随后，进行深入的情感分析，以全面理解游客对农业文化遗产地的旅游感知形象及情感倾向。最终，综合所有分析结果，形成对农业文化遗产地旅游形象的全面总结。

四、农业文化遗产地旅游景观意象感知的网络文本数据分析

（一）分词处理

将采集到的网络文本数据导入 txt 文档中，然后运用 ROST CM6 对导入的数据进行采集分词，具体分三步：去除标点符号、停词处理和分词处理。去除标点符号和停词处理的目的是去除表现力不强的内容。在分词处理前去除没有特定意义的标点符号，保留有效评论的文字内容。之后需要进行停词处理，具体指依据哈尔滨工业大学停用词表对评论文本进行停词忽略，提高分词效率[24]。接下来进行分词处理，目的是将收集到的评论文本分割为一个个词语，以便后续提取句子中高频出现的词语，以分析其认知意象的基本构成情况。

（二）词频分析

具体包括提取高频词与构建词云图，词频越高说明游客对该景观要素的认知深刻度与关注度越高[25]。由于文本量大，本研究选取排名前 50 的高频词，词频越高，游客关注度越高，代表性也就越强。在本次调查的中国重要农业文化遗产地旅游的网络文本中，高频词汇涵盖了多个词性，尤其以名词、动词和形容词为主。这些名词主要聚焦于旅游地的类型多样性、具体的地理位置、独特的场地特色以及深厚的历史文化底蕴等方面，从而全面展现了这些旅游地的丰富内涵和吸引力，如最能代表农业文化遗产地特色的"板栗""稻香""京白梨"等；动词反映出在旅游地内游客的活动和景区主办的活动，如"种植""采摘"；形容词可以体现出游客对于农业文化遗产地以及相关信息的评价和感知，如"享受""便宜""休闲"。网络文本数据高频词汇表见表1。

表 1 网络文本数据高频词汇表

单位：次

排名	高频词	频次	排名	高频词	频次	排名	高频词	频次
1	板栗	139	18	露营	16	35	山水	10
2	稻香	132	19	自然	15	36	观赏	10
3	放松	114	20	军庄镇	14	37	登山	10
4	怀柔	83	21	春天	14	38	龙潭	8
5	文化	58	22	历史	14	39	漫游	8

续表

排名	高频词	频次	排名	高频词	频次	排名	高频词	频次
6	水长城	57	23	明清	14	40	梨树	8
7	梨花	53	24	核桃	13	41	水美	8
8	黄花城	52	25	京西	12	42	红叶	8
9	京白梨	45	26	种植	12	43	美食	7
10	香山	38	27	品尝	12	44	湖畔	7
11	采摘	35	28	板栗树	12	45	遗址	7
12	古树	33	29	九渡河镇	12	46	休闲	7
13	享受	22	30	美景	11	47	有山有水	7
14	体验	22	31	景观	11	48	苹果园	7
15	百年	21	32	便宜	11	49	贡品	6
16	特色	19	33	平谷	11	50	贡梨	6
17	开心	16	34	文玩	10			

（三）语义网络分析

在社会网络分析中，中心度是衡量节点重要性的关键指标，它反映了节点在社会网络结构中的核心地位。通过社会网络分析，能够深入探究各节点间的关联程度，从而理解整个网络的结构和动态[26]。为更加直观地了解游客关于农业文化遗产地旅游景观的认知意象感知，利用 ROST CM6 软件中的"社会网络与语义网络分析"功能对获取的网络游记文本进行社会语义网络分析。如图 1 所示，语义网络图呈"多核心"特点。（1）在图中，"板栗""稻田""梨园"等最能代表农业文化遗产特色的中心关键词连线数量最多，处于核心位置，与其他节点有着较高的关联度，这是农业文化遗产地类型和功能最直观的体现，表明农业文化遗产地的突出特色对游客有较高的吸引力，也从侧面说明了游客对于出游目的地的普遍理解。（2）"长城""山村""遗址""东山""京西""免费"等词汇在语义网络图中则处于次核心位置，是对核心位置的进一步拓展与延伸，表明了游客对于农业文化遗产地的进一步认识，包括它的地理位置、周边景点、商业特色等，这些词汇说明游客在选择出游目的地时不会只考虑目的地的单一特色，对周边设施和出游性价比也比较在意。（3）从全局视角审视，游客对于农业文化遗产地的总体感知意象中，代表性元素显著，如"板栗""梨园""稻田"等。此外，主题语义网络的构成主要围绕中性词汇展开，未见负面表达，这进一步印证了游客对旅游地景观的整体感知呈现出较为积极的态势。综上，游客对农业文化遗产地的旅游意象感知呈现"多核心"布局，游客多以农业文化遗产的代表性特色、地理位置、基础设施和旅游体验为主，而较少关注农业文化遗产背后的经济与政治意义、文化内涵等领域。

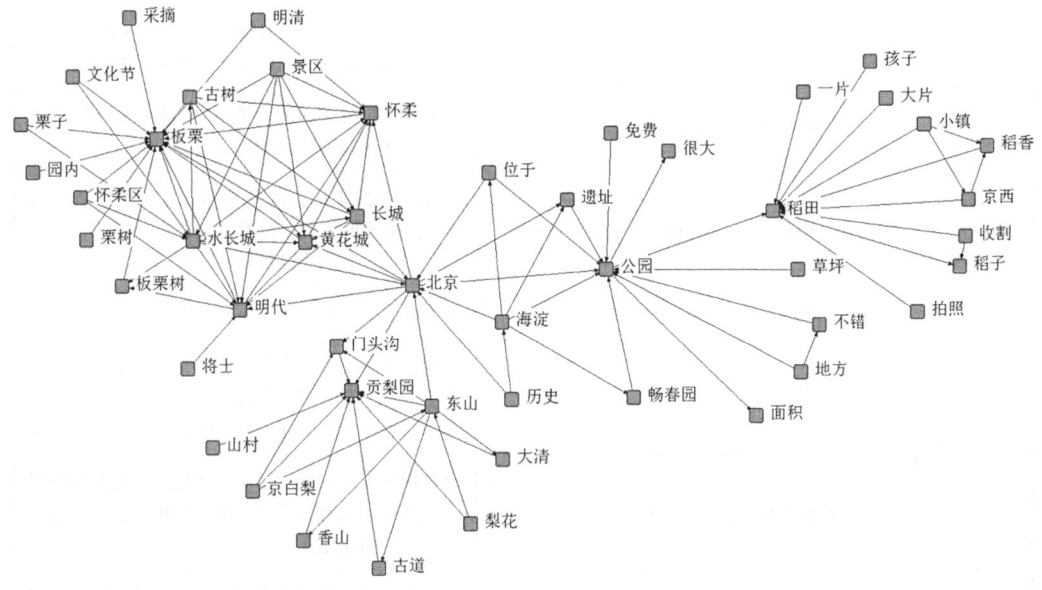

图1　基于网络文本的社会语义网络图

五、意象感知特征分析

景观意象可被视为游客作为主体对旅游地这一客体所产生的感知结果[27]。在游客对目的地景观的感知过程中，存在从认知意象（对目的地基础知识的把握）到情感意象（对目的地产生的情感共鸣）的递进与升华[28]。这一过程深刻反映了游客对旅游目的地的整体印象与评价。其中，认知意象涵盖了游客对目的地山水、田园、习俗、建筑等方面的知识与理解；情感意象则基于这些认知，形成了游客对目的地的心理感受与情绪表达，如"美丽""宁静""满意"等积极情感或相应的消极情感。这二者共同交织，构建了游客对旅游目的地的"全面意象"。本研究通过网络文本分析，解读游客基于社交网络对农业文化遗产旅游地的认知意象、情感意象感知差异，进而解析整体景观意象特征，以识别影响旅游体验的核心景观意象维度与要素。

（一）认知意象基本构成与维度特征

通过梳理国内外学者对意象感知的研究成果，结合文本中的高频词汇以及所涉及的内容，通过归纳和整理来提炼游客对农业文化遗产地的意象维度构成。最终将本文中的农业文化遗产地旅游意象解构为景观意象、情感意象、地方意象和文化意象[29] 4

个具体维度,详见表2。

表2 农业文化遗产旅游地意象维度表

旅游地意象维度	类别	词汇示例	网络文本示例
景观意象	人文景观	文化、文玩、种植	是有历史渊源的,是伴随着长城修建的时候就有了,是当年看守的明朝士兵改善生活种植的
	自然景观	稻香、梨花、板栗、自然	来到怀柔渤海镇明清板栗园,与栗园百年明清古栗树"亲密接触"、合影留念
情感意象	积极	放松、观赏、休闲	看见大片的稻田,这便是小有名气的"稻香云林",在城里住久了,看到这成片的稻田竟也有点小激动,老的小的都开心得很
	消极	不方便、不便利、单一	两元钱门票公园,停车场太小了
地方意象	地方特色	京西、怀柔、特产	梨园盛产京白梨,漫山遍野的梨树,清丽的梨花似漫天飞舞的飞雪,把北临百望山、东接香山、南邻八大处、三面环山的东山村装饰得美不胜收
	商业氛围	门票、便宜	北京市里少见的成片稻田,还免费,配套还没跟上。去年还只有一大片稻田,今年来了已经开始进行一些商业化开发
文化意象	历史文化	古树、贡品、历史	在文玩核桃的珍稀品种中,"老款闷尖狮子头四座楼"堪称翘楚,其正宗产地独特且唯一,即四座楼自然保护区。在这片群山环抱的胜地中,至今仍珍藏着十几棵原生四座楼麻核桃古树,这些古树的树龄跨越了300至500年的漫长岁月,见证了时间的流转与自然的奇迹
	传承文化	百年、传承	怀柔板栗种植历史悠久,这里种植栗子的历史可以追溯到1300年以前。在渤海镇的明清板栗园内,有一棵树龄904岁的老栗树

景观意象的构成涵盖了人文景观与自然景观两大维度。人文景观方面,其核心词汇涉及"文化""文玩""种植",这些词汇体现了人类活动对景观的塑造和影响。而自然景观涵盖了更为广泛的元素,如"稻香""梨花""板栗""自然"等词汇,景观意象实质上是游客对旅游地景观特性的感知与理解,它融合了人文与自然的双重元素,为游客带来了丰富而独特的旅游体验。随着城市化进程的迅猛推进,现代人在出行游玩时更倾向于追寻与自然的亲近与交融,寻求心灵的宁静与放松。回归乡野,增加视觉体验和放松感受,能给人们提供逃离城市喧嚣,放松身心的农业文化遗产地就成为人们向往的旅游地点。

情感意象,即游客对旅游目的地的整体情感认知。具体而言,游客在旅游目的地的游玩经历会对其情绪产生直接影响,这些情绪体验构成了他们对旅游地的情感意象。

积极的游玩体验不仅能激发游客的愉悦情绪，还能促使他们对旅游地产生正面的评价。相反，不愉快的游玩体验则可能导致负面情绪的产生和负面评价的形成。因此，为了准确捕捉游客对农业文化遗产地的情感倾向，本研究采用了休闲体验这一维度来代表游客的情感意象。从"放松""观赏""休闲"等出现频次较高的词汇可以看出，游客对于农业文化遗产地的情感意象是处于比较好的程度。

地方意象，即游客对旅游地所独有的特质与氛围的一种综合感知和理解。具体而言，农业文化遗产地的地方意象可被细分为鲜明的地方特色和浓厚的商业氛围两个方面。地方特色包含了"京西""怀柔""特产"等词汇。商业氛围以"门票""便宜"为主要频率词。

文化意象作为凝聚了独有的特点、心理召唤性、视觉吸引等方面的意象元素[30]，反映了游客基于个人认知对旅游地文化内核的深入理解。在本次研究中，我们将其划分为历史文化和传承文化两大维度，以更全面地探究文化意象在旅游体验中的重要作用。历史文化包含了"古树""贡园"等词汇。"百年""传承"等具有深厚时间积淀的词汇体现了旅游地所蕴含的千百年传承。

（二）情感意象感知特征分析

本文运用 ROST CM6 软件对网络数据文本中的情感倾向词汇进行了精准提取，并基于这些词汇的情感极性和强度，对农业文化遗产地的感知意象进行了详尽的情感统计分析。这一方法有助于更准确地把握游客的情感态度，从而深入理解游客对旅游地的感知与体验。根据情感分析可知，游客对农业文化遗产旅游地的意象感知以积极、正向为主。有着积极情感的游客占绝大多数（76.88%），而在其中，有 14.57% 的游客情感在中度以上，表明北京的这几处农业文化遗产地在游客心中整体上是良好形象，虽然有 29.14% 的游客表示一般，但是可以看出这部分游客对于旅游地整体是可以接受的，还没有达到失望的地步。另外，有 22.61% 的游客是中性情感，呈现出中立态度，说明农业文化遗产地的现状既没有让其感到失望，也没有超出他们对目的地的期待。消极情感在 3 个情感类型中比例是最小的，这说明游客对农业文化遗产地的整体感知是积极正向的，在游客心中的认可度较高。见表3。

表3 农业文化遗产旅游地意象情感评价分析表

情感类型	样本数量（条）	比例（%）	情感级别	样本数量（条）	比例（%）
积极情感	153	76.88	一般（0~15）	58	29.14
			中度（15~25）	29	14.57
			高度（25以上）	66	33.17

续表

情感类型	样本数量（条）	比例（%）	情感级别	样本数量（条）	比例（%）
中性情感	45	22.61	—	—	—
消极情感	1	0.50	一般（-15~-70）	0	0
			中度（-25~-15）	0	0
			高度（-25以下）	1	0.50

通过对原始网络文本内容分析可以看出，其中积极情绪表现为"开心""值得""放松"等赞美词汇，此类情感表现归功于农业文化遗产地独有的农业特色，给人不一样的体验，大部分游客在游后印象中持积极态度，有推荐和重游意愿。例如，"看见大片的稻田，这便是小有名气的'稻香云林'，在城里住久了，看到这成片的稻田竟也有点小激动，老的小的都开心得很"。中性词汇表现为"还行""一般"，有部分游客的体验低于预期，对游后印象持消极态度。消极情感表现为"停车不方便""基础设施不便利""项目单一"等，这表明农业文化遗产地在基础设施建设、景区交通、旅游吸引物方面有待提升，相关农业文化遗产地旅游从业者和管理者应及时了解游客的感受和建议，努力不断丰富游客的旅游体验，从而帮助游客构建更加丰富的意象感知。

六、基于扎根理论的农业文化遗产地景观意象感知体系的构建

扎根方法是典型的质性研究方法[31]。高频词与语义网络图的构建，均为进一步对北京这4处农业文化遗产地的具体评论文本进行扎根分析奠定了基础。本文通过分析网络文本数据，运用定性分析的三级编码方法，探究了游客对农业文化遗产地的感受、评价及景点的特征，以此来构建北京的农业文化遗产地景观意象感知体系。

（一）开放式编码

在开放式编码阶段，研究从网络文本中提取了关于遗产地旅游的直接描述和游客的个人感受。例如，景点的具体名称（如"稻香云林"）、游客对景点的评论（"不同季节来稻香湖公园都有不一样的体验！"）、自然风光的描述、景点的宣传信息、地理位置信息、个人游览笔记、景点的历史传承以及特色突出等方面的描述。这些初始概念为进一步的分析提供了丰富的信息源。见表4。

表4 初始概念表

访谈原话	初始概念
这里的环境优美，空气质量很好，很适合避暑纳凉	空气质量
不同季节来稻香湖公园都有不一样的体验	正面评价

续表

访谈原话	初始概念
最喜欢的还是那一潭湖水，绿油油的，延绵到远方	自然风光
明天中午11点，北京广播电视台广播新媒体联手怀柔区融媒体中心带您直播游览黄花城水长城	景观宣传
驾车：距市中心75公里，驾车约1.8小时，驾车很方便	交通便利
景区的工作和服务都挺好，导游也很好，专业认真负责	服务专业
据说，黄花城水长城有三绝：一绝是建于明永乐年间盘旋于山脊之上的长城	历史传承
今天从香山翻山到东山贡梨园，梨花开得正好	突出特色
梨花开得很震撼，虽然景观单一了些，还是值得一去的	中立评价
两元钱门票公园，停车场太小了	负面评价
文玩核桃中的极品"老款闷尖狮子头四座楼"，就出自平谷区北部熊儿寨乡的四座楼自然保护区	人文特色

通过对这些初始概念的提取和分析，表4揭示了游客在旅游景点中关注的多个维度，包括景点的自然美景、文化历史、宣传方式、地理位置等。这些维度对于理解游客的感知和体验具有重要意义，为进一步的研究分析提供了基础。

在扎根研究中，需要从开放式编码到主轴编码的过渡，通过归纳初始概念形成了具体的副范畴。这些副范畴为进一步的数据分析和理论构建提供了基础。通过对这些副范畴的提取，展示了如何从游客的原始反馈中抽象出更广泛的概念，这些概念随后在研究中进一步分析和探讨，是从具体的数据向理论构建过渡的重要环节，为理解游客体验的影响因素、评价维度和景观分类提供了基础。

（二）主轴编码

在开放编码（见表5）的基础上，实施了逐级编码的过程，旨在构建主次类属概念间的紧密联系。通过这一步骤，有效地连接了各评论中的主次概念，并确立了它们之间的类属关系，进而形成了主要的研究范畴。这一做法不仅有助于提升研究的逻辑性和系统性，同时也确保了研究结果的准确性和可靠性。在主轴编码阶段，进一步分析和整合开放式编码得到的初始概念，主轴编码揭示了3个关键范畴：影响因素、评价维度和景观分类。这些范畴反映了影响游客体验和感知的核心因素，其中，影响因素涵盖了服务、特色和宣传等方面，指出了对游客意象感知有直接影响的关键要素；评价维度包括传承、美学和体验，展示了游客在评价旅游景点时考量的主要方面；景观分类将景点分为人文、文化和自然三类，说明了遗产地旅游景观意象的多样性和游客兴趣的广泛性。

表 5 开放式编码

编号	副范畴	初始概念（数量）
A1	游客感受	影响因素（1）
A2	游客评价	评价维度（1）
A3	旅游景观	景观分类（1）

表 6 中的主轴编码阶段对之前开放式编码阶段中识别的副范畴进行了进一步的整合和深化，形成了几个主要的范畴。这一过程有助于识别和构建数据之间更复杂的关系，并为研究提供了更加明确的方向：（1）B1 影响因素：这一主范畴揭示了对游客感知影响最显著的因素，包括服务的质量、景点的独特特色以及如何宣传这些特色。这表明，提高服务质量、突出和维护景点的特色，以及有效的宣传策略是提升游客满意度和改善游客感知的关键。（2）B2 评价维度：这个主范畴强调了游客感知旅游景点时考虑的核心维度。传承关注景点的历史和文化价值，美学体现了景点的视觉和感官吸引力，而体验涵盖了游客在景点的感受。这表明，为了提高景点的整体形象，需要综合考虑其文化传承、美学设计和提供的体验。（3）B3 景观分类：这一主范畴通过对旅游景观进行分类，进一步深化了对景点特征的理解。人文和文化景观强调了人类活动和历史的影响，自然景观则侧重于展示自然环境和生态的美。这种分类有助于识别各类景观对游客感知意象的贡献，以及如何有效地管理和保护这些资源。

表 6 的主轴编码结果表明，通过将开放式编码中的具体概念进一步提炼和组织，可以更好地理解遗产地对游客的意象形成的多维度贡献。这不仅有助于更好理解游客的选择和体验，也为旅游景点的管理和优化提供了重要的理论基础。这一分析阶段是建立更加系统和全面理论框架的关键步骤，为最终形成研究的核心理论和结论奠定了基础。

表 6 主轴性编码示例

初始范畴	主范畴	范畴内涵
空气质量	B1 影响因素	对游客意象感知有直接影响的关键因素
突出特色		
服务专业		
交通便利		

续表

初始范畴	主范畴	范畴内涵
正面评价	B2 评价维度	游客在感知旅游地景观意象时考量的主要方面
负面评价		
中立评价		
自然风光	B3 景观分类	农业文化遗产地旅游景观意象的多样性和游客兴趣的广泛性
历史传承		
突出特色		

（三）选择性编码

基于上述编码工作，本文进一步开展系统性的分析，并确立了核心类属。在此过程中，深入挖掘并整理各核心类属之间的内在关联，以构建更为完整和逻辑严密的研究框架，至此可构建北京农业文化遗产地旅游景观意象感知体系。在选择性编码阶段将研究聚焦于核心的理论构建，通过建立典型关系结构及其内涵，深入理解数据的核心意义。

表 7 展现了选择性编码阶段中识别的典型关系结构及其内涵，这一阶段是定性研究中构建理论框架的关键步骤。

表 7 选择性编码

编号	典型关系结构	典型关系结构的内涵
C1	影响因素→服务	服务的质量和范围直接决定了旅游体验的满意度和景点的吸引力，成为影响游客旅游景观意象形成的关键因素
C2	影响因素→特色	其竞争力和游客偏好的主要因素，强调了创新和保持独特性对游客意象构建的重要性
C3	影响因素→宣传	显著提升景点的知名度和吸引力，成为连接游客与旅游目的地之间的桥梁
C4	评价维度→传承	增强游客体验深度和提升景点价值感的关键要素
C5	评价维度→美学	吸引游客和在意象形成中发挥重要作用
C6	评价维度→体验	评价旅游景点吸引力和满意度的决定性因素
C7	景观分类→人文	通过其丰富的历史、文化和社会价值为游客提供深刻的教育意义和情感共鸣
C8	景观分类→文化	传达独特的文化身份和传统，为游客提供独一无二的学习和体验机会
C9	景观分类→自然	通过其原始美和生态价值为游客提供逃离日常、回归自然的宁静体验

以下是对表 7 内容的解读。C1 影响因素→服务：这个典型关系结构指出，服务的质量和范围是影响游客旅游体验满意度和景点吸引力的决定性因素，强调了优质服务

在塑造正面旅游意象感知中的核心角色；C2 影响因素→特色：此关系结构突出了景点的独特特色是吸引游客的主要因素，指出创新和保持独特性对于提升景点竞争力和满足游客偏好的重要性；C3 影响因素→宣传：揭示了有效的宣传策略能够显著提升景点的知名度和吸引力，成为连接游客与旅游目的地之间的关键桥梁，说明了宣传在促进游客认知和选择中的作用；C4 评价维度→传承：指出景点的历史和文化传承是增强游客感知深度和提升景点价值感的关键要素，强调了文化传承对于提升旅游意象感知的意义；C5 评价维度→美学：这一关系结构强调了景点的视觉和审美特质对于吸引游客和提升游客意象感知的重要作用，突出了美学在旅游感知中的价值；C6 评价维度→体验：显示了游客的亲身体验和互动是评价旅游景点吸引力和满意度的决定性因素，说明了体验式旅游对于意象构建的重要性；C7 景观分类→人文：这个关系结构强调，人文景观通过其丰富的历史、文化和社会价值可为游客提供深刻的教育意义和情感共鸣，突出了人文价值在旅游中的角色；C8 景观分类→文化：揭示了文化景观的核心价值，正是在于其能够传达独特的文化身份和传统，为游客提供独一无二的学习和体验机会，强调了文化元素在游客意象感知中的作用；C9 景观分类→自然：表明自然景观通过其原始美和生态价值为游客提供了逃离日常、回归自然的宁静体验，强调了自然环境在满足游客探索和放松需求中的作用。

通过分析可知，本文研究构建了一个关于旅游景点影响因素、评价维度和景观分类的综合理论框架。这些典型关系结构不仅揭示了游客对旅游景观意象的深入理解，也为旅游管理者和规划者提供了实际的指导，帮助他们优化资源配置、提升服务质量和丰富旅游产品，以更好地满足游客的需求和提高旅游目的地的吸引力。

（四）北京农业文化遗产地旅游景观意象感知模型

在上述编码基础上，本文展开系统分析、确定核心类属，挖掘整理各核心类属之间的关系。至此可构建北京农业文化遗产地旅游景观意象的感知模型。如图 2 所示。

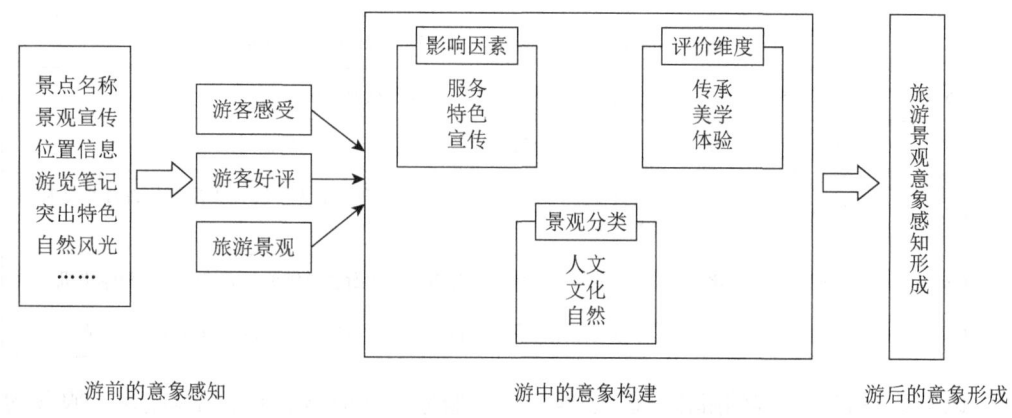

图 2 北京农业文化遗产地旅游景观意象感知模型图

通过对文本数据的三级编码分析，本文深入探究了游客对农业文化遗产地旅游景观意象的形成过程，并得出意象感知模型，总结以下几处关键点：服务质量、景点特色和有效宣传是影响游客旅游景观意象形成的核心因素，这3个影响因素直接决定了游客对旅游地的整体感知，强调了提供优质服务、维护特色以及执行有效宣传策略的重要性。传承、美学和体验是游客评价的主要维度，这些评价维度揭示了游客对景点价值的深层期待，包括对文化传承的尊重、对美学享受的追求和对亲身体验的重视。人文、文化和自然是旅游景点的主要分类，不同类型的景观满足了游客的多样化需求，展示了旅游资源的丰富性和多样性对旅游景观意象形成的重要作用。

七、结论

本文以旅游地意象研究为切入点，选取北京市4个中国重要农业文化遗产地为案例，对旅游网站的游客评论进行收集和深度分析，探讨了农业文化遗产地旅游意象维度构成及感知特征，得出以下结论：（1）运用扎根理论深入探究了游客农业文化遗产地旅游景观意象的形成过程，并得出意象感知模型，研究发现，服务质量、景点特色和有效宣传是影响游客旅游景观意象形成的核心因素，这三个影响因素直接决定了游客对旅游地的整体感知，强调了提供优质服务、维护特色以及执行有效宣传策略的重要性。（2）经过对游客评论的深入分析与高频词汇的细致划分，本文将北京农业文化遗产地旅游景观意象系统归纳为4个主要维度，即景观的自然美、游客的情感体验、地域特色的地方感知以及文化传统的文化印记。这一分类不仅有助于我们更全面地理解游客的感知与体验，也为后续的研究和旅游发展提供了有力的理论支撑。本文通过研究，得出了农业文化遗产地旅游基本意象的构成。景观意象分为人文景观和自然景观；情感意象以休闲体验为主，地方意象由商业氛围和地域特色组成；文化意象分为历史文化和传承文化。（3）在语义网络分析图中，农业文化遗产地在游客的理解中占据了核心地位，显示出一种从内向外、逐步深化的扩散趋势。此外，词汇间紧密的连接度也深刻反映了游客对农业文化遗产地的独特印象与个体理解。（4）通过情感分析得出游客对农业文化遗产地呈现积极、正面的整体情感，最终得出北京农业文化遗产地旅游景观意象形成与感知模型。见图3。

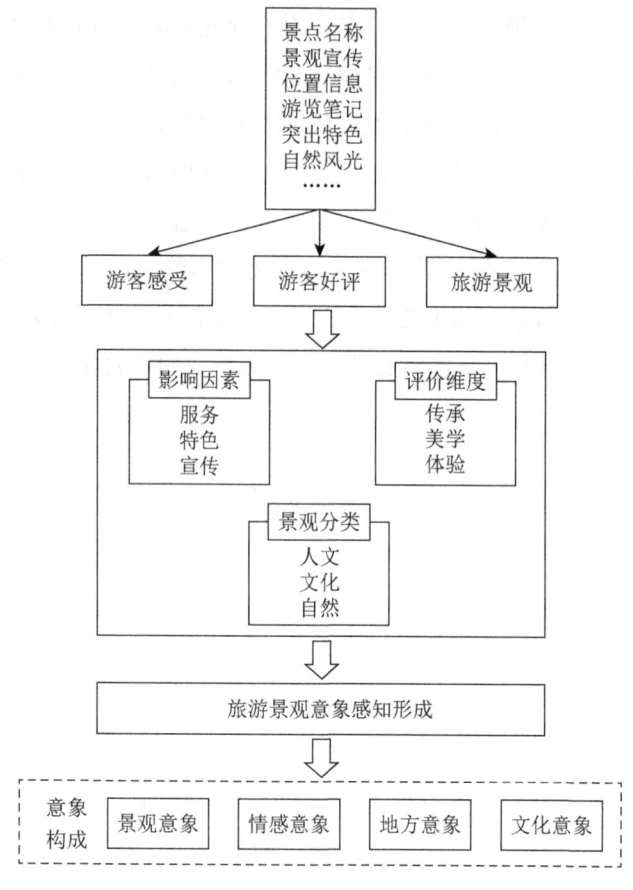

图3 北京农业文化遗产地旅游景观意象形成与感知模型图

了解人们对旅游地的感知,对旅游地的发展具有重要的意义[24]。要想提升农业文化遗产地旅游景观游客意象感知,未来可以从以下几个方面进行优化和提升:(1)提升服务质量,提升游客的旅游体验;(2)做好景区开发及宣传工作,增加旅游设施数量;(3)突出本地农业特色,打造知名旅游产品和吸引物;(4)注重游客的游后分享,搭建农业文化遗产地旅游的交流论坛等分享平台,并建立相应的反馈改进机制。

参考文献:

[1] FARSANI N T, GHOTBABADI S S, ALTAFI M. Agricultural heritage as a creative tourism attraction [J]. Asia Pacific Journal of Tourism Research, 2019, 24(6): 541-549.

[2] 王衍亮, 安来顺. 国际化背景下农业文化遗产的认识和保护问题 [J]. 中国博物馆, 2006(3): 29-36.

[3] 郭琪, 陈柳, 冯威. 农业文化遗产保护机制研究综述 [J]. 吉林农业, 2014

（8）：93-95.

［4］熊礼明，李映辉.农业文化遗产概念探讨——与闵庆文等学者的商榷［J］.长沙大学学报，2011，25（4）：19-21.

［5］EYNOLDS W H. The role of the consumer in image building［J］. California Management Review，1965，7（3）：69-76.

［6］HUNT J D. Image-a factor in tourism.Unpublished doctoral dissertation［D］. Colorado：Colorado State University，1971.

［7］BALOGLU.Image variations of Turkey by familiarity index：informational and experiential dimentions［J］. Tourism Management，2001，22（2）：127-133.

［8］周永博，沙润，杨燕，等.旅游景观意象评价——周庄与乌镇的比较研究［J］.地理研究，2011（2）：359-371.

［9］赵刘.图像抑或意识：旅游意象的本质直观［J］.旅游科学，2020，34（2）：76-89.

［10］BALOGLU S，MC CLEARY K W. A model of destination image formation［J］. Annals of Tourism Research，1999，26（4）：868-897.

［11］田逢军，沙润，汪忠列.南昌市旅游地意象分析［J］.资源科学，2009（6）：1007-1014.

［12］谢彦君.旅游目的地意象感知的维度辨识——基于网络游记的文本分析［J］.旅游论坛，2016，9（3）：2736.

［13］梁晨晨，李仁杰.综合LDA与特征维度的丽江古城意象感知分析［J］.地理科学进展，2020，39（4）：614-626.

［14］谭红日，刘沛林，李伯华.基于网络文本分析的大连市旅游目的地形象感知［J］.经济地理，2021，41（3）：231-239.

［15］刘勇，乔增轩，张航，等.基于"核心—边缘"理论的城市群核心区识别——以中原城市群为例［J］.黄河文明与可持续发展，2020（2）：47-60.

［16］李小健.经济地理学［M］.北京：高等教育出版社，2006.

［17］朱莉，万怡春.核心—边缘理论在区域旅游规划中的运用分成［J］.旅游纵览（下半月），2017（6）：56.

［18］王婷，吴必虎.基于关键词共现和社会网络分析的北京城市歌曲中地方意象特征研究［J］.人文地理，2020，35（6）：57-65.

［19］费小冬.扎根理论研究方法论：要素、研究程序和评判标准［J］.公共行政评论，2008，1（3）：23-43.

［20］李振民，邹宏霞，易倩倩，等.梯田农业文化遗产旅游资源潜力评估研

究［J］.经济地理，2015，35（6）：198-208.

［21］李江敏，王青，赵青青，等.农业文化遗产旅游活化：旅游体验视角下的扎根研究［J］.资源开发与市场，2020，36（10）：1122-1126.

［22］苏明明，王梦晗，余景娟，等.遗产旅游对农业文化遗产地居民福祉的影响——以哈尼梯田为例［J］.资源科学，2023，45（2）：375-387.

［23］陈攻，张爱平，马逸姣，等.基于扎根理论的农业文化遗产地旅游可持续生计探讨［J］.四川旅游学院学报，2023（1）：67-73.

［24］胡保玲，白雪.基于网络文本数据的主题餐厅服务场景分析［J］.四川旅游学院学报，2024（2）：10-16.

［25］陈巧英，冯晓兵.基于在线点评的阆中古城旅游形象感知研究［J］.乐山师范学院学报，2022，37（3）：45-50.

［26］樊亚明，孙正阳，张晓莎，等.基于UGC数据的农业文化遗产地景观意象感知研究——以龙胜龙脊梯田为例［J/OL］.桂林理工大学学报，2024（30）：1-11.

［27］孔令怡，吴江，魏玲玲，等.旅游凝视下凤凰古城旅游典型意象元素分析——基于隐喻抽取技术（ZMET）［J］.旅游学刊，2018，33（1）：42-52.

［28］陆利军，廖小平.基于UGC数据的南岳衡山旅游目的地形象感知研究［J］.经济地理，2019，39（12）：221-229.

［29］彭丹，黄燕婷.丽江古城旅游地意象研究：基于网络文本的内容分析［J］.旅游学刊，2019，34（9）：80-89.

［30］程惠珊，曾真，李卓霖，等.基于Q方法的漳州古城居民旅游感知及其形成机理研究［J］.西南大学学报（自然科学版），2019，41（1）：97-104.

［31］林小英.分析归纳法和连续比较法：质性研究的路径探析［J］.北京大学教育评论，2015，13（1）：16-39+188.

（指导教师：孙业红，北京联合大学旅游学院）

我国入境旅游韧性的影响因素及其相互关系研究

郭璐瑶[*]

[摘　要] 随着我国入境旅游的逐步复苏，当前总体呈现增长趋势。尽管国际航班数量有限、机票价格高、行业人才流失、合作中断以及海外市场信心不足等问题依旧存在，但国内政策领域的扶持为行业提供了新的发展机遇。本文旨在深入探究我国入境旅游韧性的影响因素及其相互关系，以期为入境旅游市场的恢复、重构及高质量发展，提供理论支持和实践指导。研究采用扎根理论的质性研究方法，对33位包括入境旅行社管理者、涉旅企业管理者、行业协会管理者、学者及资深从业者在内的利益相关者进行了深度访谈，并构建理论模型。研究揭示了政治因素在入境旅游韧性影响中的决定性作用，同时强调了系统的自组织能力以及与外部环境协调合作的重要性。动态平衡作为韧性的核心，对入境旅游系统在全球化和信息化背景下的创新和转型至关重要。

[关键词] 入境旅游；韧性；影响因素；相互关系；扎根理论

据中国旅游研究院发布的《中国旅游经济蓝皮书》，2023年上半年，我国入境旅游人数恢复至疫情前的15.8%。国家统计局最新发布的《中华人民共和国2023年国民经济和社会发展统计公报》显示，2023年全年入境游客8203万人次，只恢复到2019年的56.6%；同时，2023年的国际旅游收入为530亿美元，这一数额仅为2019年同期的40.4%。相较于国内旅游市场的快速回暖，国际入境旅游的复苏步伐显得较为缓慢。

根据平台企业及签证机构提供的数据，携程的联合创始人兼董事局主席梁建章指出，2023年国际入境旅游市场的恢复为2019年的30%~40%，其中商务和探亲目的的旅游占据了绝大多数，而休闲旅游仅为2019年的10%左右。国际入境旅游的复苏速度不仅未达到行业预期，而且相较于其他国家也显示出了较慢的恢复态势，这引起了学界和业界的广泛关注。

---

[*] 郭璐瑶，本科就读于北京联合大学旅游学院旅游管理系，研究生就读于香港城市大学管理与创新专业。

2023年12月1日至2024年11月30日，我国对持普通护照的法国、德国、意大利、荷兰、西班牙及马来西亚六国人员试行单方面免签政策。此外，中国驻外使领馆将根据现行的收费标准，自2023年12月11日至2024年12月31日对来华签证申请者收取75%的费用。多项政策的出台表明发展入境旅游在国家层面已达成共识，旨在促进国际交流与合作，同时为外国公民来华提供便利。

中国是世界上最大的旅游目的地之一，具有丰富的自然和人文资源，吸引着大量国际游客，入境旅游业一直为推动国家经济增长和文化传播作出积极贡献。同时，发展入境旅游可以促进国际交流，增进民心相通，提升国家形象和软实力，实现互利共赢。入境旅游作为衡量一个国家旅游业发展水平的重要指标，对于我国而言，它不仅是旅游业发展的基础，更是我国实现从旅游大国向旅游强国转变的关键支撑。

由于市场自身的复杂性，入境旅游在很大程度上受外部环境因素的制约。然而，近年来，一些在全球范围内突发的危机事件，使得入境旅游市场一度陷入了严重的困境，加剧了市场的脆弱性。这给入境旅游研究带来了新的考验，提出了新的要求。对入境旅游市场产生影响的因素有哪些，入境旅游还要多久才能彻底走出低谷，以及如何增强入境旅游韧性，是本文重点探究的问题，也是学界和业界须共同面对的时代挑战。

一、"韧性"概念及相关研究

"韧性"（resilience）这一术语最初源自材料科学，用以描述材料在受到外力作用时的不断裂特性。随后，"韧性"的定义和应用范围扩展至社会学、经济学、工程学等多个学科，其内涵也经历了不断的丰富和发展[1]，最终进一步演变为涵盖系统在受到干扰后进行的自我调整、学习与提升防御力的更为宽泛的概念。国内学者们通常将"resilience"翻译为"恢复力"。不少研究者对其多种译法进行了深入分析，他们认为"韧性"的含义已经超越了仅仅恢复到平衡状态的范畴，更接近学术概念内涵的主流认识[2]。

从学术视角来看，"韧性"的概念发展历经了从"工程韧性"到"生态韧性"再到"演化韧性"的演进路径。在这一过程中，演化韧性因更贴合社会系统非均衡持续变化的特性，成为当前研究的主流，其动态演化的视角备受瞩目。综合国内外学者的研究，可以归纳出韧性所蕴含的三大核心能力：防御、恢复与进化（重生）。

在2000年左右，有学者将"韧性"这一概念引入社会学，经济学家亦对韧性理论给予了关注，并提出它可能是解释不同地区在面对冲击时所表现出的差异化现象的关键变量[3]。2002年国际地方政府环境行动理事会首次提出"韧性城市"议题，此后，学界掀起了城市韧性研究热潮[4]。在旅游研究中，关于气候变化和自然灾害对生物多样性以及目的地韧性影响的探讨在2007年左右出现[3]。

事实上，当前入境旅游市场面临的不确定性与日俱增，韧性思想中的主动抵御、适时调整、创新转型等核心理念能够有效地应对未来市场发展进程中的危机与挑战，是入境旅游实现可持续发展的必由之路。

近年来，旅游韧性成为旅游学科重点关注的新领域之一，吸引了众多学者展开研究。研究发现，旅游业在遭遇多样化风险的挑战后，展现出了自我恢复并适应新环境的能力，这证实了其内在的韧性特质。在对该领域的学术研究中，国际研究相较于国内，拥有更为坚实的理论支撑，因而成果也相对丰硕。国内学者大多是从脆弱性、适应性等视角展开相关研究，当前，中国在旅游领域的研究主要集中在探讨旅游经济的弹性、旅游流网络的结构弹性、旅游社区的恢复力以及旅游目的地的韧性等议题，并已获得了一定的学术成果[5]。

自2020年起，全球入境旅游行业遭受了严重打击，旅游市场经历了从抵御冲击到逐步恢复，最终实现主动适应的连续演变过程，这一过程与"韧性"概念中提倡的动态"过程性"原则相吻合。但从入境旅游遭遇的危机事件出发，关注入境旅游韧性的影响因素与其相互关系的研究仍处在探索阶段，相关研究较为匮乏。

通过分析历年发表的文献数量，可以观察到自2007年首篇运用扎根理论研究旅游体验的论文发表之后，此类研究的发表量呈现持续增长的趋势。2007年至2012年，共有5篇相关论文发表；而随后的2013年至2018年，发表数量显著增加，达到30篇。

20世纪末，扎根理论在中国学术界逐渐受到重视并从2004年起在旅游研究中的应用变得广泛，涉及文化适应性、城市形象塑造、旅游保险发展、旅游品牌构建、非营利旅游理念的游客感知以及旅游企业诚信等多个方面，证明了该方法在旅游研究中的科学性和实用性[6]。

扎根理论经过半个世纪的发展，中国旅游研究也历经40余年的演进，取得了一定成就。但同时，也面临着本土化与国际化、理论与实践结合、知识传播等挑战。作为一种方法论，扎根理论强调基于现实世界的实证研究，促进了本土研究的深化，并激励了原创理论的发展。对于入境旅游这类应用性强的学科，扎根理论的应用尤为重要，它有助于解决实际问题并推动学科的发展[7]。

本文选取社会生态系统观与利益相关者理论作为理论基础，用以提炼影响因素并分析其相互关系。社会生态系统观将影响因素划分为系统内外两部分，而利益相关者理论将系统内部分为5个子系统。

社会生态系统理论（social ecological theory，SET）由美国心理学家布朗芬·布伦纳提出，该理论研究了社会文化环境对个体行为的影响，将人生活于其中并与之相互作用不断变化的环境由大到小分为4个层次：微观系统、中间系统、外层系统、宏观系统。微观系统是指处于社会文化环境中的个人系统，主要包括生理因素和心理因素；中间系统是指各微观系统之间的联系或相互关系，如个人和家庭互动；外层系统是指个体并未直接参与却对其发展产生影响的系统,如社会志愿团体、社区环境;宏观系统是指存在于以上3个系统中的文化、政策和社会,旨在强调个体与生态系统中各子系统间的互动[8]。

弗里曼在经典著作《战略管理:利益相关者方法》中提出"利益相关者是能够影响组织目标实现或受组织目标实现过程影响的个体或团体",以个体为研究视角丰富了利益相关者的内涵,将利益相关者由实践层面上升到了理论高度。经历了"影响—参与—治理"的过程后,利益相关者理论主要关注为了实现既定的组织目标,对多个利益相关主体(包括核心主体、影响目标实现的相关主体和受组织目标过程的被影响主体)采取的科学合理的多重安排。同时,利益相关者理论特别强调对利益相关主体及其利益取向的识别,考虑主体间的个体属性和网络属性,形成一个具有共同愿景、良好关系、协调发展的共同体[9]。

在本文所探讨的入境旅游市场背景下,利益相关者同样扮演着至关重要的角色,主要有政府和入境旅游企业、从业者、入境游客、目的地、社区等,它们之间的相互作用与影响构成了入境旅游市场发展的复杂网络。

二、核心概念界定

经过前期的文献分析及研究后,本文摘录出部分文献资料中有关"韧性"概念及表征维度的表述,见表1,并以此为基础,为"入境旅游韧性"给出明确定义,具体为:我国入境旅游经历了数次危机事件,包括自然灾害、金融危机、公共卫生事件等,都能够基本恢复到原有状态。简要地说,入境旅游韧性是指一个国家或地区的入境旅游在面临各种外部冲击和危机时,能够计划防御、迅速应对、恢复并继续发展的能力。

表1 部分文献资料中的"韧性"及表征维度表述

年份	"韧性"概念	表征维度
2021	社区复原力被定义为"社区成员对社区资源的存在、发展和参与,在以变化、不确定性、可预测性和意外为特征的环境中蓬勃发展"。社区复原力是预见威胁、确定各种威胁的不利影响并在面对威胁时进行调整的能力	调整能力
2020	组织复原力是指一个组织在风险环境中产生意识和减少脆弱性的能力,在面对变化时重塑商业战略的能力,不断意识到变化并进行调整的能力,以及在变化需求变得明显之前主动做出反应的能力	调整能力、反应能力
2020	复原力被理解为组织在动荡时期适应和抓住机会的能力	适应能力、机会获得能力
2020	复原力是指一个社会系统吸收或减轻变化、中断和干扰影响的能力,同时仍能保持相同的功能或组织起来适应新的政治、社会或环境的能力	吸收能力、适应能力

经由上述对"入境旅游韧性"概念的定义，结合文献资料中共同体现的几大维度，辅以专家学者的访谈观点，本文将入境旅游韧性的表征维度锁定在以下4个方面。

（1）计划防御能力。这一能力就像是入境旅游的"安全网"，在入境旅游在面对可能的危机和风险时，提前制订和实施一系列预防性措施和应对策略的能力。

（2）情境感知能力。这一能力像是入境旅游的"第六感"，各方参与主体能够敏锐地察觉到周围环境的变化，并且能够理解这些变化对入境旅游业务可能产生的影响。

（3）适应重构能力。入境旅游是一个"变形金刚"，这一能力指的是当入境旅游在面临挑战和变化时，能够灵活调整政策、组织自身结构和运营模式等，以适应新环境的能力。

（4）创新进化能力。可以将其理解为入境旅游的"升级改造"，指的是入境旅游在面对危机挑战和环境变化时，在政策、产品或服务等方面不断创新，以保持竞争力的能力。

正是基于以上对"入境旅游韧性"概念以及"入境旅游韧性"表征维度的界定，结合相关理论，本文展开了对"入境旅游韧性"影响因素的相关研究工作。

三、样本选择与数据收集

本文采用了文献研究法、访谈法和扎根理论3个研究方法来确保研究的全面性和深入性。

这一方法分4个步骤展开，在阅读国内外相关文献后，第一步是明确本文需要回答或解决的几个研究问题，从而确定本文的理论依据和分析模型。

第二步，通过使用检索工具（学术数据库、图书馆目录等）来进行文献的搜索与筛选，梳理总结"韧性"的相关概念、旅游韧性、扎根理论在旅游研究中的应用等相关研究成果。

第三步，对文献进行分类和整理，将摘录的文献按照研究背景、研究方法、分析技术、分析软件的标准进行分类和整理，为本文后续进行数据分析奠定技术基础。

第四步，根据分析和评估的结果，撰写文献综述，总结和归纳出入境旅游韧性研究的已有理论和研究范式，为后续的研究内容提供理论参考。

鉴于参与访谈的个体代表来自不同的目标市场，且他们对入境旅游市场的复苏多持有不同见解，这使得研究的影响因素具有广泛性和多样性。因此，本文采用了半结构化的访谈形式、半开放式的提问方法，利用访谈大纲来引导对话，旨在深入探讨塑造入境旅游市场韧性的多元因素。

具体访谈问题主要聚焦在市场现状及趋势研判、历次危机事件的研判及个人从业经历、入境旅游韧性的总体判断、对入境旅游韧性的不同维度能力的评判、造成入境旅游现状的总体判断、入境旅游韧性的影响因素、入境旅游韧性的改变或创新建议等方面，从而引发访谈对象对问题的探究，鼓励访谈对象发表更多观点，充分阐述自己对入境旅游市场的认知。

由于国内外目前对入境旅游市场的研究仍处于探索阶段，且主要借鉴旅游企业和产品的数据成果，因而本文的重点是从学者研究的角度，对入境旅游韧性影响因素的维度及其相互关系进行描述和归纳，选取扎根理论这一质性分析手段，对所收集的深度访谈文本进行详尽分析。过程基于访谈内容，通过反复对照和理论抽样，逐步构建起理论框架。扎根理论的分析策略大致分为3个递进的阶段：开放性编码、主轴性编码和选择性编码。

入境旅游韧性涉及不同层面的利益相关者，市场主体众多，因而本研究采用了一种多阶段、多层次的理论抽样方法，在访谈对象的选择上，研究选择了5类入境旅游的利益相关者，包括入境旅行社管理者、涉旅企业管理者、行业协会管理者、学者及资深从业者，作为访谈对象进行分析，在主体上具有典型意义。同时这些访谈对象分别来自北京、上海、广州、桂林等城市，原因有二：一是这些区域入境旅游发展较为成熟，在国内入境旅游市场领域内处于领先地位；二是以上城市涵盖了国内经济发达、次发达和欠发达地区，具备研究入境旅游市场区域的典型性，值得挖掘。

随后通过目的性抽样逐步扩大受访者群体，确保他们能够从行业管理、企业运营、从业经验、市场洞察等方面对入境旅游韧性提供深入见解，最终确定33位受访者，涵盖了入境旅游企业的高层管理者、涉及旅游相关业务的企业（如酒店、航空公司）的管理者、行业协会管理者在入境旅游领域有丰富经验的从业者，以及在该领域有研究专长的学者。

研究主要采用访谈法和小组会议收集一手资料，辅以政策、新闻和文献等多样化的数据作为二手资料，确保数据多角度验证。通过多渠道收集样本数据，保证研究结论的信度和效度。分析过程遵循了3个连续的步骤：开放性编码、主轴编码、选择性编码。为提升分析效率与准确性，采用了广泛认可的定性研究工具NVivo12，对前期工作中获取的30多位业内专家的深度访谈资料进行了详尽的编码处理。

在资料收集过程中，采用关系性抽样和差异性抽样，以确保受访者在地域分布、企业规模、人员类型和经营内容上的多样性。而后进一步采用了滚雪球抽样技术，通过已有受访者的推荐，邀请更多与入境旅游韧性相关的专业人士参与访谈。这种方法有助于我们接触到更广泛的资源，尤其是在那些难以直接接触的入境旅游的垂直或专业领域。当新的访谈不再提供新的见解或类别时，即收集到了足够的数据并达到理论饱和，本研究才终止一手资料的收集工作。

深度访谈调查以一对一线上腾讯会议的方式进行，研究在遵循理论饱和的原则下，谨慎挑选了33位受访者进行了深入访谈，每次访谈时长约150分钟。为确保访谈内容的全面性和准确性，在获得受访者同意的前提下进行了录音，并在访谈结束后立即将录音资料转化为文本。在转录过程中，逐句细听、审慎研判，以确保不遗漏任何关键信息。数据采集工作自2023年8月起，历时近4个月，直至2023年12月结束，其间不断审视和分析数据，直至确认没有新的范畴和关系涌现，从而确认本研究达到了理论饱和的状态。

纳入访谈对象33人，其中来自北京的14人（42%），剩余19位京外的受访者则多来自上海、广州和桂林，占半数以上（58%）；男性24人（73%），女性9人（27%）；接触入境旅游的时长大于等于30年的有5位（15%），低于20年的7位（21%），总体从业年限均较长；在客源市场的划分上，面向英语市场的共11位（33%），德语市场4位（12%），其他客源市场4位（12%，包括俄语、日语、韩语和泰语），无限定客源市场的14位（43%），受访者基本信息见表2。

表2 受访者基本信息

特征	特征值	人数（人）	构成比（%）
所在省份/城市	京内	14	42
	京外	19	58
性别	男	24	73
	女	9	27
从业年限（年）	<20	7	21
	20~30	21	64
	≥30	5	15
面向的客源市场	英语	11	33
	德语	4	12
	其他	4	12
	无限定	14	43

四、影响因素提炼

本研究借助专业的编码分析软件Nvivo12，首先对访谈文本进行现象层面的概述。对原始访谈文本进行逐句、逐行、逐段的深入梳理，从中提炼出与入境旅游韧性影响因素紧密相关的原始陈述，并建立相应的自由节点。这些自由节点随后被进一步分解为独立的信息单元，为后续的分析和研究奠定基础。

随后是概念发展阶段，由于初始编码产生了数量众多且语义有所交叉的概念，通过不断对比分析，将关键语句逐渐归纳到各自的理论类属之中。经过严谨的归纳后，成功地提炼出了能够体现或影响入境旅游韧性的核心信息，并最终形成了36个具有代表性的初始概念。这一过程确保了后续研究的深入和精确性，如"签证政策"经由原始语句"入境政策尤其是签证，直接影响入境的体量"精炼而成。

在提炼范畴的阶段，对已有概念进行进一步精炼和整合，相较于概念，范畴更具针对性和选择性。这一过程，成功地将分散的概念聚拢起来，提炼出具有代表性的初始范畴，如将"签证政策、相关政策支持"进一步整合，归纳进"政策措施"范畴。

通过开放编码并结合文献，得到20个初始范畴，分别为：政治、经济、社会、技术、舆论、政策措施、战略规划、国家形象、沟通协作（产业协同）、组织即兴、风险感知能力、人力资源、区域合作、目的地品牌形象、可持续旅游实践、来华意愿、经济状况、心理韧性、职业责任感和情感承诺。为便于理解，以下列出部分范畴内的1个概念和1条原始语句。见表3。

表3 开放编码形成的范畴示例

范畴	概念	访谈文本中的原始代表语句
政治	地缘政治	还有战争的因素，也在影响着我们入境，特别是这次的巴以问题
经济	客源国经济水平	大家口袋都很紧，兜里的钱多就得走远点，钱少就近点
社会	语言环境	还有一个就是语言障碍，没有办法让欧洲人很畅通无阻地旅游
技术	国际航班	因为有些客观的因素，航空营运是不足的
舆论	媒体宣传	毕竟我们还得考虑他们当地媒体对中国的宣传
政策措施	签证政策	入境政策尤其是签证，直接影响入境的体量
战略规划	入境旅游规划	我们最后不得不取消，因为政府规定了我们不能接待
国家形象	可进入性	第三个原因就是一个主动的国家入境的形象的建立

针对本文的研究主题——入境旅游韧性的影响因素，经过主轴编码的细致分析，识别出20个初始范畴之间存在显著的相互关系和逻辑次序。如"政治""经济""社会"符合社会生态系统论中"系统外部因素"的范畴，"区域合作""目的地品牌形象"符合社会生态系统论中"系统内部因素"的"旅游目的地及社区子系统"范畴，依据上述理论，对开放编码形成的20个初始范畴进行归纳，形成包括系统外部因素（PESTM）"政治"（P）、"经济"（E）、"社会"（S）、"技术"（T）和"舆论"（M）在内的5个主范畴，以及系统内部因素，分别为政策措施、战略规划、国家形象、沟通协作（产业协同）、组织即兴、风险感知能力、人力资源、区域合作、目的地品牌形象、可持续旅游实践、来华意愿、经济状况、心理韧性、职业责任感和情感承诺的15个主范畴。见表4。

表 4　主轴编码形成的主范畴

主范畴		对应范畴	范畴的内涵
系统外部因素		政治	地缘政治、国际关系对入境旅游市场韧性的影响
		经济	游客能够规划给出游的可支配收入
		社会	包括语言环境、距离远近等社会因素对游客入境具有一定影响
		技术	包括网络、支付、航班等在内的技术因素对游客入境具有一定影响
		舆论	客源国媒体的宣传倾向及客源国民众对我国的形象感知
系统内部因素	政府子系统	政策措施	政府针对入境旅游市场出台的一系列政策
		战略规划	政府对入境旅游市场的短期、长期布局规划
		国家形象	客源国媒体的宣传倾向及客源国民众对我国的形象感知
	旅游组织及其相关组织子系统	沟通协作（产业协同）	企业对产业链上所有资源、产品整合与把握的能力
		组织即兴	企业遭遇危机后做出的针对组织架构产生的即时变化
		风险感知能力	企业面对危机事件的感知、恢复和抗压能力
		人力资源	企业组织提供的服务品质及人才储备
	旅游目的地及社区子系	区域合作	目的地能通过区域、产业合作提升游客的入境便利度
		目的地品牌形象	目的地针对产品推出的海外市场宣传
		可持续旅游实践	目的地提供的入境产品的性价比及独特性是否具有可持续性
	入境游客子系统	来华意愿	入境游客对来华旅游的选择，即我国入境旅游产品的国际吸引力
		经济状况	入境游客在经济下行的大趋势下对我国入境旅游产品同其他目的地产品的选择
	从业者子系统	心理韧性	从业者对入境旅游行业的信心，是否选择坚守
		职业责任感	从业者自身或对职业的内驱力，从而呈现出的职业担当
		情感承诺	从业者对市场具备充足信心，不断提升自身的综合素质，等待入境旅游市场复苏

结合主题背景，本文识别出"入境旅游韧性的影响因素"作为能够统领其他所有范畴的核心概念，因此将其确立为核心范畴。

围绕这一核心范畴，进一步构建了其"故事线"架构，以系统阐述和解读入境旅游韧性影响因素的全貌，架构展现为：政治（P）、经济（E）、社会（S）、技术（T）和舆论（M）5 个维度，这是入境旅游韧性具备的系统外部因素。政府子系统、旅游组织及其相关组织子系统、旅游目的地及社区子系统、入境游客子系统和从业者子系统 5 个范畴是这一系统的内部影响因素。

按照编码程序确定的逻辑关系如下所示：政治（P）、经济（E）、社会（S）、技术（T）和舆论（M）、政府子系统、旅游组织及其相关组织子系统、旅游目的地及社区子系统、入境游客子系统和从业者子系统为一阶概念；政策措施、战略规划、国家形象、沟通协作（产业协同）、组织即兴、风险感知能力、人力资源、区域合作、目的地品牌形象、可持续旅游实践、来华意愿、经济状况、心理韧性、职业责任感和情感承诺为二阶概念；入境旅游韧性的影响因素是核心概念。

五、影响因素的构成及维度内涵

政治因素对入境旅游系统的影响是根本性和决定性的，是影响入境旅游系统的最为关键的外部因素，包括政治稳定性、政府政策、国际关系和法律环境等在内的因素，都会对入境旅游系统产生深远影响。

国际关系是指国与国之间的关系，外交争端或友好关系势必会对入境旅游的流量与游客量产生影响，友好的双边关系可以促进入境旅游层面的协作，增加入境旅游消费。受访者的相关观点表达为："俄乌事件这个一定会是一个重要的事情，对入境旅游的影响大。"

经济因素对入境旅游系统的影响同样显著。经济状况表明，一个国家的经济繁荣程度往往与入境旅游收入成正比，人们更愿意在经济状况良好时开展旅游消费。经济繁荣可以增加居民的旅游消费能力，促进旅游需求的增长。受访者的观点阐释如下："金融危机的影响其实是更大的。有的外国人出现了这个债务的事情，他的钱少了，就跟现在一样消费降级了，所以影响可能会更大。"

在入境旅游系统中，社会因素包括文化、教育水平、人口结构等内容，它们对入境旅游系统产生着较为间接的影响。其中，在文化差异上，不同的文化背景会吸引不同国家的游客，文化的独特性和多样性是吸引入境游客的一大重要因素。受访者观点为："比如我在去迪拜之前，因为中东是新兴市场，我要知道他们当地的文化，那我在去做推介的时候，我需要避雷美食文化。"

在技术因素方面，随着航空、铁路和公路等交通技术的不断发展，路上的时间被大幅缩短，跨境游的交通时间可以控制在十几个小时、一天内，这也同样扩大了入境旅游市场的潜在范围，因而交通的便利性也是吸引入境游客的重要因素之一。受访者的代表观点可以佐证："第二就是国际航班的恢复不如以前那么有选择性，我请一个卡塔尔大学的教授来做分享，我说你这次来是直飞吗，他说是转机的。所以这些也是很大的因素，还有签证。"

舆论因素是系统外部因素的一个重要的组成部分，媒体对入境旅游目的地的正面报道可以提升目的地整体的知名度和吸引力，因而有效的宣传可以帮助塑造目的地乃至整个国家的积极形象。受访者表达的观点如下："对目的地客源市场的认知是很难刷新的。要想去改变一个欧洲人对于中国市场的理解和认知，要花费漫长的精力，最后也不见得能成功。就是在他们脑子里已经打上了关于中国的 IP 和烙印，今天咱们重新再刷一个烙印给他，就需要很大的这个工夫。"

本研究将入境旅游系统的内部要素进行了系统化归类，划分为 5 大子系统：政府、旅游组织及其相关组织、旅游目的地及社区、入境游客和从业者。其中政府子系统以政策措施、战略规划和国家形象 3 大要素为核心，共同构筑起政府在系统内部中的主导地位和影响力。

旅游组织及其相关组织子系统由沟通协作（产业协同）、组织即兴、风险感知能力、人力资源 4 个要素构成。旅游目的地及社区子系统涵盖了区域合作、目的地品牌形象和可持续旅游实践 3 个要素，体现了旅游目的地及社区在促进区域联动、塑造品牌形象和推动可持续发展方面的战略地位。入境游客子系统由来华意愿和经济状况 2 个要素构成。从业者子系统由心理韧性、职业责任感和情感承诺 3 个要素构成，反映了旅游从业者在应对挑战、履行职责和建立情感联系方面的专业素养和人文关怀。

政府部门一直是入境旅游系统内部至关重要的一环。在战略规划上，更长远的战略规划有助于明确入境旅游发展的目标和方向，为系统的可持续发展提供有力保障。受访者的代表观点如下："我比较看好我们的政府层面未来的规划，还有包括我们的文旅行业对入境市场的重视度和相关政策的一些策划，甚至开会给我们提供一些想法。从政府层面，从财政给我们入境旅游的一些补贴，甚至带着我们去国外参访。这些大方向的松动和政府的一些扶持，是我能够觉得很有信心的一个点。"

旅游组织及其相关组织子系统是维持入境旅游系统平稳运行的中坚力量。人力资源是旅游组织的核心资产，旅游组织需要重视人才的培养和激励，以提升员工的专业能力和服务水平。受访者的具体观点展示如下："其实今年俄语市场非常大，月底我要接俄罗斯过来的客户重新做一些产品。其实今年俄罗斯市场的爆发，我还挺惊讶的，因为相对客户来说，我的导游储备没那么多小语种，但忽然之下来了很多很多。"

旅游目的地及社区子系统是入境旅游系统的重要组成部分，包括区域合作、目的地品牌形象和可持续旅游实践。区域合作强调旅游目的地之间可以通过合作共享资源、互补优势，提升整体的对外吸引力。而目的地品牌形象是吸引游客的关键，旅游目的地需要通过有效的营销和宣传，塑造出别具特色、独一无二的目的地形象。受访者观点如下："以前所有的国际大型展会，实际上排面非常大。这两天我们刚好在伦敦做一个目的地的推广会，所以其实我在这个层面有特别大的信心。领导们前期所做的一些准备，包括宣传这种，有不少积极的举动。"

入境游客子系统是入境旅游系统服务的直接对象，包括来华意愿和经济状况两部分。其中游客的来华意愿受多种内外部因素的影响，如目的地吸引力、旅游成本、签证政策等，提高游客的来华意愿对提升入境旅游举足轻重。受访者观点如下："那我的客户他现在怎么看中国,他想跟我怎么样去洽谈我们未来的业务,我认为他也有这样的好奇心。前提是他一定跟咱们一样是有激情的,没有放弃的。"

从业者子系统是入境旅游系统运行的重要支撑,包括从业者的心理韧性、职业责任感和情感承诺。心理韧性要求入境旅游从业者具备良好的心理素质,能够应对工作中的压力和挑战。受访者的代表观点表现为:"从业者的韧性和对行业的热爱,这个特别重要。其实这个行业的韧性真的是很强,你不用担心这个火种不会发扬光大。因为文旅代表了对美好生活的向往,因此希望这个行业好的人很多。"

最后,情感承诺是入境旅游从业者对工作的热爱和忠诚,具有情感承诺的从业者能够做到别人无法提供的、热情周到的服务供应。受访者观点如下:"我拜访的有一家企业,他们家是做文创产品的,也有自己的酒店。这个董事长就是特别富有激情,然后特别想恢复以后做一些事情。比如说在疫情很难的时候,他会邀请西南财大的一些专家来给自己一些建议,怎么去结合这些文创产品,跟我们入境怎么样去融合,怎么样在境外做一些宣传,这种人是比较少的。"

入境旅游韧性影响因素的构成及维度,见图1。

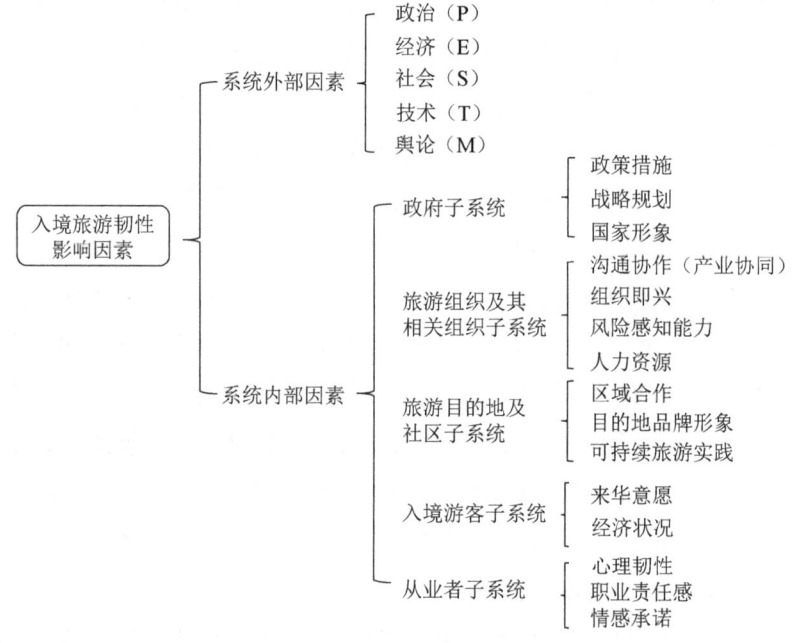

图1 入境旅游韧性影响因素的构成及维度

六、影响因素相互关系分析

在社会生态系统的视角下,该系统由人、自然和社会等多个层面交织而成,受到内外部多种因素的共同影响与驱动。该系统是一个复合的整体，融合了自然环境、经济体系、政治结构、历史积淀、文化传承、治理机制以及社会意识等多个维度。入境旅游韧性同样具有系统性，其运作是一个复杂而严密的过程，其内外因素之间的相互作用与影响是不可忽视的。

首先，系统外部因素由政治、经济、社会、技术以及舆论5个范畴构成，政治、经济和技术因素在入境旅游外部系统中扮演着更为重要的角色，这一点在受访者的若干代表性观点中得到了鲜明的体现。这些观点不仅具有代表性，还为我们提供了深入理解问题本质的视角，从而进一步验证了研究的可靠性和有效性。如"今年就是大环境不行""有很多客人不能来中国，占最大比例的原因就是大家口袋都很紧""还有飞机的航班次数也是直接影响的一个因素"。

与外部主导作用相对应的是，内部因素对外部的影响相对较小，甚至可以说几乎不会产生太大的影响。五大子系统下属的15个内部因素呈现出复杂的网状关系，这些因素之间并非孤立存在，而是相互交织、互为因果。

内部影响因素不仅包括各子系统之间的相互作用，还包括各子系统内部各种因素之间的相互关联。这种网状关系使得内部因素能够相互传递信息、共享资源，从而实现更高效的系统运作。

在这套机制中，政府子系统在这些子系统中占据着举足轻重的地位，它是连接各个子系统的纽带，也是实现整体协调和平衡的关键所在。政府子系统对从业者子系统的影响尤其明显，甚至起到了决定性的作用，政府的政策、法规及管理手段，都直接影响着从业者的行动和行为。

然而，从业者并非完全被动地接受政府的影响，他们同样具备一定的主观能动性，能够对政府产生一定的引导和反馈作用，从而在某种程度上影响政府的决策和行动。这种相互作用的关系，使得整个系统更加灵活多变，也更具生命力。这两点在深度访谈和编码中多次重复出现，如"需要各方参与者或利益相关者一起拾柴火焰才高，脚踏实地面对现实，去克服这些困难。我认为所有的参与方都起了作用，甚至说底下的这些方面要高于上层方面"。

入境游客子系统中，经济状况的影响因素和系统外部的经济因素，一般有着相似或相同的趋势，"还有经济下行，不光指国内经济的压力，全球经济都存在压力"。

七、结论与建议

本文旨在更深入地理解和剖析"韧性"的概念内涵、影响因素及其相互关系。现将主要结论概述如下。

（1）政治因素、经济因素在入境旅游发展中起到了决定性的作用，政府政策的稳定性和连续性对于吸引外国游客至关重要。近年来推出的旅游便利化政策显著提高了入境旅游的便利性，从而增强了旅游市场的韧性。然而，这也强调了政府在政策制定过程中必须展现出前瞻性和稳定性，以规避因政策频繁变动而对市场稳定性产生的潜在威胁和不确定性。

因而，提升中国入境旅游韧性需要综合考虑政治经济、社会文化和技术环境等方面因素。政府、企业和社会各界应共同努力，通过制定稳定且连续的政策、加强旅游资源保护和开发、提升旅游服务质量以及推动智慧旅游建设等措施，为促进中国入境旅游市场的持续健康发展共同努力。

（2）入境旅游韧性影响因素的研究需要系统论的指导，这要求入境旅游系统在面对挑战时，不仅要有应对策略，更要有长远的发展规划。通过增强系统的开放性、自组织能力和协调合作能力，可以实现入境旅游系统的可持续发展，为国家和地区的经济社会发展作出贡献。入境旅游韧性影响因素模型的构建，不仅是对系统论理论的实践应用，也对我国入境旅游的恢复、重构及高质量发展产生了重要的意义和价值。

（3）动态平衡是入境旅游韧性的核心。入境旅游系统需要在不断变化的环境中寻找到一种平衡状态，既能够保持其稳定性，又能够促进其发展。这种平衡不是静态的，而是动态的，需要系统不断地进行自我调整和优化。例如，通过建立灵活的价格机制、多元化的营销渠道、可持续的旅游发展模式等，入境旅游系统能够在不同的市场条件下保持竞争力和吸引力。同时，系统内部的各个组成部分，如政府、企业、社区和游客，也需要协同合作，共同维护系统的稳定和和谐。

（4）在全球化和信息化浪潮的推动下，当前的入境旅游系统正面临着前所未有的挑战与新的发展机遇。例如，新兴市场的崛起、数字技术的快速发展、消费者行为的变化等都可能引发系统内部的深刻变革。入境旅游系统需要具备识别和把握这些变革的能力，通过创新和转型来实现系统的升级和优化。这可能涉及旅游目的地的重新定位，旅游产品的多样化、旅游服务的个性化以及旅游管理的智能化升级。

（5）入境旅游系统作为一个开放系统，其韧性体现在对外部环境变化的适应能力和内部结构的优化能力。开放性意味着入境旅游系统不仅能够吸收外部资源，如国际游客、资本和技术，还能够在面对外部冲击时，如全球经济波动、政治冲突、自然灾害或疫情时，通过调整自身策略和结构来维持系统稳定性。这种开放性要求入境旅游系统具备高度的灵活性和创新性，能够快速响应外部变化，例如调整营销策略、优化服务流程、提升旅游产品的质量，以吸引和保持游客的兴趣和满意度。

参考文献：

[1]王章郡，周小曼，方忠权.基于新冠疫情冲击的城市旅游流网络结构韧性评

估——以重庆市中心城区为例［J］.干旱区资源与环境，2022（11）.

［2］贾垚焱，胡静，刘大均，等.山区民族旅游地乡村聚落韧性评估及尺度关联研究［J］.经济地理，2022（8）.

［3］叶欣梁，何一，孙瑞红.脆弱与反脆弱：旅游业韧性研究进展与述评［J］.旅游学刊，2023，38（10）：31-48.

［4］麻学锋，胡双林.旅游城市韧性与居民幸福水平时空适配特征及影响因素——以张家界为例［J］.资源科学，2022（11）.

［5］方叶林，吴燕妮，黄震方，等.中国大陆入境旅游产业演化与韧性研究［J］.经济地理，2023（1）.

［6］苑炳慧，辜应康.基于顾客的旅游目的地品牌资产结构维度——扎根理论的探索性研究［J］.旅游学刊，2015（11）.

［7］苗学玲，解佳.扎根理论在国内旅游研究中应用的反思：以旅游体验为例［J］.旅游学刊，2021（4）.

［8］秦连芝，刘盛欣，张平，等.基于社会生态系统理论的妊娠期高血糖孕妇血糖管理及妊娠结局的分析［J］.山东医学高等专科学校学报，2024（2）.

［9］马国勇，刘欣.基于利益相关者理论的生态产品价值实现机制探析——以武夷山国家公园为例［J］.世界林业研究，2023（4）.

［10］何艳冰，周明晖，贾豫霖，等.基于韧性测度的传统村落旅游高质量发展研究——以河南省为例［J］.经济地理，2022（8）.

［11］宋永永，庞先峰，唐宇，等.能源富集区社会—生态系统韧性演化与机理——以榆林市为例［J］.经济地理，2024（1）.

［12］娄娜.基于利益相关者理论的乡村旅游开发研究［J］.农业经济，2022（9）.

［13］WAKIL MD ABDUL, SUN YI, CHAN EDWIN H W. Co-flourishing: intertwining community resilience and tourism development in destination communities［J］. Tourism Management Perspectives，2021.

（指导教师：孙梦阳，北京联合大学旅游学院旅游管理系）

基于 UGC 图片大数据的黑色旅游目的地形象感知研究

刘梦婷*

[摘　要] 黑色旅游作为一种独特的旅游方式，近年来已逐步成为学术界关注的热点，但对黑色旅游情境下的旅游目的地形象（TDI）感知研究仍显不足。本研究选定国内典型的黑色旅游目的地——北川地震遗址区为研究对象，以游客生成的图片数据为数据源，基于认知—情感模型，利用视觉情感概念分类工具 DeepSentiBank 来探索黑色旅游目的地的感知形象。研究结果表明，游客的认知形象集中在人文景观，其中人文景观又以城市风貌与基础设施、建筑物与架构、纪念空间与雕塑、纪念标志与符号等认知属性为主；游客的情感分析结果表明，负面情绪在黑色旅游目的地形象感知中比正面情绪更为突出。同时本研究将游客感知的情感形象与 Plutchik 情感轮的 24 种基本情绪进行匹配，以便更精细地识别与展示黑色旅游目的地的情感形象。本研究通过计算机视觉方法识别黑色旅游目的地游客的感知形象，为旅游目的地形象感知研究提供了重要补充，并为黑色旅游目的地的旅游目的地形象管理、营销和可持续发展提供了具有针对性的建议。这些成果不仅丰富了旅游研究的理论框架，也为相关实践提供了有价值的参考。

[关键词] 黑色旅游；旅游目的地形象；游客感知；认知—情感模型

随着我国民众生活质量的持续提高，旅游业跨入了一个快速发展的新阶段。旅游需求已经超越了传统的模式，向着更加多元化的方向发展。黑色旅游，作为一种特殊的旅游方式，允许游客在安全的距离内体验和见证死亡、灾难、痛苦和悲剧。它不仅能够帮助人们回顾和直面历史、重构道德和价值观念，还能促使人们深刻感悟生命与生活的意义。黑色旅游正逐渐赢得游客的重视和喜爱，并且已经成为国内外旅游研究的一个焦点。黑色旅游目的地带给游客的感知形象除了认知形象外，更多的是复杂的情感体验。良好的游客感知形象不仅有助于提升游客满意度和忠诚度、提高旅游目的

---

* 刘梦婷，本科就读于北京联合大学旅游学院旅游管理系，研究生就读于江西师范大学。

地的竞争力，还可以推动黑色旅游的可持续发展、拓展研究领域和视角。因此，开展黑色旅游目的地形象感知研究具有重要的理论和实践意义。然而，当下关于黑色旅游目的地的形象感知研究明显不足。

新媒体时代，用户生成内容（UGC）以实时性与互动性、真实性与可信度、多样化的传播渠道、个性化与精准化的传播策略等特点显著改变了目的地形象的传播方式，同时也为旅游目的地形象的研究拓展了数据获取途径和研究方法。由于技术挑战、数据分析方法的限制，当前基于用户生成内容的目的地形象感知研究仍以文本数据为主，而图片数据以其直观、生动的特点，更能体现游客个体的关注点。随着大数据、人工智能技术的快速发展，很多技术壁垒被攻破，基于图片数据的目的地形象感知研究逐渐引起了旅游研究者的关注。因此，本研究选取国内典型的黑色旅游目的地——北川地震遗址区，以网络平台用户上传的图片大数据为数据源，利用视觉情感概念分类工具 DeepSentiBank 和 Plutchik 情感轮模型，开展黑色旅游目的地形象感知研究，以期为黑色旅游目的地的形象管理、营销和可持续发展提出针对性建议，帮助黑色旅游目的地获得更大的竞争优势，同时为丰富旅游目的地感知形象研究方法作出一定贡献。

一、文献综述

（一）黑色旅游研究

参观死亡或灾难相关地点的行为历史悠久，例如古罗马时期观看斗兽场中的血腥角斗、中世纪观看公开行刑等。但是，直到20世纪90年代，"黑色旅游"这一术语才由国外的学者弗罗伊（Floey）和列农（Lennon）首次提出，意指"游客前往与死亡和灾难有关地点进行参观的旅游活动"[1]，这一说法获得学术界的普遍认可。随后西顿（Seaton）、布朗（Blom）相继提出了"死亡旅游"[2]和"病态旅游"[3]的概念，进一步对黑色旅游进行了概念界定与补充。2006年"黑色旅游"的概念被首次引入我国，起初并未引起广泛的研究与讨论，在2008年汶川大地震发生后，围绕其开展的研究才逐渐发展起来，至今仍未形成全面的研究体系和基础理论框架。王金伟和陈胜容等指出，黑色旅游最核心的价值在于它使游客通过接触和体验"黑色"事件，来深思生死、美丑、人与自然、战争与和平等议题，并在此基础上构建和重塑个体关于生命和价值的观念[4]。鉴于黑色旅游内涵的丰富性和复杂性，学术界对于其概念的界定至今未能形成统一观点。

在有关黑色旅游动机的研究中，国外学者西顿（Seaton）认为死亡旅游的主要动机是去见证死亡、参观大规模的或个人的死亡地点[2]。国内学者刘丹萍和保继刚在研究中指出，黑色旅游者的摄影动机揭示了游客的窥视欲，同时也体现了人类在复杂体验需求中对消极和负面等非传统旅游体验的追求[5]。王金伟和段冰杰则结合黑色旅游动机的悲情化和娱乐化程度,将黑色旅游动机划分为黑色动机、灰色动机以及白色动机三大类[6]。颜丙金等从游客的心理需求及动机层面出发,将以追悼死者、警示后代或对灾后情况好奇等特殊体验诉求为目的的游客定义为狭义的黑色旅游者,将出于任何目的包括娱乐而参观与死亡相关景观的游客定义为广义的黑色旅游者[7]。

(二)旅游目的地形象感知研究

旅游目的地形象概念的研究起源于20世纪70年代,亨特(Hunt)在当时提出,旅游目的地形象是人们对非居住地区持有的个人主观感知,这种感知是人脑对外界信息处理后的结果[8]。克朗普顿(Crompton)在1979年提出,旅游目的地形象是游客对目的地的各种信念、看法和印象的综合体现[9]。甘德纳(Gartner)则在1994年对目的地形象进行了分类,将其分为认知形象、情感形象和意动形象。其中,认知形象涉及个体对旅游地特有属性、信念和基础知识的理解;情感形象指的是对旅游目的地的情绪性反应;而意动形象则关联到游客的访问行为、实地消费行为、重访意愿以及推荐给他人等行为倾向[10]。国内学者李蕾蕾在研究中将旅游感知形象分为本底感知形象、决策感知形象和实地感知形象,并指出游客对旅游目的地的形象感知会随着旅游活动的进展而逐渐累积和层叠,越往后越显得复杂且难以明确界定[11]。杨永德等则提出,旅游形象是游客基于对目的地的认知而形成的总体印象[12]。

(三)黑色旅游目的地形象感知研究

国外关于旅游目的地形象的研究对象主要是针对传统的旅游形式,而专门针对黑色旅游目的地形象的讨论不够充分[13]。国内关于黑色旅游目的地形象的研究主要围绕具体的案例地开展,如学者柴海燕利用UGC文本数据,对侵华日军第七三一部队罪证陈列馆的感知形象特征及其形成机制进行了深入分析。她构建了一个黑色旅游地形象感知模型,并发现情感形象在这一特定黑色旅游地的感知中占据主导地位,且在整个游览过程中都至关重要[14]。在结合了黑色旅游目的地形象的相关研究中,王金伟、杨佳旭等发现不同的黑色旅游动机对目的地形象会产生不同的影响,在目的地形象内部也存在相互影响的关系,同时情感形象能够起到中介效应[15]。

通过对现有相关研究的总结分析,我们可以得出在黑色旅游背景下,目的地感知形象存在一些突出的特点。首先,在认知形象方面,黑色旅游往往与"死亡""灾难"等负面事件紧密相连,其次,情感形象多涉及对遇难者的同情、悲痛等伦理道德倾向,因此不同于传统意义上追求身心愉悦、轻松快乐的体验旅游,在黑色旅游过程中,强调对游客精神的震撼,游客感受到的形象通常是情感上和道德上的形象。

(四)基于UGC图片大数据的目的地形象感知研究

近年来,国内外基于UGC图片的旅游目的地形象研究逐渐增多。段锐、邹统钎等认为用户生成内容为目的地形象研究提供了更加丰富的数据基础,图片作为一种视觉化的表达，与文本数据一样，也蕴含了游客对目的地的认知和情感，为目的地形象分析提供了数据来源，因此目前已成为目的地形象大数据研究的热点[16]。张坤等提出，图片在某种程度上揭示了游客在旅游目的地所体验的感知偏好和行为特征，并通过分析社交媒体网站Flickr上关于北京的丰富照片数据，进一步证实了这一点[17]。亨特（Hunter）通过对UGC图片中的文字进行语义分析，从而揭示了游客对首尔的在线认知形象[18]。范梦余和张辉等研究者利用DeepSentiBank工具分析了257 633张与内蒙古相关的带有地理标记的照片，从游客的感知角度出发，研究了内蒙古旅游景观以及视觉旅游形象在季节变化和空间分布上的特点[19]。

二、研究设计与理论基础及工具

（一）研究区域概况

北川地震遗址区位于中国四川省北川羌族自治县，是世界上规模最大、原址原貌保存最完整的地震遗址群之一[15]，现已成为中国重要的纪念地震遇难者、展示抗震救灾精神、进行地震科普教育以及研究地震灾害的场所，也被评为全国爱国主义教育基地和全国红色旅游经典景区。同时，作为汶川大地震的重要纪念地，北川地震遗址区也成了中国黑色旅游研究的一个重要案例。

（二）"认知—情感"理论

"认知—情感"理论建立在诸多心理学家和学者的研究基础上，于20世纪中叶逐渐成形。目前，"认知—情感"模型已经成为研究旅游目的地形象感知的核心框架，该模型将旅游目的地形象划分为认知形象和情感形象两大类。其中，认知形象涉及对目的地属性特征（如旅游氛围、资源和社会环境）的评估和理解，形成人们对目的地的知识、观点和信念；相对地，情感形象是指人们对旅游目的地的情绪反应和态度，包括在旅游过程中的感受、心情以及由此引发的思想和生命观念，这些情感可能是积极的、消极的或中性的。认知形象和情感形象相互影响、相互作用，并通过有机结合，共同塑造了对旅游目的地的整体形象感知。

（三）数据来源

本研究中的UGC图片数据主要来源于图文创作分享应用——美篇以及百度搜索平台。在美篇中以"北川地震遗址"为关键字进行检索，共搜索到109篇相关文章，总发布图片数量在1400张左右，总阅读量接近10万。百度作为中国最大的中文搜索引擎，具有专门的图片搜索功能。同时百度拥有庞大的用户基础，许多与北川地震遗址相关的图片被用户在百度搜索平台中上传与分享，进而形成丰富的图片资源，为本研究提供了重要的数据来源。

此外，尽管诸如马蜂窝、携程旅游等OTA平台是用户发布旅游攻略，分享目的地信息、游记和旅游建议等的主要旅游信息平台，但在这些平台中以"北川地震遗址"为关键字进行检索，无法搜集到任何相关的数据，因此便不再将其作为数据来源平台。

（四）研究工具

1. Python 编程语言

Python 编程语言功能强大，拥有丰富的第三方库和框架，成为进行网络数据爬取的首选编程语言之一，在网络数据爬虫领域有着广泛的应用。利用 Python 库中的 requests、BeautifulSoup、Selenium 等编写网络爬虫和自动化脚本，能够轻松地下载 HTML 网页并从中自动解析、获取海量图片，生成图片文档并保存至本地，为基于 UGC 图片的黑色旅游目的地形象感知分析提供充足的数据来源。此外，利用 Python 编程语言还能够实现图像识别技术和自然语言处理，使用机器学习模型对图片进行分类和筛选、对文本数据进行情感分析等。

2. 视觉情感概念分类工具 DeepSentiBank

DeepSentiBank 是由哥伦比亚大学陈（Chen）等学者共同开发的视觉情感概念分类模型。该模型利用卷积神经网络模型（CNNs），以从全球最大的在线照片存储和分享平台之一的 Flickr 网站中下载的超过 100 万张图片为训练数据来源，深度学习如何识别与情感相关的视觉模式，最终能够生成由 231 个形容词和 424 个名词组成的 2089 个形容词与名词序列（Adjective Noun Pairs，ANPs）[20]。这种概念级情感分析可以从本体中提取隐含情感，作为理解和预测图像情感内容的有效线索，同时能够更准确地描述拍摄者感知到的景观。例如，图 1 展示了 DeepSentiBank 的数据解析过程，每张图片通过 DeepSentiBank 解析后，产生 2089 个形容词与名词序列（ANP），该图仅展示了前五项数据结果。每个 ANP 的后面还有一个数值，代表着该 ANP 与图片内容的相关性，相关性越高则数值越大，该 ANP 在排序中也越靠前[19]。

与支持向量的分析模型相比，DeepSentiBank 在检索、注释和情感分析方面的表现被有效证明都是良好或者是更加显著的，其也被更多地应用在旅游目的地形象感知研究中。

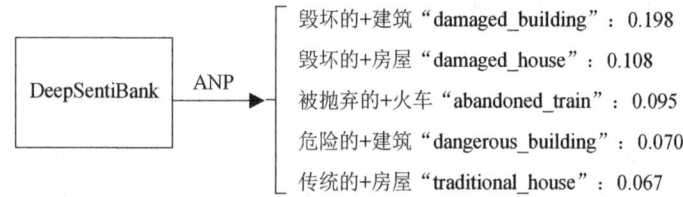

图 1　DeepSentiBank 的图片解析流程

3. Plutchik 情感轮模型

Plutchik 情感轮模型是由美国心理学家和情感理论的先驱——罗伯特·普拉奇克

(Robert Plutchik)提出的。它由8种基本情绪和几种次要情绪构成,其中8种基本情绪是核心,包括快乐、信任、害怕、惊讶、悲伤、厌恶、愤怒和期待。罗伯特·普拉奇克通过将情感组织成一个结构化的模型,使该模型提供了一种统一的方式来理解和分析情感。现如今该模型已被广泛应用于心理学、情感计算、人工智能和其他领域。

不同于传统的享乐场所,情绪被认为是黑色场所的关键决定因素[21],情感体验是黑色旅游最主要的功能[7]。为进一步探讨游客对黑色旅游目的地的情感形象感知,本研究应用Plutchik情感轮模型,同时参照了钱莉莉等学者在黑色旅游目的地情感形象感知研究中的分类方法[22],确立了24种情感维度,对形容词文本文档中的高频形容词进行情感维度分类与分析,并进行可视化展示,为黑色旅游目的地情感形象分析提供基础。

(五)数据获取与处理

首先,获取UGC图片数据。本文以美篇和百度搜索为UGC图片数据来源,利用Python编写程序,首先获取汶川大地震发生以来有关北川地震遗址区的UGC图片所在页面,然后对html页面进行解析,获取UGC图片数据并保存至本地。最终共获取1527张图片数据,经过数据预处理和数据清洗,筛除重复、模糊的图片以及用户上传的与研究案例地无关的图片,例如用户自拍照、人物照以及媒体、新闻照等,筛选出合适的图片共1230张并生成图片文件,构成北川地震遗址区旅游形象感知的研究样本,为后续开展黑色旅游地认知形象分析和情感形象分析提供基础。

其次,解析UGC图片数据。利用视觉情感概念分类工具DeepSentiBank对图片文件中的1230张图片分别进行解析,获取每张图片所含的对象和情感信息并生成由2089个ANP(形容词+名词序列)组成的json文件。根据DeepSentiBank开发学者陈(Chen)等的研究[23],提取每张图片的前5个ANP作为研究数据样本,因此共提取到6150个ANP。ANP里的高频名词是对图片内容的直观描述,是旅游目的地认知形象的体现;ANP里的高频形容词是对图片内容的倾向性描述,是旅游目的地情感形象的体现。因此利用Python编写程序,将这些ANP按照词性分别生成包含名词和形容词的文本文档,作为后续研究实证分析的数据基础。

最后,汇总UGC图片解析数据。将上述结果导出到Excel表格,以便进一步开展认知形象和情感形象的实证分析工作。

三、目的地形象感知研究实证分析

(一)认知形象分析

1. 认知高频词

基于DeepSentiBank工具进行图片解析生成的名词文本文档中,共出现305个名词,共计6150频次，平均每个名词频次为20.163次。进一步分析发现，词频小于或者等于10次的词汇共计203个，而词频大于10次的词汇共计102个。本研究对词频大于10次的高频名词进行分析，进一步挖掘游客对北川地震遗址区认知形象感知的主要内容。

表1为北川地震遗址区相关图片信息中高频名词（前100个）的统计结果，可以看出"房屋""建筑物""城市""桥梁""街道"等高频名词的出现频次很高，说明游客的认知集中在遗址区中的这些景观，受其影响最大，这与北川地震遗址区的实际情况相吻合，由于地震的破坏，遗址区内随处可见坍塌或倾斜的房屋建筑、破损的道路等城市基础设施，令游客驻足喟叹、拍照记录，丰富游客对黑色旅游地的认知形象感知。

表1 北川地震遗址区相关图片信息中高频名词（前100个）

单位：次

名词	频次	名词	频次	名词	频次	名词	频次
房屋	571	市场	43	历史	23	雕塑	15
建筑物	537	海滩	42	泳池	23	坟墓	15
城市	353	水	41	栅栏	23	国家	15
桥梁	249	纪念碑	40	雨	22	秋天	14
街道	222	山脉	40	木头	20	猪	14
旅馆	217	公园	39	湖	20	花朵	14
建筑	187	雪	36	冒险	19	脸颊	14
景观	153	墙	36	遗产	19	十字架	14
道路	145	树	35	瀑布	19	抗议	14
家	116	国王	35	山谷	19	冬天	13
标志	116	风景	31	社区	19	舞蹈	13
城堡	110	花	31	保护区	19	连衣裙	13
工厂	97	狗	30	医院	19	节日	13
河流	85	学生	30	雕像	18	湾	13
堡垒	83	人群	30	视野	17	建设	13
花园	80	学校	30	树木	17	惊奇	12
地方	70	水疗	29	队伍	17	度假	12
汽车	67	景色	29	孩子们	17	墓地	12
农场	64	比赛	26	波浪	17	夜晚	11
教堂	61	窗户	26	火	17	宠物	11
火车	58	云	24	疗养院	17	灯光	11
船只	48	婚礼	24	早晨	16	微笑	11

续表

名词	频次	名词	频次	名词	频次	名词	频次
风景	48	天使	24	伙计	16	女孩们	11
山	44	森林	24	车辆	16	汽车	11
食物	43	博物馆	24	金属	15	塔	11

2. 认知维度

通过对高频名词中的前100个进行初步人工分类，将相关名词的单复数形式进行合并，将词义相近的名词进行合并统计，参考其他研究者对黑色旅游目的地认知形象的分类方法，将影响游客认知形象的高频名词中前100个按维度分为三大类，即"人文景观""自然景观""其他"，总出现频次为5407次。在"人文景观"类别中，确定了8个子类别，分别是"城市风貌、基础设施""建筑物、架构""交通工具""纪念空间、雕塑""纪念符号""历史事件和地方功能""人、服装""人为事件"，总出现频次为4371次。在"自然景观"类别中，确定了3个子类别，分别是"自然风光""自然现象、气候"和"动植物"，总出现频次为950次。"其他"类别包括"食物""金属""灯光""火"，这4个难以归并到人文景观或自然景观类别中的高频名词，总出现频次为86次。分别统计各子类别频次及所占比例，得到的结果如表2所示。

表2 划分后的各类别高频名词统计

类别	子类别	名词数量（个）	频次（次）	占比（%）	名词
人文景观	城市风貌、基础设施	22	2012	37.21	城市、桥梁、街道、旅馆、道路、城堡、工厂、堡垒、花园、地方、农场、教堂、市场、公园、墙、学校、博物馆、保护区、医院、社区、疗养院、国家
	建筑物、架构	9	1507	27.87	房屋、建筑物、建筑、家、窗户、泳池、栅栏、建造物、塔
	交通工具	5	200	3.70	汽车、火车、船、车辆
	纪念空间、雕塑	6	119	2.20	纪念碑、遗产、雕像、雕塑、坟墓、墓地
	纪念符号	4	157	2.91	标志、抗议、十字架、节日
	历史事件和地方功能	3	54	1.00	历史、冒险、度假
	人、服装	10	207	3.83	学生、人群、天使、队伍、孩子们、国王、伙计、脸颊、连衣裙、女孩们
	人为事件	6	115	2.11	水疗、比赛、婚礼、舞蹈、惊奇、微笑

续表

类别	子类别	名词数量（个）	频次（次）	占比（%）	名词
自然景观	自然风光	18	642	11.87	景色、河、海滩、水、森林、湖、瀑布、山谷、波浪、湾
	自然现象、气候	7	136	2.52	雪、云、雨、早晨、秋天、冬天、夜晚
	动植物	6	172	3.18	花朵、树木、木头、狗、猪、宠物
其他		4	86	1.60	火、金属、灯光、食物
总计		100	5407	100	

具体来看，"城市风貌、基础设施"和"建筑物、架构"这两个子类别的出现频数占总频数的65%左右，与其他子类别相比而言具有显著的占比优势，这说明与城市风貌、基础设施、建筑物和架构等相关的事物是游客拍摄最多的，给游客留下的印象最为深刻，可作为分析研究的重点。

此外，本研究参照了钱莉莉等学者对旅游地认知形象的分类方法[22]，得出了3个独特的黑色旅游的三种独特的认知形象，即"纪念空间、雕塑""纪念符号""历史事件和地方功能"，其出现频数分别占总频数的2.20%、2.91%和1.00%。"纪念空间、雕塑"子类别中的纪念碑、遗产被视为人类悲剧的焦点，帮助人们纪念历史事件，铭记受害者并向他们的牺牲致以崇高敬意。雕像和雕塑无论是代表英雄人物还是人民群众，都具有说教和教育功能，能够更好地说明和展示黑色旅游地发生的故事。"纪念符号"子类别包含标志、十字架、节日、抗议等高频名词，丁森（Tinson）等认为有形元素（如标志、十字架）和无形元素（如节日、抗议）构成了一个纪念符号，在社会中具有象征意义和特定的记忆[23]。"历史事件和地方功能"子类别中的高频名词重新揭示了黑色旅游目的地功能的多样性，尽管黑色旅游目的地给游客带来的感知更多是死亡和痛苦，但其也是爱国主义教育和地震科普教育的场所，游客在黑色旅游过程中，能够获得对生命的感知、对自然的敬畏和对生活的热爱。

此外，还有"交通工具""人、服装"和"人为事件"这3个人文景观子类别，分别占总频数的3.70%、3.83%和2.11%。

自然景观中"自然风光"子类别出现频数最多，占总频数的11.87%，其次是"动植物"子类别，其出现频数占总频数的3.18%，最后是"自然现象、气候"子类别，其出现频数占总频数的2.52%。其他类别包含了火、金属、灯光、食物这4个难以归并到人文景观或自然景观类别中的高频名词，出现频数较少，占总频数的1.60%。

(二)情感形象分析

1. 情感高频词

基于 DeepSentiBank 工具进行图片解析生成的形容词文本文档中,共出现 187 个形容词,总频数为 5083 次。这些从 ANP 中提取的形容词可以对情感的抽象概念提供更具体的解释,在一定程度上反映了游客对北川地震遗址区的情感形象感知,本研究基于英文情感词典 SenticNet,编写了相应的 Python 程序,将这 187 个英文形容词进行情感分类,其中有部分形容词未在情感词典中出现,因此辅以人工词性查阅,最终得到了统计结果。从整体来看,游客拍摄的有关北川地震遗址区的图片所含情感以负面情绪为主,所占比例为 43.81%,其次是正面情绪,占比为 33.27%,最后是中性情绪,占比为 22.92%。由此可知,负面情绪和正面情绪在黑色旅游地感知中都很重要,但相较于正面情绪,负面情绪意义更为重大,这与奥伦(Oren)等学者的研究结论相呼应,其认为负面情绪主导的情况主要发生在黑色旅游景点[24]。

2. 情感维度

本研究以 Plutchik 情感轮模型为基础,参照了钱莉莉等学者在黑色旅游目的地情感形象感知研究中的分类方法[22],共确立了 24 种情感维度,然后将 DeepSentiBank 解析出来的高频形容词(频数大于 30 次)进行了情感维度方向的分类与比对,最终获得了高频形容词在不同情感维度的比例,结果如表 3 所示。然后利用 Plutchik 情感轮模型将这 24 种情绪维度进行可视化展现,将每种情绪的频度统一作归一化处理,生成从 0 到 1 分布的平均值。最终生成的模型有 8 个花瓣,每个花瓣代表一种情绪强度由高到低的基本情绪,花瓣颜色越深说明所代表的情绪强度越高,同时情绪的出现频度越高所生成的花瓣就越大,图 2 具体展示了北川地震遗址区内 24 种情绪强度的 Plutchik 可视化结果。

表 3　高频形容词的情感维度分类结果

单位:次

情感维度	形容词	词频(%)	归一平均值
负面情绪		2227(43.81)	
害怕		1076(21.17)	0.92
忧虑	损坏的、孤独的、沉重的、古怪的	525(10.44)	0.45
害怕	迷茫的、危险的	214(4.21)	0.18
恐惧	废弃的、闹鬼的	337(6.52)	0.29
悲伤		570(11.03)	0.49
悲伤	被遗弃的	325(6.28)	0.28

续表

情感维度	形容词	词频（%）	归一平均值
哀痛	破碎的	127（2.46）	0.11
沉思	贫瘠的、多云的	118（2.29）	0.10
厌恶		193（3.81）	0.16
无聊	奇怪的、愚蠢的	99（1.90）	0.08
恶心	丑陋的	37（0.71）	0.03
厌恶	拥挤的	57（1.20）	0.05
愤怒		388（7.80）	0.34
苦恼	昂贵的、迷雾的、多雨的、疯癫的、疯狂的	278（5.57）	0.24
气愤	烂的	78（1.56）	0.07
愤怒	暴力的	32（0.67）	0.03
中性情绪（惊讶）		1165（22.92）	
令人惊异	传统的	357（6.90）	0.31
惊奇	古老的	542（10.68）	0.47
分散错乱	忙碌的、空白的、小的、野生的、干燥的	266（5.34）	0.22
正面情绪		1691（33.27）	
期待		674（13.32）	0.58
兴趣	著名的、迷人的、多彩的	362（7.00）	0.31
预期	震惊的、美丽的、风景秀丽的、干净的	244（4.88）	0.21
警惕	炎热的	68（1.44）	0.06
快乐		614（12.01）	0.52
宁静	神圣的、户外的、安静的、清楚的	233（4.56）	0.20
快乐	可爱的、富有魅力的、滑稽的	165（3.29）	0.14
忘我	重要的、惊人的、完美的	216（4.16）	0.18
信任		403（7.94）	0.35
信任	极好的、喜爱的、友好的	125（2.47）	0.11
钦佩	好的、完美的	117（2.26）	0.10
接受	自然的、明亮的、新鲜的	161（3.21）	0.14

在 Plutchik 情感轮模型中，确立了4种负面情绪，分别是害怕、悲伤、厌恶和愤怒。其中害怕情绪出现频数最高，占总情绪的21.17%，可见游客对北川地震遗址区负面情绪感知的最主要情绪是害怕，这可能与黑色旅游的特殊情境密切相关。悲伤情绪

所占比例较大，为11.03%，这与先前研究得出的结果相似，人们在旅游过程中会对死者和黑色事件的受害者表达沉思、哀伤和悲痛。此外，愤怒情绪和厌恶情绪在情感形象感知中也有所体现，分别占总情绪的7.80%和3.81%，在一定程度上反映了人们的复杂情感。

在Plutchik情感轮模型中，确立了3种正面情绪，分别是期待、快乐和信任。其中期待情绪出现频数最多，占总情绪的13.32%，黑色旅游目的地可能因"黑色"而逐渐受到游客的关注和好奇。其次是快乐情绪，约占总情绪的12.01%，黑色旅游借助死亡观照的形式，能够让游客释放某种心理压力并获得认知、情感等方面的愉悦体验[25]。然后是信任情绪，约占总情绪的7.94%，相对而言较少。最后Plutchik情感轮模型中确立的中性情绪为惊讶，占总情绪的22.92%，说明惊讶是游客对北川地震遗址区的情感形象感知之一。

总的来说，参观北川地震遗址区的游客体验到的是一种混合的情感，包括害怕、悲伤、震惊和希望等，这些情感交织在一起，形成游客复杂而深刻的内心体验，这些丰富的情感体验有助于他们更好地认识和理解灾难、产生对自然的敬畏、感悟生命的可贵并激发他们对当下生活的珍爱。

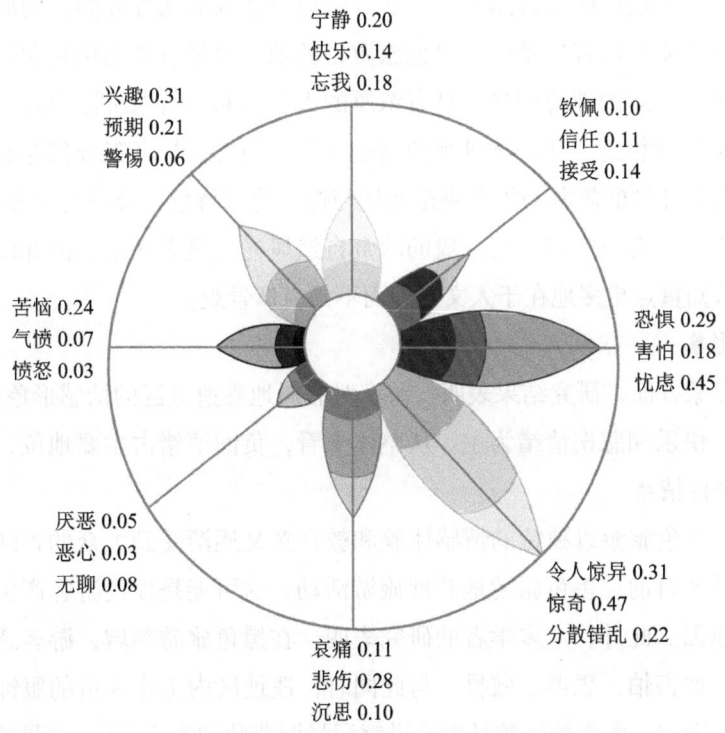

图2 情感维度的Plutchik可视化结果

(三）结果分析

1. 认知形象

在认知形象方面，研究结果表明，游客对北川地震遗址区的认知形象集中在人文景观，对自然景观和其他方面的事物关注较少。人文景观中又以城市风貌、基础设施、建筑物方面的景观最吸引游客，带给游客的认知印象最为深刻，这与遗址区实际情况关系紧密。2008 年 5 月 12 日，汶川大地震发生，北川遭受了巨大的人员伤亡和财产损失，地震后的废墟被完好地保留下来，成为一片仿佛被时间凝固的土地，向人们展示着地震发生时的历史瞬间。遗址区内随处可见倒塌的建筑物、扭曲的道路、破碎的桥梁，这种灾难型景观展现的强烈的视觉冲击，更易带给游客情感上的震撼和触动[26]，加深游客的认知形象感知。

此外，游客认知形象中还出现了纪念碑、雕塑、纪念符号等事物，据了解，在遗址区中有一些富有纪念意义的基础设施和标志性建筑物，如北川新县城新生纪念碑、定格于 14 时 28 分的时钟、"5·12"汶川特大地震纪念馆等[27]，用以表达对遇难者的哀悼和缅怀、对生命的尊重以及纪念和赞扬那些在地震救援行动中表现出的勇气和英雄主义。

游客较少关注遗址区的自然景观，这可能与遗址区的属性和游客的旅游动机关系密切。北川地震遗址区首先是一个黑色旅游目的地，也是重要的历史和纪念地点，承载着有关汶川大地震的独特记忆，具有浓厚的人文色彩。与遗址区内随处可见的、令人震撼的人文景观相比，其自然景观便略逊一筹。同时，学者王金伟等经研究得出游客对北川地震遗址区的旅游动机主要是缅怀与探寻地方特色、公益与科考教育[28]，更注重精神层面的思考与探讨，与一般的欣赏自然风光有显著区别，因此游客对北川地震遗址区的认知重点更多地在于人文景观而不是自然景观。

2. 情感形象

在情感形象方面，研究结果表明，游客对北川地震遗址区的情感形象感知以惊讶、害怕、期待、快乐和悲伤情绪为主。从整体来看，负面情绪占主要地位，正面情绪次之，最后是中性情绪。

近年来，黑色旅游以独特的情感体验和教育意义逐渐受到大众的青睐，越来越多的游客好奇并亲自前往黑色旅游地开展旅游活动，这可能是促使游客产生期待情绪和惊讶情绪的原因。此外，众多学者的研究表明，在黑色旅游领域，游客感受到的情感多呈负面性，如害怕、恐惧、敬畏。与此同时，遗址区内工作人员的服饰和交通工具的颜色以黑色为主，大多数旅游景观的讲解词强调悲壮和死亡[29]，容易渲染悲伤的氛围从而影响游客的情感形象感知。游客的心灵还可能会被遗址区内展示的感人事迹和英雄人物所触动，产生敬佩、赞赏等正面情绪。最后，党和国家灾后重建北川新县城的事迹令无数人动容,展现出强大的民族精神与集体力量,可能会激发游客产生强烈的民族自豪感与认同感,进一步让游客产生快乐、愉悦的情绪。上述种种也表明游客在游览黑色旅游地过程中体验到的是一种混合的情感,这些情感交织在一起,形成游客复杂而深刻的内心体验。

四、研究总结与建议

本研究以北川地震遗址区为研究对象,以游客生成的图片数据为数据源,探索黑色旅游目的地的感知形象,旨在帮助黑色旅游目的地更好地理解和满足游客需求,推动黑色旅游目的地的健康、可持续发展。

研究结果表明,北川地震遗址区的认知形象感知以人文景观为主,其中"城市风貌与基础设施""建筑物与架构"等被认为是重要的认知属性,是遗址区感知形象管理与提升的重要突破点。同时发现了"纪念空间、雕塑""纪念符号""历史事件和地方功能"这3个独特的黑色旅游目的地认知形象。北川地震遗址区的情感形象感知以负面情绪为主,需要合理把握游客的感知情感,有效结合认知形象与情感形象,采取有效措施促进游客产生积极、正面的情感形象感知以适当淡化"黑色",推动黑色旅游地持续健康发展。

通过汇总分析游客感知的认知形象和情感形象,本文得到游客关于北川地震遗址区的整体感知形象,并提出以下提升建议以供参考。

(一)保护北川地震遗址区的人文景观

遗址区内时常能看到建筑物周围杂草丛生、建筑风化严重、钢筋生锈、积水浸泡等现象,影响游客观感和体验。同时遗址区对损坏建筑、危险房屋的保护措施也不全面,只是简略地进行围挡、支撑加固等。因此,建议遗址区管理部门重视这些问题并及时采取有效措施加以整改,对地震遗址进行科学规划和保护,确保遗址的真实性和完整性,促进遗址区的长远发展。

(二)丰富北川地震遗址区的人文景观

北川作为全国唯一的羌族自治县[30],蕴含着深厚、悠久的羌族文化,可以将其作为遗址区内人文景观的特色认知属性来吸引广大游客,激发游客的好奇与期待。可以通过将羌族传统文化融入遗址区建筑的修缮中形成独特的建筑符号,将羌族传统文化融入遗址区旅游市场开发和特色旅游产品的设计之中生成特色旅游文化元素等一系列措施,增强游客的参与度和体验感,促进当地文化与旅游的深度融合。

(三)强化北川地震遗址区的纪念性和纪念形象

黑色旅游开发,首先应避免"苦难"的商品化、庸俗化和娱乐化,突出纪念、公益和教育主题[31]。通过打造独特的、富有意义的纪念雕像、纪念碑等,创建有形的

（回忆录、纪念册、冰箱贴、帆布包等文创产品）或无形的（仪式、表演）纪念符号和标志，加深北川地震遗址区的纪念性和纪念形象。

（四）强化北川地震遗址区的教育功能

黑色旅游区别于基于娱乐的普通旅游，其价值体现在科考教育、精神恢复、心灵抚慰等多个方面[31]。游客在遗址区内接受着各种教育，包括"生"的教育、"死"的教育、道德教育等[32]，同时教育也是激发游客前往遗址区的主要动机之一。可进一步强化遗址区的教育功能，满足游客受教育的需求与动机，促进游客更好地认识和理解自然灾难、感悟生命的可贵、激发对当下生活的珍爱，同时更好地产生对国家、民族的认同感与自豪感，让游客对北川地震遗址区消极、负面的情感体验消弭于积极向上、富于希望的洪流。

（五）开展多渠道、平台的宣传工作

由于遗址区目前在形象打造、传播方面的效果一般，导致大部分游客对遗址区的感知较低。遗址区管理部门可以借助新闻媒体和网络平台，开展多渠道、多平台的宣传工作，把握每年5月12日"防灾减灾日"等时机，开展线上、线下相结合的防灾减灾教育，打造遗址区良好形象，更好地促进游客产生积极、正面的情感形象感知。

参考文献：

[1] FOLEY M, LENNON J. JFK and dark tourism: a fascination with assassination [J]. International Journal of Heritage Studies, 1996, 2 (4): 198-211.

[2] SEATON A V. Guided by the dark: from thanatopsis to thana tourism [J]. International Journal of Heritage Studies, 1996 (2): 234-244.

[3] BLOM T. Morbid tourism: a postmodern market niche with an example from Althorpe [J]. Nonegian Journal of Geography, 2000, 54: 29-36.

[4] 王金伟，陈胜容，郑春晖，等. 黑色旅游学术研究的国际化与本土化——"黑色旅游研究青年学者对话"实录 [J]. 旅游论坛, 2021, 14 (1): 10-26.

[5] 刘丹萍，保继刚. 窥视欲、影像记忆与自我认同：西方学界关于旅游者摄影行为研究之透视 [J]. 旅游学刊, 2006, 21 (4): 88-93.

[6] 王金伟，段冰杰. Dark Tourism 学术研究：进展与展望 [J]. 旅游科学, 2021, 35 (5): 81-103.

[7] 颜丙金，刘俊，黄艳娴. 黑色旅游游客体验及其类型差异性研究 [J]. 旅游导刊, 2020, 4 (6): 75-90.

[8] HUNT J D. Image: a factor in tourism [D]. Fort Collins: Colorado State University, 1971.

［9］CROMPTON J L. An assessment of the image of Mexico as a vacation destination and the influence of geographical location upon that image［J］. Journal of Travel Research, 1979, 17（4）: 18-23.

［10］GARTNER W C. Image formation process［J］. Journal of Travel & Tourism Marketing, 1994, 2（2-3）: 191-216.

［11］李蕾蕾. 人—人感知系统：旅游地形象设计新领域［J］. 人文地理, 1999（4）: 10-14.

［12］杨永德, 白丽明, 苏振. 旅游目的地形象的结构化与非结构化比较研究：以阳朔旅游形象测量分析为例［J］. 旅游学刊, 2007, 22（4）: 53-57.

［13］QIAN L, ZHENG C, WANG J, et al. Dark tourism destinations: the relation ships between tourists' on-site experience, destination image and behavioural intention［J］. Tourism Review, 2021, 77（2）: 607-621.

［14］柴海燕, 王璐, 王思远. 基于UGC文本数据分析的黑色旅游目的地形象感知研究［J］. 国土资源科技管理, 2020, 37（3）: 101-115.

［15］王金伟, 杨佳旭, 郑春晖, 等. 黑色旅游地游客动机对目的地形象的影响研究——以北川地震遗址区为例［J］. 旅游学刊, 2019, 34（9）: 114-126.

［16］段锐, 邹统钎, 梁未哲. 大数据环境下的旅游目的地形象研究综述：数据、方法和技术［J］. 旅游导刊, 2023, 7（5）: 66-93.

［17］张坤, 李春林, 张津沂. 基于图片大数据的入境游客感知和行为演变研究——以北京市为例［J］. 旅游学刊, 2020, 35（8）: 61-70.

［18］HUNTER W C. The social construction of tourism online destination image: a comparative semiotic analysis of the visual representation of Seoul［J］. Tourism Management, 2016（54）: 221-229.

［19］范梦余, 张辉, 陈怡宁. 内蒙古视觉旅游形象的时空感知研究——基于DeepSentiBank的地理标记照片分析［J］. 干旱区资源与环境, 2020, 34（10）: 194-200.

［20］CHEN T, BORTH D, DARRELL T, et al. DeepSentiBank: visual sentiment concept classification with deep convolutional neural networks［J］. CORR, 2014, abs/1410.8586.

［21］LIGHT D. Progress in dark tourism and thanatourism research: an uneasy relationship with heritage tourism［J］. Tourism Management, 2017（61）: 275-301.

［22］LILI Q, JUNCHENG G, HANQIN Q, et al. Exploring destination image of dark tourism via analyzing user generated photos: a deep learning approach［J］. Tourism

Management Perspectives，2023，48.

［23］TINSON S R. Exploring the role of dark tourism in the creation of national identity of young Americans［J］. Journal of Marketing Management，2015，31（7-8）：856-880.

［24］OREN G，SHANI A，PORIA Y. Dialectical emotions in a dark heritage site：a study at the Auschwitz Death Camp［J］. Tourism Management，2021，82.

［25］谢彦君，孙佼佼，卫银栋.论黑色旅游的愉悦性：一种体验视角下的死亡观照［J］.旅游学刊，2015，30（3）：86-94.

［26］颜丙金，张捷，李莉，等.自然灾害型景观游客体验的感知差异分析［J］.资源科学，2016，38（8）：1465-1475.

［27］黄悦，唐嘉耀，王雅晨，等.旅游凝视下汶川地震重灾区黑色旅游意象元素分析——以绵竹汉旺地震遗址为例［J］.特区经济，2021，（6）：115-119.

［28］王金伟，张赛茵.灾害纪念地的黑色旅游者：动机、类型化及其差异——以北川地震遗址区为例［J］.地理研究，2016，35（8）：1576-1588.

［29］吴春涛，李熙，段金莉.自然灾害旅游目的地的开发、管理和发展——以四川北川羌城旅游区为例［J］.地域研究与开发，2016，35（3）：81-85.

［30］柳柚伊，卢丹，龚铃.基于游客感知形象差异的北川旅游形象提升策略研究［J］.旅游纵览（下半月），2019（14）：68-70.

［31］王金伟，王士君.黑色旅游发展动力机制及"共生"模式研究——以汶川8.0级地震后的四川为例［J］.经济地理，2010，30（2）：339-344.

［32］李寅盈."5·12"汶川地震遗址和纪念场所语言景观研究［D］.武汉：江汉大学，2023.

（指导教师：马桂真，北京联合大学旅游学院旅游实践教学中心）

北京市博物馆智慧导览系统应用研究

韩 淇[*]

[摘　要] 随着科技的迅猛进步，智能化已逐渐成为现代生活不可或缺的一部分。其中，智慧导览系统作为智慧旅游的重要组成部分，其在博物馆领域的应用受到广泛关注。国家自然博物馆作为国家一级博物馆、全国科普教育基地，如果能够凭借优秀的智慧导览系统吸引越来越多的游客，不仅有助于提升游客的参观体验，更能有效发挥其文化价值，推动相关产业的发展，进而促进经济的繁荣。目前，该博物馆已经引入了多种智慧导览系统，这些系统在一定程度上为游客提供了更加便捷和生动的参观体验。然而，在实际应用过程中，仍存在着一些问题和挑战。本文梳理了国家自然博物馆现有的智慧导览系统类型，调查了其在实际应用中的现状，并通过文献查阅了解国内外智慧旅游、智慧导览系统在博物馆中应用的现状和存在的问题，并分析了游客对国家自然博物馆中智慧导览系统的使用感受。基于上述调研结果，本文提出了一系列的优化建议，以满足游客需求、提升客户体验与满意度，以期博物馆在未来可为游客提供更加优质、便捷的参观体验。

[关键词] 国家自然博物馆；智慧导览系统；优化建议

一、绪论

（一）研究背景

博物馆作为历史文化传承和教育的重要载体，其参观体验和服务质量也受到了越来越多的关注。因此，为了更好适应新的社会需求和发展潮流，其服务模式和展示方式也在不断改进。在此背景下，智慧导览系统应运而生，为来博物馆参观的游客提供了更加便捷、个性化的导览服务。

目前，我国数字化建设进程不断加快，为博物馆的发展带来了新的挑战和机遇[1]。以国家自然博物馆为例，作为中国最大的自然科学类博物馆，馆内藏品丰富，是科普

---

* 韩淇，本科就读于北京联合大学旅游学院旅游管理系，研究生就读于英国伯明翰大学。

教育和科研的重要基地。然而由于展品数量众多，游客往往难以在短时间内全面了解和欣赏所有的展品。但景区智慧导览系统可以通过互联网、大数据等技术，为游客提供导览信息，便于游客更加快速地找到他们感兴趣的展品，可以帮助其提高参观的效率，获得更好的体验。

与此同时，智慧导览系统还可以通过收集和分析参观者的行为数据，了解游客参观习惯和偏好，从而优化展品布局和服务流程，提高博物馆的运营效率和服务质量。此外，智慧导览系统还可以与社交媒体、电子商务等平台进行整合，实现线上线下的互动和服务，从而扩大博物馆的影响力和吸引力。

（二）研究意义

国家大力支持智慧旅游发展以及智慧景区的建设，智慧导览系统作为博物馆文化传播的重要媒介也在不断地优化。然而，当前博物馆的智慧导览很多在设计上并未着重考虑游客的真实需求以及使用感受，缺乏互动和个性化，易给人带来千篇一律的旅游体验，不利于提升游客的满意度，无形中降低了客户黏性。

因此，优化智慧导览系统对促进博物馆发展有着重要的意义。从智慧旅游角度来说，首先，可以推动博物馆导览系统的智能化发展，提升导览系统的服务质量和效率。其次，可以为博物馆导览理论提供新的研究视角和方法，丰富和完善博物馆导览的理论体系。再次，有助于推动博物馆信息化的发展，实现博物馆的数字化、网络化和智能化，同时可以实现对文化遗产的数字化保护和传承。从游客的角度来讲，智慧导览系统可以提供更加便捷、个性化的导览服务，提升游客的参观体验。最后，智慧导览系统可以提供丰富的互动和分享功能，促进博物馆文化传播的同时也能让游客感受到更加有趣的参观形式。

综上所述，本文从游客需求角度出发，探究游客对于智慧导览系统的真实感受以及未来展望，有助于博物馆针对性地改善不足，为游客提供更加方便有趣的导览服务。

二、国内外文献综述

（一）"智慧旅游"的概念

自2009年国务院印发《关于加快发展旅游业的意见》，旅游业开始寻找一种新的、以信息化为基础的旅游产业系统和服务管理模式。基于此背景，"智慧旅游"这一概念应时而生。近年来，随着国家相关政策的出台，"智慧旅游"已经成为未来旅游业发展的主要方向之一，成为旅游学者研究的热门话题。

关于"智慧旅游"的概念，国内的学者们也分别给出了不同的定义。表1中列举5个关于"智慧旅游"的概念。刘军林、范云峰（2011）[2]的定义可以简要地被概括为"一心、两端、三网"，金卫东（2012）[3]注重智慧服务，张凌云、黎嵘、刘敏（2012）

的定义更多的是描述智慧旅游的应用情境[4],付业勤、郑向敏(2013)[5]所总结的定义侧重于游客体验论,而李云鹏、胡中州、黄超等(2014)[6]认为基于游客个体特殊需求而主动提供的旅游信息服务才算是智慧旅游。虽然有的定义可能不够全面或者解读不够准确,但也能体现出学者基于时代背景以及智慧旅游的发展不断地丰富修订智慧旅游的概念,为未来的学者提供了更加准确的理论支持。

表1 "智慧旅游"概念

来源	概念
刘军林、范云峰(2011)	智慧旅游系统(ITS)是智慧旅游的技术支撑体,以在线服务为基础,通过云计算中心海量信息的存储和智能运算服务的提供,以满足服务端和使用端便捷处理掌控旅游综合信息的需求
金卫东(2012)	智慧旅游是以物联网、云计算等高科技为支撑,通过智能手机、电脑、触摸屏等多种服务终端,为广大民众和旅游企业、旅游管理部门提供各类旅游公共服务的综合应用平台
张凌云、黎巎、刘敏(2012)	智慧旅游是基于新一代信息技术(也称信息通信技术,ICT)为满足游客个性化需求,提供高品质、高满意度服务,从而实现旅游资源及社会资源的共享与有效利用的系统化、集约化的管理变革
付业勤、郑向敏(2013)	智慧旅游是一种融合最新科技成果,以游客自主体验为核心,以全方位、一体化的旅游行业信息管理服务活动为基础,服务于游客、旅游企业、目的地政府的全新旅游发展理念与运营方式
李云鹏、胡中州、黄超等(2014)	智慧旅游是游客个体在旅游活动过程中所接受的泛在化(Ubiquitous)的旅游信息服务

当智慧旅游在我国飞速发展的同时,国外很多国家对这一概念依旧陌生。纳拉姆斯基(Naramski M,2020)表示目前智慧旅游对波兰来说还是一个很模糊的概念,其主要观光形式仍以传统游览为主[7]。但也有部分地区,在疫情期间发展了虚拟旅游。阿尼策(Anita)等通过研究提出游客通过虚拟项目参观进行娱乐活动时会感到更安全、更加愉快[8]。总的来说,与中国相比,其他国家的智慧旅游发展较为缓慢,目前主要的项目为虚拟参观,种类较单一,覆盖范围较狭窄。

(二)游客需求理论

对于旅游行业来说,游客在旅游的过程中存在着不同层次的需要。从马斯洛需求层次看游客的旅游动机,我们就会发现,游客的行为动力,一般会超越基本的生理需要和安全需要这两个层次。通过旅游,人们获得某种归属和认同,赢得别人的尊重和认可。同时,旅游不仅是获得审美享受、增长见识的机会和途径,也是发现自我、变现自我和实现自我的一种方式[9]。因此,景区的管理者和建设者以及旅游产品的设计者等都要对不同人群的旅游需求加以重视,只有更好地满足消费者的需求,旅游业才能实现更好的发展[10]。

(三)博物馆智慧导览系统应用

博物馆作为不同文化汇集的殿堂,其收藏的藏品以及承载的历史,早已超越了时间和空间的界限,成为全人类共同拥有的财富。在数字化时代,博物馆也紧跟时代的脚步,将信息化与传统博物馆结合,形成了智慧博物馆这一新形态。其三种应用模式分别为智慧服务、智慧保护、智慧管理[11]。王春法(2020)在《关于智慧博物馆建设的若干思考》中提出,智慧博物馆要实现的功能主要包括:智慧管理、智慧保护、智慧展示、智慧服务4个方面[12]。对于游客来说,最关注的焦点就是景区服务,希望景区提供更加完善、便利的服务设施和服务体系[13]。因此,智慧导览系统作为景区智慧服务的重要媒介,对影响游客的旅游满意度起着至关重要的作用。也有学者通过研究得出智慧旅游技术可为博物馆参观者创造难忘的旅游体验,并有助于增加参观者的重访意向和向他人积极推荐意愿[14]。同时,李丹(2022)也表示游客对智慧导览系统的行为意向直接影响其应用效果,也会间接影响景区的智慧化发展程度[1]。

目前,智慧导览系统作为智慧博物馆建设中的重要组成部分,以其强烈的趣味性、互动性和高可视性的特点,给博物馆展示带来了新的生机[1]。市场上常见的智慧导览可以分成以下4个部分:基于音频、视频导览;全景照片导览;全景视频导览;基于计算机仿真技术导览[2]。吴彬和姚菲(2021)指出音频、视频导览普遍存在着内容量大但重点不突出的问题,不足以吸引观众[15],同时这种单向输出的讲解方式,缺乏互动性,较为枯燥无聊,并不能很好地体现智慧博物馆这一特点。相比之下,基于计算机仿真技术的导览可以更好地提升游客对展品的观察力以及专注力。比如赛勒斯(Sylaiou S)、马尼亚(Mania K)、卡罗卢斯(Karoulis A)等曾在文章中指出游客游览时感受到的快乐与 AR、VR 物体的存在之间存在显著的正相关[16]。同时,朱叶(2023)提出 AR 导览系统可以推出一种基于用户偏好的导航模式,并在此基础上加入相应的虚拟信息,从而提升用户的旅游体验[3]。

近年来,我国不断致力于提高智慧导览系统的功能与服务,目前国内博物馆中智慧导览系统开发与应用呈现主要有以下几个特点:免费导览和收费导览共存;通过新技术提升观众体验,导览功能更加丰富;博物馆与社会机构的合作方式更加灵活多样[17]。虽然与传统的人工导览相比,它有着人工导游不可比拟的优点,但也有着令人无法忽视的缺点。很多学者提出了目前我国智慧导览系统在博物馆应用中存在的问题,如导览方式多而不精、设计不够美观、更新不够及时[18]、不设用户年龄群体区分、智慧化程度低、语种较少、以中文为主等[19]。所以,为适应时代的发展,我们也需要及时对旅游导览进行更新,力求为游客提供更加智能化和个性化的服务[20]。为了实现智慧博物馆的全面建设目标,在项目的设计阶段,相关工作人员必须严格遵循以下原则:确保标准的规范性、追求技术的先进性、坚持系统的开放性、维护系统的完整性、保障系统的稳定性以及确保系统的可恢复性。这些原则将共同指导并推动智慧博物馆项目的成功实施。[2]在设计时应以人性化为基准，满足观众的多样化需求；创新应用各种技术手段等[21]；扩展导览内容，加强系统后台数据的整合[4]。

三、研究方法

（一）文献分析法

通过文献搜索共筛选出时间段为2010~2023年的412篇文献。通过阅读文献，梳理了智慧旅游以及游客需求理论的发展历程，总结了博物馆智慧导览系统的现状及存在的问题，以此为基础，确定本文的题目和研究方向，找到适合本次研究的方法和思路。

（二）市场调查法

1. 实地调研法

本文通过对国家自然博物馆进行实地调研，通过观察国家自然博物馆中智慧导览系统的使用情况、体验智慧导览系统的功能、访谈国家自然博物馆中的工作人员及游客、搜集实物资料等方式，了解馆内智慧导览系统的使用情况、游客的反馈，以及从业者对国家自然博物馆智慧导览系统的感知与期望，分析国家自然博物馆内智慧旅游资源、实际应用的现状及问题、游客的使用感受，获取真实的第一手资料。

2. 问卷调查法

采用线上线下结合的发放形式，预计发放100份左右问卷，最后依据回收的有效问卷进行数据分析。

3. 统计分析法

运用SPSS统计分析软件对问卷数据进行统计、分析内部相关性，根据不同群体的感知和期望进行分析。

四、国家自然博物馆智慧旅游导览系统分析

（一）国家自然博物馆概况

2023年1月，"北京自然博物馆"正式获批更名为"国家自然博物馆"，此举标志着我国自然博物馆事业迈向新的征程。[1]

国家自然博物馆是中国唯一的国家级、综合性自然博物馆，代表国家保护、研究、收藏、阐释和展示自然物以及人类社会发展过程中具有历史、科学和艺术价值的自然遗产。

馆内设有古爬行动物、恐龙公园、古哺乳动物、植物世界、神奇的非洲等展厅，藏品总数共计40.16万件。

（二）国家自然博物馆智慧旅游导览系统概况

1. 微信公众号

国家自然博物馆微信公众号中的预约服务和虚拟展厅可提供部分智慧导览功能。其中虚拟展厅可以看到云端自然、神奇的非洲、植物世界3个板块，见图1。虚拟展厅均可通过点击地面图标进行移动，点击展品上的立方体图标则可看到对应的展品图片讲解或者视频讲解。3个网页中均有展品档案和特色展项两个板块，可以帮助游客更加细致、全面地了解展品，而神奇的非洲、植物世界作为国家自然博物馆虚拟展厅2.0版本，新增了互动和弹幕板块，可以让线上参观的游客们互相交流，也能更好地收集游客的使用感受反馈。

图1 国家自然博物馆微信公众号虚拟展厅

2. 语音讲解器

博物馆提供自助语音导览设备，供游客租借，押金200元，租金20元，前10分钟可免费试用。语音导览提供中、英、日、韩4种语言。游客佩戴好语音讲解器走进展厅、靠近展品时，耳机便会自动播放对应展品的讲解，见图2。

图 2　国家自然博物馆语音讲解器（笔者拍摄）

3. 智能参观导览屏

馆内设置有智能参观导览屏，其功能包括虚拟漫游和智能导览两个部分。其中虚拟漫游部分有着更加全面的展厅，而智能导览部分不光有展馆地图总览还有各层的具体展厅分布，同时还有智能推荐板块，可根据预期时长选择线路，见图3。

图 3　国家自然博物馆智能参观导览屏（笔者拍摄）

4. AR 相机导览

AR 相机导览是一款手持的类似于相机的智慧导览系统。游客可在大厅自助 AR 相机导览设备上租用，押金 200 元，租金 48 元，前 10 分钟可免费试用。AR 相机中有地图板块，可供游客查看位于馆内的 AR 相机导览点位，点位对应的地面有地贴。游客在游览时，找到点位地贴，举起相机对准展品，相机即可弹出对应展品的讲解视频。

同时AR相机导览产品兼顾了拍照功能，游客可以通过AR相机进行打卡留念，同时可以与AR动物进行合影。在游览结束后，可以在F1层中厅的照片打印机中免费冲洗一张照片，见图4。

图4　国家自然博物馆AR相机导览（笔者拍摄）

5. AR智能导览眼镜

2023年11月1日，国家自然博物馆携手宽阔科技推出的AR智能导览眼镜正式上线。AR智能导览眼镜租借点位于F1层大厅前的走廊左侧区域，租金为68元/副。AR智能导览眼镜由主机和眼镜两部分组成。国家自然博物馆中共有AR点位40处，游客可以根据导览手册指引寻找地贴，找到地贴之后可选择两种方式触发影片播放：第一种说出地贴上数字；第二种站立在地贴后方，面对展品，自动识别。影片播放时可语音控制视频的播放暂停和音量，见图5。

图5　国家自然博物馆AR智能导览眼镜（笔者拍摄）

（三）国家自然博物馆智慧旅游导览系统应用情况

1. 导览信息展示形式多样化

在科技飞速发展的今天，国家自然博物馆也在智慧导览系统方面不断地发展创新，其智慧导览系统已经从单一的语音讲解逐渐演变成图片、视频，甚至是 AR 展示，在使用过程中也增添了更多的互动性，让游客可以更深入、更沉浸地了解馆内展品。

2. 定位和导航

传统的语音讲解器无法为游客带来定位和导航系统，游客还需根据馆内提供的纸质导览手册、指示牌或者展馆平面分布图进行定位和导航。AR 相机自带的地图，由于其能够随身携带，所以在查看各展厅分布时较为方便，但同样不具备导航功能。AR 智能导览眼镜则仅用于沉浸式参观博物馆，并不具备定位和导航功能。

3. 展品的检索

语音讲解器使用说明中提到可以通过输入展品的编码检索对应的展品，然而在实际使用中可以发现展品周围并未标有编码，仅有靠近时通过感应才能播放对应的展品讲解。而且 AR 相机和 AR 智能导览眼镜只能根据对应的 AR 点位图找到智慧导览系统所提供讲解的展品。

五、国家自然博物馆智慧旅游导览系统应用调研与分析

（一）调研设计

1. 调研目的

调研旨在了解国家自然博物馆目前智慧导览系统应用情况、游客使用感受及看法、游客游览需求、使用过程中存在的问题以及相应的优化对策。根据国家自然博物馆调研结果的数据统计分析，从而确定本研究方案的可操作性。调研的方式主要采取实地调研法和问卷调查法，实地调研的访谈对象是游客和景区管理人员，问卷调查对象主要针对国家自然博物馆的各类游客。

2. 实地调研访谈设计与调查问卷设计

（1）实地调研访谈设计。

话题围绕"关于国家自然博物馆导览现状及智能导览系统建设的访谈"展开，此次访谈对象为游客和国家自然博物馆管理人员。本次访谈围绕以下 3 个问题设计：

您需要国家自然博物馆智能导览系统具备什么功能？

现阶段国家自然博物馆在导览服务上存在哪些问题和不足？

您对国家自然博物馆智能导览系统有什么建议？

（2）调查问卷设计。

问卷主要由 4 个方面的问题构成：一是对国家自然博物馆智慧导览系统使用的感

受及看法；二是游客需求；三是问题与建议；四是游客的基本信息。本调查过程均采用匿名调研，确保游客个人信息安全。

3. 调研实施

（1）访谈的实施。

2024年3月17日为访谈期，此次访谈对象共计4人，游客3名、国家自然博物馆负责AR智能导览眼镜工作人员1名。选择的3名游客分别为正在使用语音讲解器、AR导览相机和AR智能导览眼镜的游客代表，负责AR智能导览眼镜工作人员则是作为全馆与智慧导览系统接触最为密切的工作人员，对国家自然博物馆所提供的智慧导览服务有着较深了解。整个访谈过程轻松愉悦、严谨有序，有效保证了访谈效率。

（2）问卷的调研。

2024年3月9日至17日为问卷的调研期，采用实地发放的方式有序展开调研。在问卷调研期间3次前往国家自然博物馆发放问卷共80份并当场收回，同时线上发放问卷40份。本次问卷调查共发放120份，实际回收120份，调研回收率达100%，有效的调查问卷113份，有效率达94.17%。

（二）数据统计与分析

1. 基本信息

利用数据统计平台SPSS对调查结果进行分析，汇总问卷调研对象的人口统计学特征（见表2）。根据上述游客的基本信息可以看出，国家自然博物馆为大众类旅游景区，具备一定的旅游吸引力，在游客数量上有保障。

表2 调研对象的人口统计学量表

调查项目	类别	人数（人）	占比（%）
性别	女	61	53.98
	男	52	46.02
年龄	18岁及以下	2	1.77
	19~25岁	43	38.05
	26~35岁	35	30.97
	36~45岁	22	19.47
	46~60岁	8	7.08
	61岁及以上	3	2.65

续表

调查项目	类别	人数（人）	占比（%）
受教育程度	高中及以下	7	6.19
	专科	14	12.39
	本科	70	74.47
	硕士及以上	22	19.47
职业	政府或事业单位工作人员	11	9.73
	企业员工	35	30.97
	专业技术人员（教师、医生、工程师等）	14	12.39
	学生	40	35.40
	无业	5	4.42
	其他	8	7.08
工作或所在的城市	一线城市	84	74.34
	二线城市	19	16.81
	三线城市	8	7.08
	四线城市及四线以下	2	1.77

2. 游客使用国家自然博物馆智慧导览系统概况

通过图6可以看出，绝大部分人使用过国家自然博物馆的智慧导览系统，并且使用过不止一种导览工具。其中使用过国家自然博物馆的各类智慧导览设备的人群占比最高，达到了74.47%，国家自然博物馆公众号和官网的使用量紧随其后，分别占比为46.81%和7.08%。可见人们在游览过程中普遍愿意使用智慧导览系统以获得更好的游览体验。

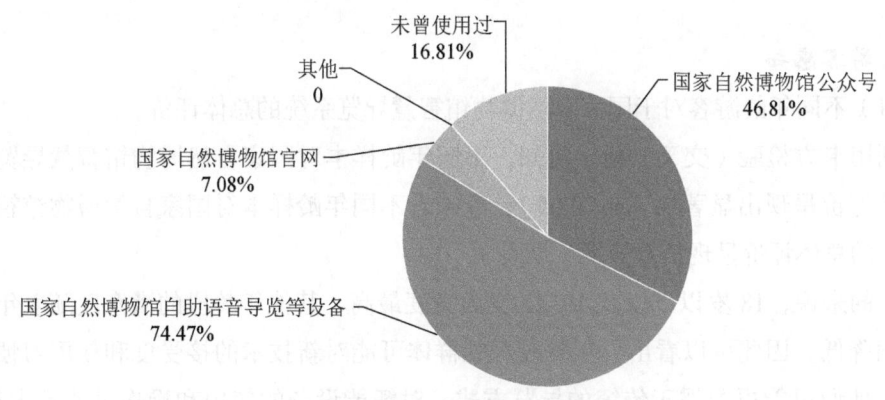

图6 受访者曾使用过的智慧导览系统类型

对于剩下16.81%的游客来说，他们未曾使用过任何的智慧导览系统，主要原因如下（见图7）：认为国家自然博物馆的智慧导览系统没有用（42.11%）、不会用国家自然博物馆的智慧导览系统（31.58%）以及占比高达47.37%的其他。根据收集到的填空数据可以总结出选择"其他"的游客普遍认为自己在游览过程中不需要或者说不想使用智慧导览系统。根据上述理由占比可以看出，国家自然博物馆智慧导览系统宣传工作做得很好，但在馆内智慧导览系统在设计上还有待优化，以提升游客的使用率。

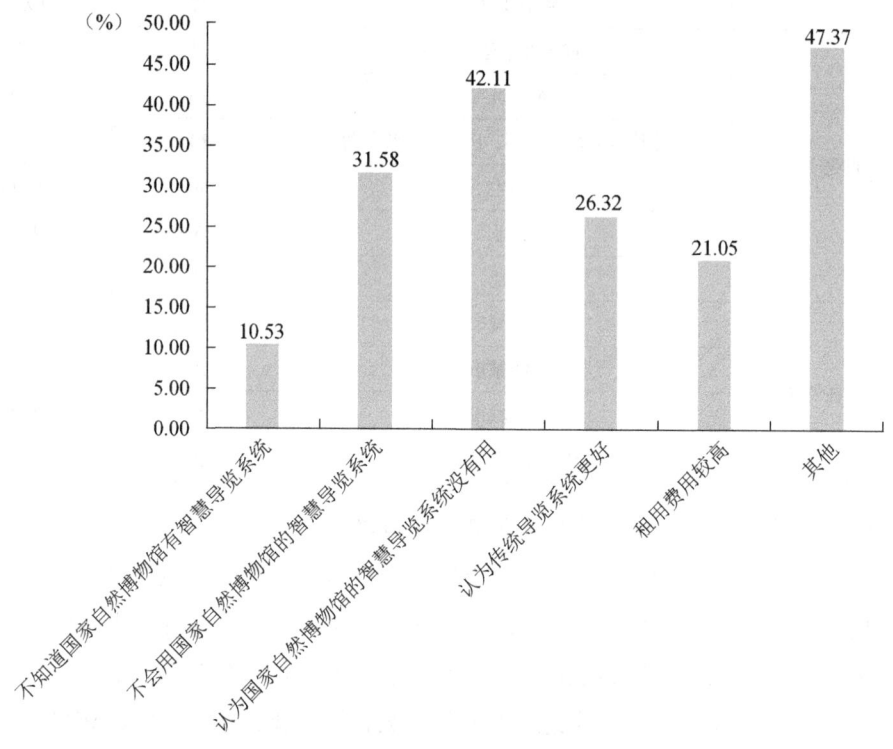

图7 未曾使用过智慧导览系统的理由

3. 游客感知

（1）不同年龄游客对于国家自然博物馆智慧导览系统的总体评价。

利用卡方检验（交叉分析）可知，不同年龄样本对国家自然博物馆智慧导览系统的总体评价呈现出显著性（$p<0.05$），意味着不同年龄样本对国家自然博物馆智慧导览系统的总体评价呈现出差异性。见表3。

总的来说，18岁以下以及19~25岁满意度最高，其他年龄段的满意度随着年龄的增长而降低。因此可以看出，年龄较大的群体可能对新技术的接受度和使用习惯相对较弱。他们可能更习惯于传统的导览方式，对智能设备的使用和操作可能不太熟悉。随着年龄的增长，部分老年人的视力、听力以及手指的灵活度可能会有所下降，这可能会影响到他们使用智慧导览系统的效果。再者，智慧导览系统的内容设计和交互方式可能也未能充分考虑到老年人的需求和习惯。比如，系统的字体大小、颜色对比度、语音语速等可能未能适应老年人的视觉和听觉特点，导致他们在使用过程中感到不便或困扰。这些问题在一定程度上影响了他们对智慧导览系统的接受度和满意度。

表3 受教育程度与总体评价的交叉（卡方）分析结果

题目	名称	您的年龄						总计	χ^2	p
		18岁及以下	19~25岁	26~35岁	36~45岁	46~60岁	61岁及以上			
对国家自然博物馆智慧导览系统的总体评价	不满意	0.00%	0.00%	0.00%	5.56%	20.00%	0.00%	2.13%	27.004	0.029*
	一般	0.00%	13.51%	25.81%	33.33%	0.00%	100.00%	21.28%		
	满意	0.00%	54.05%	38.71%	44.44%	80.00%	0.00%	46.81%		
	很满意	100.00%	32.43%	35.48%	16.67%	0.00%	0.00%	29.79%		
总计		2	37	31	18	5	1	94		

* p<0.05 ** p<0.01

（2）不同受教育程度游客对于国家自然博物馆智慧导览系统的总体评价。

利用卡方检验（交叉分析）可知，不同的受教育程度样本对国家自然博物馆智慧导览系统的总体评价呈现出显著性（p<0.05），意味着不同的受教育程度样本对国家自然博物馆智慧导览系统的总体评价呈现出差异性。见表4。

根据数据可知，硕士研究生及以上学历水平的游客对于国家自然博物馆智慧导览系统的满意度最高，高中及以下学历的游客满意度最低。研究生及以上学历的人群通常具备较高的文化素养和学习能力，他们对于博物馆的文化内涵和展览内容往往有更深入的了解和期待，以至他们对导览系统的要求也相对较高。智慧导览系统能够提供丰富、深入的展览信息，满足他们对知识的渴求和对高品质导览服务的期待，从而提升他们的满意度。

表4 受教育程度与总体评价的交叉（卡方）分析结果

题目	名称	您的受教育程度				总计	χ^2	p
		高中及以下	专科	大学本科	硕士研究生及以上			
对国家自然博物馆智慧导览系统的总体评价	不满意	20.00%	0.00%	1.72%	0.00%	2.13%	33.774	0.000**
	一般	60.00%	18.18%	20.69%	15.00%	21.28%		
	满意	20.00%	54.55%	58.62%	15.00%	46.81%		
	很满意	0.00%	27.27%	18.97%	70.00%	29.79%		
总计		5	11	58	20	94		

* p<0.05 ** p<0.01

（3）不同性别游客对国家自然博物馆智慧导览系统各部分评价。

通过 SPSS 分析（表5）可知，目前馆内现存的几种智慧导览系统中，语音讲解器凭借其优惠的价格，较全面的讲解成为游客满意度最高的产品（4.096），紧随其后的是 AR 智慧导览设备（AR 相机、AR 智能导览眼镜），其以新兴的技术、有趣的讲解获得满意度第二（4.021），两者均达到满意以上的程度，而游客对国家自然博物馆公众号和官网的满意度平均值分别为 3.968 和 3.809。

其中男生对国家自然博物馆微信公众号的满意程度高于女生，其余三个部分女生的满意度均高于男生。可见，不同性别对于馆内各部分的智慧导览系统使用感受也有区别。

表5 性别与国家自然博物馆智慧导览系统各部分评价分析结果

分类汇总分析结果—基础指标（平均值）			
标题	您的性别		汇总
	男	女	
国家自然博物馆公众号	4.043	3.896	3.968
国家自然博物馆官网	3.652	3.958	3.809
语言讲解器	4.065	4.125	4.096
AR 智慧导览设备（AR 相机、AR 智能导览眼镜）	3.978	4.063	4.021

（4）游客对国家自然博物馆智慧导览系统有用性的感知。

通过 SPSS 分析（表6）可知，对于使用过国家自然博物馆智慧导览系统的游客来讲，他们对于智慧导览系统提升旅游效率的满意度最低（3.80），而对于智慧导览提升旅游体验的满意度最高（4.00），达到满意水平。同时3个数据的标准偏差都较小，可见游客对于这3个部分的评分均靠近平均值，也就是说游客对于有用性的感知较为相似。

表6 游客对国家自然博物馆智慧导览系统有用性的感知

项目	智慧导览系统能够为我提供所需的信息	智慧导览系统能够提升我的旅游效率	智慧导览系统能够提升我的旅游体验
平均值	3.97	3.80	4.00
个案数	94	94	94
标准偏差	0.897	0.862	0.830

（5）游客对国家自然博物馆智慧导览系统便利性的感知。

通过 SPSS 分析（表7）可知，游客对于借助智慧导览系统能很容易完成想要做的事的满意度较高(3.97),且标准偏差较低(0.909),因此可以得出游客在使用智慧导览系统的过程中能够较好满足自己的需求,且大家对于这个问题的满意度较为集中;反之,从数值上来看,游客认为智慧导览系统操作起来并不十分简单,稍有难度。

表7 游客对国家自然博物馆智慧导览系统使用便利性的感知报告

项目	国家自然博物馆智慧导览系统比较简单、容易操作	借助景区智慧导览系统我能很容易完成想要做的事
平均值	3.85	3.97
个案数	94	94
标准偏差	0.972	0.909

(6)游客对国家自然博物馆智慧导览系统有趣性的感知。

通过SPSS分析(表8)可知,游客对于有趣性的感知较为相似,无论功能是否有趣,还是智慧导览系统是否新奇,抑或使用过程是否享受,大家满意度的平均值均为3.90。

表8 游客对国家自然博物馆智慧导览系统有趣性的感知

项目	景区智慧导览系统有很多功能比较有趣	使用景区智慧导览系统对我来说新奇有趣	使用景区智慧导览系统的过程很享受
平均值	3.90	3.86	3.91
个案数	94	94	94
标准偏差	0.817	0.923	0.863

(7)游客对国家自然博物馆智慧导览系统信任程度的感知。

通过SPSS分析(表9)可知,5个方面中,游客选出的信任程度最低的是智慧导览系统宣传是否与实际使用相符,平均得分为3.80,而景区智慧导览系统是否能够提供所需信息的评分也偏低(3.87)。游客对智慧导览系统上提供的信息是否真实准确的信任程度最高,平均值为4.17。总体来讲,游客对国家自然博物馆智慧导览系统的信任程度整体偏高。

这几个表格(表6、表7、表8、表9)展示了游客对智慧导览系统有用性、便利性、有趣性、信任程度的感知。综合来看,让游客最为满意的是景区智慧导览系统所提供的信息真实准确,平均值为4.17,而满意度最低的两项分别是提升旅游体验以及宣传与实际使用相符。

表9　游客对国家自然博物馆智慧导览系统信任程度的感知

项目	我相信景区智慧导览系统上提供的信息是真实准确的	我认为景区智慧导览系统的设计是专业可靠的	我相信景区智慧导览系统能够为我提供所需信息	我相信如果在使用过程中出现问题，智慧导览系统能及时提出解决办法	我相信景区智慧导览系统宣传与实际使用相符
平均值	4.17	3.95	3.87	3.97	3.80
个案数	94	94	94	94	94
标准偏差	0.863	0.821	0.942	0.955	0.923

4. 游客需求

（1）游客对国家自然博物馆智慧导览系统需求满意度的评价。

通过SPSS分析（表10）可知，游客对于国家自然博物馆智慧导览系统的需求满意度较高：其中满意度最高的功能性需求，平均值为4.04，也就是说目前国家自然博物馆所提供的智慧导览系统是能够满足游客的功能性需求的；而对于知识性需求（3.95）、体验性需求（3.93）和心理性需求（3.89）3个方面的满意度也较高；相比之下，游客对目前的智慧导览系统满足其价格需求和情感性需求方面的满意度较低，还需根据游客的需求与期望进一步提升，从而为游客带来更好的游览体验。

表10　游客对国家自然博物馆智慧导览系统需求满意度的评价报告

项目	功能性需求满意度的评价	心理性需求满意度的评价	情感性需求满意度的评价	知识性需求满意度的评价	体验性需求满意度的评价	价格需求满意度的评价
平均值	4.04	3.89	3.74	3.95	3.93	3.76
个案数	94	94	94	94	94	94
标准偏差	0.775	0.873	0.879	0.896	0.895	0.947

（2）游客对国家自然博物馆导览系统的需求。

通过问卷统计（表11）可知游客更需要智慧导览系统具备哪些功能。从功能性需求方面来讲，游客认为智慧导览系统最需要具备的功能就是景区的语音或视频讲解，其次就是博物馆展厅线路和导航信息，相比之下在线投诉与咨询的功能是最不需要的。在心理性需求方面，游客更期待导览系统有好用易上手的功能布局和导航方式，而拟人化、智能化的导览助手形象占比最低。在情感性需求方面，游客的需求较平均，其中占比最多的游客认为分需求的讲解形式（可选择不同时长，不同目标人群）更能满足其情感性需求。从知识性需求角度来讲，在智慧导览系统中增加更多丰富多样的展品讲解信息，且根据需要选择性了解可以最大限度满足游客的知识性需求。关于体验性需求，游客的选择也较为平均，相比之下游览过程中捕获具有博物馆文化主题特色的彩蛋是游客最需要的。最后，在价格需求方面，绝大多数游客认为在特定的节日推出优惠活动可以更好地满足其对于价格的需求，而少部分的游客认为目前国家自然博物馆智慧导览系统的费用合理，在可接受的范围之内，而选择"其他"的游客占比最低，其认为直接调低价格更能满足其价格需求。

表 11 游客对国家自然博物馆导览系统的需求

游客需求类型	占比最高的需求	占比最低的需求
功能性需求	景区的语音或视频讲解	在线投诉与咨询
心理性需求	导览系统有好用易上手的功能布局和导航方式	拟人化、智能化的导览助手形象
情感性需求	分需求的讲解形式	具有参与感的博物馆参观引导，话题丰富和有归属感的博物馆文化交流社区
知识性需求	丰富多样的展品讲解信息，且根据需要选择性了解	可以在需要的信息之间灵活转换
体验性需求	游览过程中捕获具有博物馆文化主题特色的彩蛋	个性化的游览经历留念和分享
价格需求	可以在特定的节日推出优惠活动	费用合理，在接受范围之内

5. 存在的问题

从游客需求的角度看目前国家自然博物馆智慧导览存在的问题如下（图 8）。

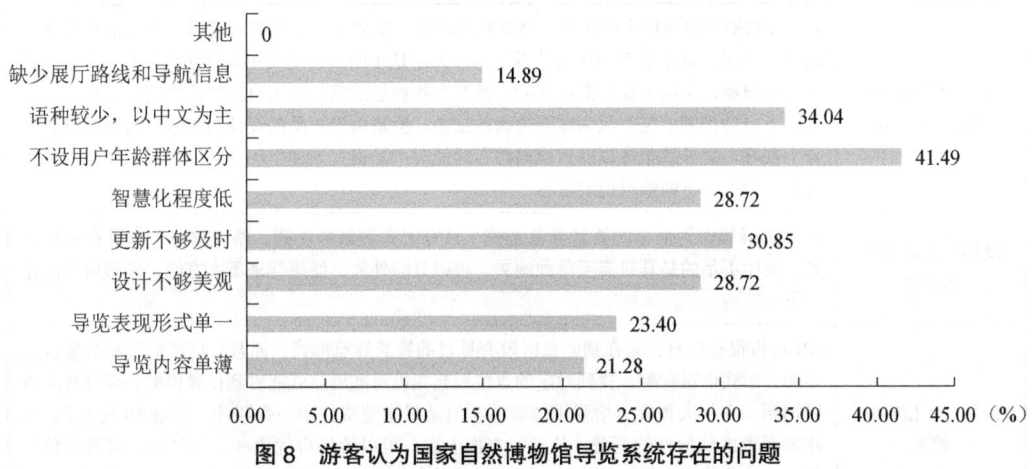

图 8 游客认为国家自然博物馆导览系统存在的问题

（1）基于情感性需求下存在的问题。

首先，最主要的问题就是不设用户年龄群体区分，在国家自然博物馆现有的智慧导览中，仅有智能参观导览屏可以根据期望游览时长选择线路，缺少为不同用户年龄群体提供不同的讲解形式。其次，游客普遍认为目前导览系统语种较少，难以满足外国游客的需求。最后，智能设备在设计时缺乏了对戴眼镜人群的考虑，导致游客的情感性需求满意度低。

（2）基于功能性需求下存在的问题。

游客对语音或视频讲解、博物馆展厅线路和导航的需求很高，但目前博物馆的导览形式单一、缺少展厅线路和导览信息，会从根本上降低游客的体验感和满意度。

（3）基于心理性需求下存在的问题。

好用易上手的功能布局和具有博物馆文化特色的用户界面可以在很大程度上提高游客的满意度，但页面的美观性还有待进一步提升。

（4）基于知识性需求下存在的问题。

游客的知识性需求是希望智慧导览展品的讲解信息更加丰富，及时更新，并且能够实现按需选择。目前国家自然博物馆在展品讲解信息方面，还存在更新不够及时和导览内容较单薄的问题，无法很好满足游客的知识性需求。

（5）基于价格需求下存在的问题。

通过访谈可以了解到（见表12），不同产品的定价不同，而且在使用过程中会出现一些隐形的消费，比如语音讲解器和AR相机需要额外购买耳机，影响了游客已有的游览体验；AR相机只可以免费冲洗一张照片，其余还需额外收费。因此，目前国家自然博物馆的智慧导览系统并不能很好地满足游客的价格需求。

表12 访谈内容

负责AR智能导览眼镜工作人员	自AR智能导览眼镜入驻国家自然博物馆之后，受到了广大游客的喜爱，日租借量能够达到30~50次，且租借者的年龄范围较大，无论是小朋友还是成年人都愿意体验一下AR智能导览眼镜，从而来提升游览体验。甚至有些曾经游览过国家自然博物馆的游客在他人的推荐下也会再度游览，只为体验全新的技术。但是由于产品的设计对于佩戴眼镜的游客十分不友好，会导致很多高度近视的游客即使对产品很有兴趣但仍无法使用。希望在设计上可以多考虑一下佩戴眼镜的游客
使用语音讲解器的游客	语音讲解器作为最早的智慧导览系统，只有语音讲解的功能，略微单一，但胜在价格划算。美中不足的是耳机需要单独购买，否则只能外放，使用起来不太方便，希望可以优化一下
使用AR相机的游客	AR相机很有创意，是在别的景区没有见过的智慧导览形式，而且有讲解的展品数量也蛮多的，形式也很有趣，找到对应的点位举起相机对准展品就能看到视频讲解，而且真的可以拍照，在很大程度上增强了体验感，但是只能免费打印一张照片，其余10元/张，因此需要考虑到额外的消费，从这一方面上讲，可以价格再优惠些。而且耳机需要单独购买，让体验感略打折扣。建议可以提供分需求的不同讲解模式，目前感觉AR相机的讲解视频更适合小朋友和年轻人
使用AR智能导览眼镜的游客	AR智能导览眼镜使用起来非常智能，佩戴后，站在对应的点位上，就能看到活起来的标本和化石。全程可以语音操控，40个点位涵盖了大部展厅的最主要展品，游览一圈下来能够更沉浸式、更全面地了解各展品。而且有任何问题都可以随时找负责租借的工作人员，整体体验很好

6. 调研启示

目前国家自然博物馆智慧导览系统呈现形式多样化的特点，相较于其他博物馆来讲，AR智慧导览系统的引入在很大程度上提升了对游客的吸引力。然而通过调研结果可知，目前国家自然博物馆智慧导览系统仍或多或少存在着一些问题，比如不设用户年龄群体区分、语种较少；以中文为主等。智慧导览系统作为辅助游客收获更好游览体验的一项技术，必须在设计和优化时考虑到游客最真实的需求。因此基于游客需求并且结合国家自然博物馆的实际情况，优化建设智能化的导览系统是十分必要且重要的。

六、国家自然博物馆智能导览系统建设优化策略研究

通过问卷统计（图9）可知，游客基于体验与个人需求提出了相应的改善建议。其中有47.87%的人建议"扩展导览内容"，占比最高，紧随其后的"实现个性化服务"，占比43.62%。除此之外，游客希望智慧导览系统的价格可以更优惠一些（35.11%）、导览形式再丰富一些（28.72%）、智慧导览的技术水平再有所提升（27.66%）。根据结果可以看出游客在游览过程中十分注重智慧导览系统基本功能的有用性、全面性和便利性，希望能够通过智慧导览系统提升游览体验以及心情愉悦程度。

因此希望国家自然博物馆可以对语音和视频讲解及时更新、不断优化，最好可以让游客按照兴趣去了解自己想要掌握的展品信息，在智慧导览系统中增加线路推荐或者导航的功能、分需求的讲解形式、具有博物馆文化主题特色的彩蛋、适当适时推出的价格优惠政策，以满足游客的游览需求，从而进一步提升游客的满意度和体验感。

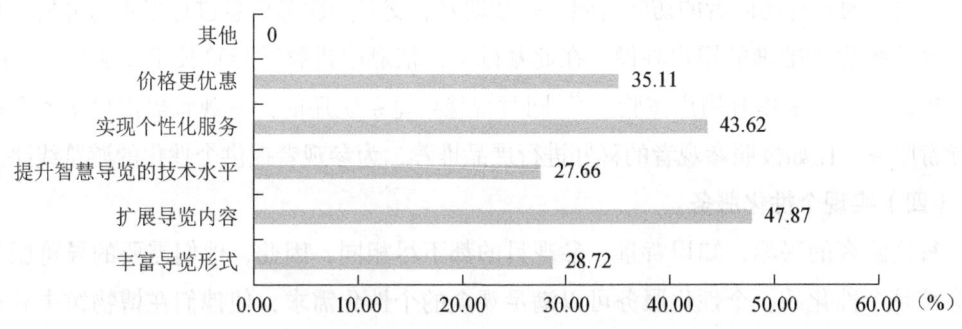

图9 游客对国家自然博物馆智慧导览提出的改善建议

（一）丰富导览形式

新兴技术是丰富博物馆智慧导览形式的重要途径。目前导览机器人已被用于多个场景，而国家自然博物馆中尚缺少这种导览形式，倘若引入，则可代替人工讲解员，弥补人工讲解员不定时讲解的缺点。

导览机器人的核心要素包括了语音交互、定位导航和展厅设备的联动3个部分[22]。因此，导览机器人具备与游客沟通的能力以及较高的智能化水平，可以为游客提供一

种既有实用性又有趣味性的使用感受。

（二）扩展导览内容

尽管目前国家自然博物馆智慧导览系统已经具备了基本的功能，但在实际应用中，游客对于导览内容的需求日益多样化。因此，扩充导览内容已成为提升系统吸引力和实用性的关键。通过扩充导览内容，可以更加全面地展示博物馆藏品的历史文化，满足不同游客群体的需求，提升游客的参观满意度。

1. 引入专家解读

邀请博物馆专家或历史学家对展品进行深入解读，将他们的专业知识和见解融入导览内容中。这样不仅可以提升导览内容的权威性，还可以激发观众对历史和文化的兴趣。

2. 增加互动环节

通过设计互动游戏、问答环节等方式，增加观众与导览系统的互动。这样不仅可以提高观众的参与度，还可以帮助他们更加深入地了解博物馆的文化内涵。

（三）提升智慧导览的技术水平

目前，国家自然博物馆智慧导览系统已经实现了语音讲解、互动体验等基本功能，但在技术水平上仍存在一定的局限。例如，部分系统的交互方式单一，定位导航系统不够完善，无法满足观众多样化的需求；同时，系统的智能化程度还有待提升，如智能问答等方面仍有较大的提升空间。因此，在对智慧导览系统进行优化时可以加强大数据分析与应用。通过对访问者的访问时间、路径偏好、交互频次等信息进行采集与分析，从而为该系统提供准确的用户画像。在此基础上，依靠改进移动导览技术（从户外GPS到室内微定位）来提升用户体验。[23]同时智慧导览系统还能为参观者提供更多的个性化导游服务，比如按照参观者的喜好进行展品推荐，为参观者提供个性化的游览线路。

（四）实现个性化服务

每位游客的兴趣、知识背景、参观目的都不尽相同，因此，他们需要的导览服务也应该是个性化的。个性化服务可以满足观众的个性化需求，使他们在博物馆中获得更深的文化体验和更好的满足感。

智慧导览系统应在观众首次使用时收集其基本信息和参观偏好，随后，系统应实时记录观众的参观行为，如停留时间、互动频率等，通过大数据分析，为每位观众建立独特的用户画像。基于用户画像，系统可以推荐与观众兴趣相关的展品和展览。同时，系统可以根据观众的兴趣和参观时间，为其规划最优的参观路线。这不仅包括展品的选择，还可以包括休息区的安排，确保观众在有限的时间内获得最大的参观效益。

参考文献：

［1］张宝圣.信息系统在博物馆智慧转型发展中的作用［J］.文物世界，2020（2）：74-76.

［2］刘军林，范云峰.智慧旅游的构成、价值与发展趋势［J］.重庆社会科学，2011（10）：121-124.

［3］金卫东.智慧旅游与旅游公共服务体系建设［J］.旅游学刊，2012，27（2）：5-6.

［4］张凌云，黎巎，刘敏.智慧旅游的基本概念与理论体系［J］.旅游学刊，2012，27（5）：66-73.

［5］付业勤，郑向敏.我国智慧旅游的发展现状及对策研究［J］.开发研究，2013（4）：62-65.

［6］李云鹏，胡中州，黄超，等.旅游信息服务视阈下的智慧旅游概念探讨［J］.旅游学刊，2014，29（5）：106-115.

［7］NARAMSKI M. The application of ICT and smart technologies in polish museums—towards smart tourism［J］. Sustainability，2020，12（21）. 9287.

［8］Anita T L, Wijaya L, Sarastiani A, et al. Smart tourism experiences：Virtual tour on museum. The 11th Annual International Conference on Industrial Engineering and Operations Management，March 7-11，2021［C］. Singapore.

［9］李明媚.从马斯洛需求层次理论看旅游服务品质的提高［J］.中国外资，2011（20）：21-23.

［10］邱文静.基于需要层次理论的乡村旅游产品创新研究［J］.旅游纵览（下半月），2015（22）：52-53+55.

［11］李海梅.漳州市博物馆智慧化建设实践研究［J］.中国博物馆，2023（4）：100-105.

［12］王春法.关于智慧博物馆建设的若干思考［J］.博物馆管理，2020（3）：4-15.

［13］阮立新.基于利益相关者诉求的景区智慧旅游框架体系构建［J］.南京师大学报（自然科学版），2017，40（3）：159-165.

［14］YANG X, ZHANG L. Smart tourism technologies towards memorable experiences for museum visitors［J］. Tourism Review，2022，77（4）：1009-1023.

［15］吴彬，姚菲.从博物馆语音导览系统发展谈成都金沙遗址博物馆智慧导览系统建设［J］.文博学刊，2021（2）：74-81.

［16］SYLAIOU S, MANIA K, KAROULIS A, et al. Exploring the relationship between presence and enjoyment in a virtual museum［J］. International journal of human-computer studies，2010，68（5）：243-253.

［17］赵菁，赵靓.中国国家博物馆导览系统观众需求分析［J］.博物院，2021（5）：97-105.

［18］郭甜.智慧导览系统在博物馆的应用研究［J］.文物鉴定与鉴赏，2022（5）：75-77.

［19］赵娇，李伟佳.从博物馆导览系统看旅游导览系统的应用［J］.现代商贸工业，2020，41（15）：51-53.

［20］刘利，臧茹萍.基于文旅融合的旅游导览系统应用分析——以博物馆儿童游学导览系统为例［J］.现代商贸工业，2020，41（13）：28-30.

［21］伍稷偲，曹星，周鑫海.服务设计视角下的博物馆智慧导览设计研究［J］.包装工程，2023，44（6）：345-347+351.

［22］程启超，周家武.语音交互导览机器人的设计［J］.计算机与数字工程，2021，49（6）：1248-1252.

［23］CHEN H C，LIN M T，WU H H，et al. A study of application of beacon technology to mobile guide in exhibition hall［J］. Educational Innovations and Applications，2019，11（4）：447-450.

（指导教师：刘铮，北京联合大学旅游学院旅游管理系）

基于 fsQCA 方法的大学生京剧旅游消费意向研究

闫 彤[*]

[摘 要] 随着"国潮"的兴起，大学生对京剧的兴趣日益渐增。本文基于消费者视角，从计划行为理论、旅游需求理论和复杂性理论出发，采用模糊集定性比较分析（fsQCA）方法构建大学生京剧旅游消费意向的复杂模型，综合纳入了消费者的行为态度、主观规范、知觉行为控制以及人口统计学特征4个不同类型的影响因素，以揭示大学生京剧旅游消费意向的前因条件组合。本文基于构建的环境支持型、人口均匀型以及综合匹配型模型，通过 fsQCA 软件对问卷调查结果进行分析，获得了促使大学生京剧旅游产生高消费意向的10种前因条件组合。结果表明，游客周边环境的支持尤为重要，不同因素的综合匹配比单因素对消费意向的影响程度更大。

[关键词] 复杂性理论；fsQCA 方法；京剧旅游；消费意向

戏剧文化源远流长，在中国文化发展史上占有举足轻重的地位，具有典型的文化代表性。京剧被誉为中国国粹，是戏剧类非物质文化遗产中不可缺少的一部分。目前，我国发展正处在一个转型时期，观众的审美需求也在不断地改变，因此，如何对京剧文化进行传承，并对其所蕴含的文化内涵进行深入研究，从而让其能够与时俱进、焕发出新的活力已经成为时代命题。随着"北京中轴线"申遗的成功，京剧作为其文化主脉，连接着过去和未来，具有越来越重要的文化意义。因此，本文接下来将以京剧作为戏剧类非物质文化遗产的典型案例进行研究分析，以期能够对京剧的传承和发展产生一定的推动作用。

从消费层面来看，当代大学生对新事物的接受程度更高，更注重产品的文化意蕴以及消费过程所包含的文化内涵，这对促进新兴业态的发展以及相关产业的转型升级具有十分重要的影响。在此背景下，研究高校大学生对京剧的旅游消费意向，将对其

---

[*] 闫彤，本科就读于北京联合大学旅游学院旅游管理系。

传承和发展起到积极的推动作用。

从理论层面来看，本文从京剧旅游消费意向影响因素这一研究视角出发，将计划行为理论、旅游需求理论和复杂性理论应用于京剧旅游消费的研究中，意图对消费者的人口统计学特征、消费者的行为心理、消费者对京剧的态度、感知消费者的选择与决策以及社会文化认同之间的关系进行深入的理论研究，当单一因素无法成为京剧旅游消费的充分必要条件时，就需要分析出更优解的组合路径来提高消费者对京剧消费的倾向，以丰富计划行为理论和旅游需求理论以及复杂性理论的研究领域。

从实践层面来看，首先，从大学生消费者的角度了解京剧旅游市场的需求与不足，可以促进相关方精准捕捉市场需求进而扩大市场份额；其次，有利于相关方了解消费者的行为和偏好，制订更有效的营销策略；第三，有利于促进当代大学生更好地承担起传承中华优秀传统文化和延伸文化脉络的责任。

基于此，本文以京剧的旅游消费意向为指标。因影响京剧旅游消费意向的因素之间具有复杂性与关联性，所以本文基于模糊集定性比较分析（fsQCA）方法，构建行为态度、主观规范、知觉行为控制以及人口统计学特征条件变量，将旅游消费意向作为结果变量，展开问卷调查与比较分析来探讨影响大学生对京剧的旅游消费意向的因素及组合效应，以提供更好的路径促进京剧的传承与发展。

一、文献综述

（一）非物质文化遗产旅游国内外研究现状

随着国家对非物质文化遗产的保护和发展越来越重视，国内学者对非物质文化遗产的研究也越来越多，对传统戏剧类的关注持续增加。姜庆霞（2020）以魏县四股弦为例，明确了保护地方稀有剧种的价值意义，为各地方传统戏剧类非物质文化遗产的保护提供了借鉴和参考途径[1]。国外对非物质文化遗产领域研究得较早，且在不断发展中。李岑喜（Li Cenxi）等（2022）基于弘扬和传播戏剧类非物质文化遗产的重大意义，通过粒子群优化算法提出了对戏剧类非物质文化遗产营销管理的对策[2]。

（二）京剧国内外研究现状

许腾月（2021）以"80后""90后"为研究样本，结合小剧场京剧的创作和传播特点，分析年轻群体的消费心理，以期有效地传播京剧文化[3]。李奥（Li Ao，2023）借助空间理论，分析了当前京剧文化传播存在问题的两大主因——功能性缺失和情感性缺失，并通过虚拟现实技术的属性、其产业发展规划、受众心理情感等方面提出传播京剧文化的新策略[4]。

（三）旅游消费意向国内外研究现状

本文的旅游消费意向是指大学生对京剧进行消费的意向，此处的京剧不单指京剧艺术表演形式本身,还包括京剧相关文创产品,如京剧脸谱、京剧面膜以及京剧人物相关服饰等。

国内外关于旅游消费意向的研究大多围绕着体育运动和生态领域分析。王春雨(2023)以东北的部分中学生及其家长为研究对象,发现对森林研学旅游消费意向呈正相关的因素有研学旅游吸引物、主观规范、知觉行为控制以及感知价值等[5]。比尔吉·艾科尔(Bilge Aykol,2017)将对于戏剧的消费体验分为两个维度——核心产品和外围方面,并引入心流的概念模型,探究消费者真实性、流量、享受和推荐意图之间的联系,目的是更了解观众的行为,以此来满足消费者的需求[6]。

(四)fsQCA 方法在旅游研究中的应用现状

国内关于 fsQCA 方法的应用相当广泛,但是,在大学生对京剧的消费意向问题上存在空白。陈然(2023)以长三角地区代表性非遗剧目为例,以主客互动、感知价值、沉浸体验为前因变量,将游客文化认同作为结果变量,探讨了多个要素对游客文化认同的影响路径和多种组合方式[7]。国外主要将 fsQCA 方法聚焦于技术、企业等方面的应用,而鲜少有关于文化层面的应用。廖迪(Liao Di,2023)利用模糊集定性比较分析理论对城市水源地环境质量进行综合评价,实现对城市水源地安全的快速监测[8]。

(五)理论基础

1. 计划行为理论

根据计划行为理论,消费者有计划的行为意向主要受 3 个因素的影响:行为态度(behavioral attitude)、主观规范(subject norm)和知觉行为控制(behavior control)(杨留花、诸大健,2018)[9]。其中,行为态度是指在对预期结果进行判断之后,行为主体的行动意愿,通常会显出积极或消极的行为倾向(郭舒、李修远,2022)[10];主观规范是指行为主体在作出某种行动的决定时感受到来自外部环境的压力(游春辉、王菁,2022)[11];知觉行为控制是指行为主体对某一行动难易程度的认识(陶蕊、赵靳丽,2018)[12]。

总体而言,影响京剧旅游消费意向行为的因素是多方面的,本文用计划行为理论对进行过京剧消费或京剧的潜在消费人群进行研究,不仅能够根据游客的主观态度以及社会对京剧的看法进行深入研究,而且能够得出游客对京剧的消费意向,从而对京剧的发展提出相关建议。

2. 旅游需求理论

旅游需求理论是建立在需求理论基础之上的,王敬武(2004)认为旅游需要是需求中较高层次的需要,他提出旅游需要是指游客对任意单一旅游资源持续而稳定的需要,多种旅游需要组合形成了复杂的旅游需求[13]。人类旅游需求有着单一性与多样性并存、层次性与动态性并存等的特点。基于现实的需求多样性与层次性的理论分析，了解游客的不同需求特征，才能更好地进行旅游服务。

本文将马斯洛需求理论引入旅游消费意向研究中，基于消费者的视角，对京剧的旅游消费意向影响因素进行探究分析，了解各因素之间的组合途径，以便更有效地提升京剧的旅游消费意向。

3. 复杂性理论

近年来，复杂性理论越来越多地被运用于旅游业的研究中。复杂性理论注重对因素结合方式的研究，可以帮助我们更加深刻地了解前因条件和结果条件之间的联系，并有助于建立一个可以对复杂结果进行概括解释的模型[14]。基于复杂性理论，本研究在已有研究成果的基础上，构建大学生京剧旅游消费意向的复杂因果模型图（见图1），并据此对 fsQCA 分析结果进行评估。

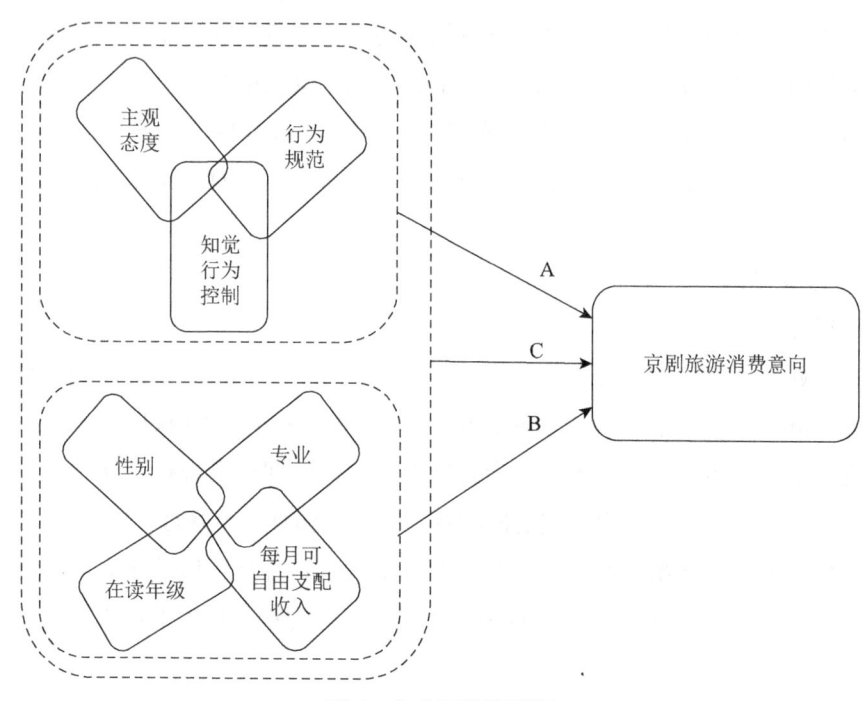

图1　复杂因果模型图

（六）研究述评

根据上述分析可知，外国学者在研究戏剧类非物质文化遗产时，更多是把理论和实际相结合，研究的焦点集中在戏剧类非物质文化遗产的影响价值、传播效应以及与旅游之间的联系等，并且对此类研究均能找到相应的实证分析。在研究方法上，大多情况下会采用市场调查法、数理统计法以及定性与定量相结合的方法，绝大多数的研究成果都是从微观层面上得到的，从而使得大部分关于遗产保护和旅游开发的研究成果非常具体。而国内大多数学者的研究，主要集中在分析非物质文化遗产文化保护与旅游开发之间存在的联系、区域旅游发展模式、非物质文化遗产旅游开发的主观评估等。然而，鉴于非物质文化遗产旅游属于一项综合性的研究成果，具有很强的区域特色，因此，它与旅游目的地的经济发展和文化发展有着十分紧密的关系。

国外学者在对旅游消费意向进行研究时多从旅游目的地感知形象与游客满意度角度进行分析，他们中的大多数认为消费者的消费意向可以用来预测未来的消费行为，是一种行为发生的可能性估计。但是，国内的学者们认为，消费意愿并非静态的，要将其作为一个动态的过程来加以考虑。游客的消费行为不仅受心理因素的影响，还受人口、经济、社会及目的地等多种因素影响。目前国内外学者对于旅游消费意向的研究一致集中在游客满意度、目的地形象、消费体验与动机等方面。

国外学者在关于 fsQCA 方法的应用时，多聚焦于从指数分析的角度出发研究问题。而国内学者多从分析变量、构建模型角度研究问题。

综上所述，国内外文献并未深入研究从 fsQCA 方法的角度分析京剧的旅游消费意向。现有的文献对于京剧的分析多数为现状、对策性的研究，对旅游消费意向尤其是大学生市场的研究少之又少，现有的研究成果主要聚焦于京剧的保护、传播与创新，这些研究有助于了解京剧的旅游消费意向影响因素，但不完整。本文以大学生群体为市场，从 fsQCA 方法出发，对京剧的旅游消费意向影响因素进行系统的梳理和研究，以期为京剧的保护和传承提供新思路。

二、研究方法及研究设计

（一）研究方法

1. 文本分析法

本文通过查阅传统非物质文化遗产、京剧、旅游消费意向等方面的国内外相关文献资料，以及阅读 fsQCA 方法应用的相关文献，参考相关文献变量选取，梳理文献内容，获取了大学生对京剧的旅游消费意向影响因素，探讨各因素的影响关系，构建了旅游消费意向非对称模型。

2. 问卷调查法

问卷的主要内容包括大学生进行京剧旅游消费的行为及意向、京剧旅游消费的基本情况以及个人基本信息三大部分。由于本研究是调查大学生参与京剧旅游消费的意向，因此研究对象既包括曾经进行京剧旅游消费的大学生消费者，也包括未曾参与京剧旅游的潜在消费者。

3. 数理统计法

（1）描述性统计，用于描述定量数据的总体状况，针对问卷数据中大学生人口统计学特征以及对京剧的态度、主观规范和知觉行为控制等指标进行初步分析，以便更好地把握大学生群体的特点。

（2）信效度分析，采用 Cronbach's α 测量问卷的内部一致性，若该数值大于 0.7，表示该问卷具有一定的信度和使用价值。运用 SPSS 进行探索性因子分析，首先对 KMO 和 Bartlett 进行检验，如果数值大于 0.6，则说明这些变量之间具有较强的关联。

4. fsQCA 方法

fsQCA 方法主要是基于建立的因果配置模型，利用 fsQCA 软件测量覆盖率和一致性，获得产生预测结果的前因条件组合路径。其中，一致性测的是该组合对于产生预测结果的可能性，而覆盖率是指该组合可以解释的样本占总体样本的比例。这些路径组合中，可能会存在包含不同变量的组合，而这样的组合很难通过回归分析得到。除此之外，各因素的存在与否都有可能对结果变量产生正向或负向的影响。

以本文为例，影响京剧旅游消费意向的前因变量包括消费者的行为态度、主观规范、知觉行为控制以及人口统计学特征变量，这些前因变量是复杂且异质的，即在对京剧旅游消费意向的预测中，单一前因变量受到了其他变量（缺失/存在/大小/正负）的影响，这也说明高消费意向的前因变量之间可能存在着某种交互作用。比如，行为态度与人口统计学特征变量的组合可能比单一人口统计学特征变量更有可能获得游客的高消费意向，当然，也有可能会降低游客的消费意向。总之，组合中不同变量之间可能会存在某种关系，而这种实际情况很难通过回归分析得到。因此，本文对京剧旅游消费意向的研究适于运用 fsQCA 方法，而非多元线性回归分析。[15]

（二）研究设计

1. 问卷设计

问卷第一部分为大学生进行京剧旅游消费意向测量量表，采用李克特五级量表，分为四部分，主要由消费者的行为态度、主观规范以及知觉行为控制 3 个条件变量和京剧旅游消费意向的结果变量组成。详情见表 1。

第二部分为研究对象的个人基本信息，主要包括性别、专业、在读年级以及每月可自由支配的收入。

第三部分为京剧旅游消费的基本情况，包括研究对象对京剧旅游消费的态度、研究对象的消费经历、潜在消费者的意向以及影响消费的因素。

表 1　消费意向测量量表

变量类型	变量名称	变量定义	测量题项	量表来源
条件变量	行为态度	消费者对京剧旅游评估后的消费意愿，通常会表现出积极或消极的行为倾向	1. 京剧旅游对我而言是有吸引力的 2. 京剧旅游消费能让我心情愉悦 3. 我认为京剧旅游消费带给我超乎寻常的体验感 4. 我认为京剧旅游消费非常有意义	孙浩麟（2023）[16]
条件变量	主观规范	消费者在进行京剧旅游消费时来自外界的压力	1. 周边的人（家人/朋友/同学）支持我进行京剧旅游消费 2. 周边的人（家人/朋友/同学）知道我进行京剧旅游消费会感觉我是个继承和发扬文化的人 3. 如果朋友圈经常有人晒京剧旅游消费的感受，则我会更愿意参加 4. 网络和媒体在积极鼓励京剧旅游消费 5. 政府部门和旅游企业倡导我们进行京剧旅游消费	王春雨（2024）[5] 陈然等（2023）[7] 罗莹（2023）[17]
条件变量	知觉行为控制	消费者在进行京剧旅游消费时感知的难易程度	1. 在平时我有足够的经济条件支持我进行京剧旅游消费 2. 在平时我有足够的时间支持我进行京剧旅游消费 3. 我有便利的条件支持我进行京剧旅游消费 4. 我能搜集到有关京剧旅游消费的信息	王春雨（2024）[5] 陈然等（2023）[7] 罗莹，姚增福（2023）[17]
结果变量	京剧旅游消费意向	消费者对京剧旅游的消费倾向，包括但不限于京剧演出、京剧相关文创等	1. 我愿意关注京剧旅游相关信息 2. 如果条件允许我愿意进行京剧旅游消费 3. 我愿意向周边的人（家人/朋友/同学）分享或推荐京剧旅游	王春雨（2024）[5] 陈然（2023）[7] 罗莹，姚增福（2023）[17]

2. 变量测量及校准

fsQCA方法分析的基础是布尔代数，要求分析数据是[0,1]内的集合，但由于初始样本数据并不满足这一条件，因此需要进行数据校准。详情见表2。

表2 变量校准

变量类型	变量名称		模糊集校准
条件变量	行为态度		将5设为完全隶属点，3为交叉点，1为完全不隶属点
	主观规范		
	知觉行为控制		
	人口统计学特征	性别	男为0.05
			女为0.95
		专业	文科为0.25
			理科为0.50
			工科为0.95
		在读年级	大一为0.25
			大二为0.50
			大三为0.75
			大四为1
		每月可自由支配收入	小于1000元为0.25
			1000~2000元为0.50
			2001~3000元为0.75
			3000元以上为1
结果变量	京剧旅游消费意向		将5设为完全隶属点，3为交叉点，1为完全不隶属点

在第一部分测量量表中，要求被调查者根据自身对观测变量进行打分，分值由1至5分别表示"完全不符合""比较不符合""一般符合""比较符合""完全符合"。第一步，分别将消费者对某一变量的所有问项的打分取平均值作为该变量的最终数值。例如，某位调查对象对行为态度的4个问项打分分别为"5""4""5""3"，则该名调查对象对于行为态度的最终分值为4.25，以此类推。第二步，本研究的数据校准方式采用直接校准法，将李克特五级量表得分中的5设为完全隶属点，3为交叉点，1为完全不隶属点，然后使用fsQCA软件的算法进行校准。

对于第二部分人口统计学特征中涉及的类别变量，采用间接校准法。性别中将男性校准为0.05，女性校准为0.95；专业中将文科校准为0.25，理科校准为0.50，工科校准为0.95；在读年级中将大一校准为0.25，大二校准为0.50，大三校准为0.75，大四校准为1；每月可自由支配的收入中将小于1000元校准为0.25，1000~2000元校准为0.50，2001~3000元校准为0.75，3000元以上校准为1。

3. 数据收集

在整理了国内外相关文献之后，形成初始问卷。为了对调查问卷进行进一步的修订和改进，笔者和指导老师多次探讨了调查问卷的内容和结构，去除了一些不太容易理解和设置不太合理的问项，保留了更合适的问项，形成了最终的问卷。正式调研的时间为2024年2月5日至2月20日，采用线上问卷星和线下实地前往大剧院相结合的方式发放问卷两种方式。共发放问卷300份，回收282份，问卷回收率94%，其中有效问卷272份，有效率96.45%。

此次调研的272份问卷中，男女比例较为均衡。专业变量中，占比最多的是理科，占比最少的是工科，占比21.32%。从在读年级来看，大一的样本量最大，占30.15%，大三的样本量最小，占21.32%。每月可自由支配的收入多集中在1000~2000元以及2001~3000元，说明大学生群体的消费水平还是良好的。详细数据见表3。

表3　人口统计学变量

变量名称	类别	样本量（人）	百分比（%）
性别	男	132	48.53
	女	140	51.47
专业	文科	86	31.62
	理科	128	47.06
	工科	58	21.32
在读年级	大一	82	30.15
	大二	72	26.47
	大三	58	21.32
	大四	60	22.06
每月可自由支配收入	小于1000元	19	6.99
	1000~2000元	126	46.32
	2001~3000元	106	38.97
	3000元以上	21	7.72

三、实证分析

（一）信效度检验

本研究采用SPSS对问卷结果进行信效度检验，Cronbach's α系数用来测量问卷的内部一致性，该值若大于0.7，表明问卷具有较好的信度。本研究的Cronbach's α为0.885，说明该问卷具有很高的使用价值。问卷的KMO为0.928，说明该问卷具有很好的效度。

(二)单变量必要性分析

在分析条件组合对结果变量的影响之前,需要先检验单个前因条件是否是形成结果的必要条件。当一致性指标大于 0.9 时,表示条件变量对于结果具有解释力。由表 4 可知,其中主观规范的一致性指标大于 0.9,同时覆盖率也大于 0.9,证明主观规范可被视为大学生具有京剧旅游消费意向的充分必要条件;而其余变量的一致性小于 0.9,说明这些变量都无法单独呈现或预测游客旅游消费意向,因此进行组合条件路径分析是十分必要的。

表 4 单项因素的一致性和覆盖率

条件变量		一致性	覆盖率
行为态度 FBA		0.891	0.908
主观规范 FSN		0.910	0.908
知觉行为控制 FBC		0.891	0.886
人口统计学特征	性别 FDV1	0.511	0.679
	专业 FDV2	0.542	0.806
	在读年级 FDV3	0.614	0.777
	每月可自由支配收入 FDV4	0.769	0.824

(三)fsQCA 分析

组态需要考虑两个阈值:频数阈值和一致性阈值。由于本研究每个变量均有 272 个样本,属于中样本,因此频数阈值根据各模型的具体情况而定,一致性阈值设为 0.80。通过软件真值表算法构建真值表,其中 FBA 表示数据校准之后的行为态度,FSN 表示主观规范,FBC 表示知觉行为控制,FDV 表示人口统计学特征。

通过对真值表的规范化分析,可以得到复杂解、中间解和简化解。如果某前因条件在简约解和中间解中同时出现,则称其为核心条件;而将只出现在中间解,不出现在简约解中的前因条件作为边缘条件来辅助研究结果。由于中间解具有很好的通用性和启发性,因此,我们也采用中间解来进行各种条件组合的分析。表 5 便是通过 fsQAC 软件对真值表分析后得到的预测高消费意向的前因条件组合结果。

表 5 预测高消费意向的前因条件组合

预测高结果变量的模型	原始覆盖率	唯一覆盖率	一致性
模型 A:旅游消费意向 ~f(行为态度,主观规范,知觉行为控制)			
A1:行为态度 * 主观规范 * 知觉行为控制	0.809092	0.809092	0.945035
A2:行为态度 * 知觉行为控制	0.611936	0.416005	0.829788

续表

预测高结果变量的模型	原始覆盖率	唯一覆盖率	一致性
解决方案覆盖率：0.809092			
解决方案一致性：0.945035			
模型 B：旅游消费意向 ~f（性别，专业，在读年级，每月可自由支配收入）			
B1：~性别 * 在读年级	0.38176	0.112644	0.836653
B2：~在读年级 * 每月可自由支配收入	0.476034	0.155996	0.870119
B3：专业 * 在读年级 * 每月可自由支配收入	0.407456	0.150442	0.913639
解决方案覆盖率：0.70544			
解决方案一致性：0.836572			
模型 C：旅游消费意向 ~f（行为态度，主观规范，知觉行为控制，性别，专业，在读年级，每月可自由支配收入）			
C1：行为态度 * 主观规范 * 知觉行为控制 * 每月可自由支配收入	0.686989	0.345500	0.953243
C2：~行为态度 *~ 主观规范 *~ 知觉行为控制 * 专业 * 每月可自由支配收入	0.232041	0.00269145	0.799104
C3：~行为态度 *~ 主观规范 *~ 知觉行为控制 * 在读年级 * 每月可自由支配收入	0.232445	0.002540	0.767147
C4：行为态度 * 主观规范 * 知觉行为控制 *~ 性别 * 专业 * 在读年级	0.278786	0.012477	0.962194
C5：主观规范 * 知觉行为控制 *~ 性别 * 专业 * 在读年级 * 每月可自由支配收入	0.270863	0.00415856	0.95561
解决方案覆盖率：0.721458			
解决方案一致性：0.881151			

（四）路径组合

表 5 显示了大学生京剧旅游高消费意向的 fsQCA 预测分析结果。通过对旅游消费意向的 3 个计划行为相关变量、4 个人口统计学特征变量的 fsQCA 分析，构建了 3 个复杂因果模型，得到了 10 种高消费意向的前因条件组合。以 Ragin 定义的覆盖率（>0.20）和一致性（>0.75）为阈值，本研究得到的 3 个复杂因果模型解决方案的覆盖率和一致性均达到令人满意的水平。

1. 模型 A——环境支持型

模型 A 包含了计划行为相关的 3 个变量，得到了 2 组高消费意向的前因条件组合。其中，组合 1，即行为态度、主观规范和知觉行为控制，该组合的覆盖率和一致性均达到了 0.8 以上，表明京剧的体验感、周边环境的支持以及相关条件的满足的共同作用对京剧旅游消费意向的影响较大。组合2，相比组合1而言，没有主观规范这个核心条件，其覆盖率和一致性均有所下降，这反映了周边环境的支持尤为重要。因此，可将模型A称作"环境支持型"。环境支持型的总体一致性为0.945035，表明符合这两种组合的样本中，有大约95%的样本可以提高京剧旅游消费意向。总体覆盖率为0.809092，表明两种组合共同解释了约81%的样本。

2. 模型B——人口均匀型

模型B包含了人口统计学特征的4个变量，得到了3组高消费意向的前因条件组合。各组态的一致性均高于阈值0.8，由于人口统计学特征样本比较分散导致各组态的覆盖率较低，这并不影响结果的效度。其中，组合3的一致性最高，约为91%，说明大学生的专业、在读年级以及每月可自由支配收入对增强游客的消费意向发挥重要作用，侧面也说明性别这一变量对消费意向的影响不大。组合2的覆盖率最高，表明该组合可以解释大约48%的样本。模型B的总体一致性为0.836572，表明符合这3种组合的样本中，有大约84%的样本可以提高京剧旅游消费意向。总体覆盖率为0.70544，表明3种组合共同解释了约71%的样本。总体而言，模型B的4个人口统计学特征变量对于京剧旅游消费意向的影响程度相当，因此，可将模型B称作"人口均匀型"。

3. 模型C——综合匹配型

模型C包含了计划行为相关的3个变量以及人口统计学特征的4个变量，得到了5组高消费意向的前因条件组合。组合1，即行为态度、主观规范、知觉行为控制以及每月可自由支配收入，该组合的一致性和覆盖率都较高。与模型A的组合1相比，添加了每月可自由支配收入这一变量后，覆盖率有所下降，但是一致性有所增加，这说明即使解释的样本少了，但是能够解释的样本中提高京剧旅游消费意向的概率增加了。组合2和3相比，只有专业和在读年级两个变量不同，但是覆盖率和一致性相差不大，说明专业和在读年级对于旅游消费意向的影响程度相当。组合4，与组合1相比，覆盖率较小，这说明，变量每月可自由支配收入比专业、在读年级对旅游消费意向的影响程度大。组合5，与组合4相比，没有了行为态度变量，添加了变量每月可自由支配收入，而两者的覆盖率和一致性相接近，这表明京剧的体验感和大学生的每月可自由支配收入对旅游消费意向同等重要。模型的总体一致性为0.721458，表明符合这5种组合的样本中，有大约72%的样本可以提高京剧旅游消费意向。总体覆盖率为0.881151，表明5种组合共同解释了约88%的样本。由上可知，将京剧的体验感、周边环境的支持、相关条件的满足以及游客个人的基本信息综合在一起要比环境支持型、人口均匀型覆盖面广，而且，将变量匹配在一起也比单个变量对京剧旅游消费意向的影响更大。因此，可将模型C称作"综合匹配型"。

四、研究结果及启示

（一）研究结果

影响大学生京剧旅游消费意向的因素分为消费者的行为态度、主观规范、知觉行为控制以及人口统计学特征4种变量，构建了3个模型——环境支持型、人口均匀型、综合匹配型。

在环境支持型中，影响京剧旅游消费意向的组态共有两条。两条组态的总体覆盖率接近0.81，能够从侧面佐证影响游客参与京剧旅游消费前因变量选取的合理性。组合1是所有组合中覆盖面最大的一种组合方式，说明此路径是影响游客参与京剧旅游消费的关键因素组合。在"主观规范"作为合作要素的组合1显示出比不具有"主观规范"的组合2更高的原始覆盖率。由此可知，游客还是比较注重周围人的支持，也说明在互联网时代，把握好互联网的时代潮流对于提高京剧旅游意向以及弘扬京剧文化具有正向输出作用。

在人口均匀型中，影响京剧旅游消费意向的组态共有3条。3条组态的原始覆盖率相对略低，但是总体覆盖率和总体一致性达到0.7以上，覆盖率由数据本身决定，因此不影响其必要性。组合2的原始覆盖率相对最高，表明在不考虑在读年级时，每月可自由支配收入对于京剧旅游消费意向的程度相对较大。组合1、2的原始覆盖率相差不大，则说明性别、专业以及在读年级对游客的京剧旅游消费意向的整体影响大致相同。比较3条组态的覆盖率和一致性，有差距但是差别不大，每月可自由支配收入也只是略微高于其他变量。因此，可以近似认为4个变量对消费意向的影响相当。

在综合匹配型中，影响京剧旅游消费意向的组态共有5条。组合1，与模型A的组合1相比，新增了每月可自由支配收入，导致一致性有所增加，表明关注每月可自由支配收入对于增强京剧旅游消费意向还是很重要的。组合2、3的覆盖率与一致性相差不大，说明专业和在读年级对京剧旅游消费意向的影响相当。组合4、5的覆盖率与一致性大致相同，说明主观规范和每月可自由支配收入对京剧旅游消费意向的影响程度大致相同。将所有变量综合在一起的覆盖率要比人口统计学单变量讨论时的覆盖率大，这表明综合在一起能够解释的样本更多，对于后续增强游客的消费意向可考虑将变量进行综合匹配。

（二）研究启示

1. 增加京剧的趣味性，提高游客的体验感

根据近几年的现象可以发现，大学生群体对传统文化传承和发扬的责任感与日俱增，同时，对传统文化的创新性要求也在日渐提升。根据研究结果可以发现，消费者的行为态度对旅游消费意向有着重大联系。因此，可以相应地提高京剧的趣味性，比如谢幕时与观众多一些互动；在剧场搭建体验馆，让观众观看表演结束之后，可以根据自己的意愿前去体验戏服穿在身的感觉；表演结束之后，可以提供印章打卡等。通过这些方式，可以提升消费者的体验感，从而增强他们的旅游消费意愿。

2. 创新京剧周边文创，增强游客消费兴趣

由研究结果可知，有些游客虽没有相对便利的条件去线下剧院观看京剧演出，但实际特别热爱京剧文化。此时，相关企业可以对京剧周边文创产品进行创新性开发，如京剧脸谱式的京剧面膜、Q版的京剧人物的书夹、Q版的京剧人物的毛绒玩具等。此外，还可以将京剧表演引进大学校园，开设京剧选修课，供学生选择。通过这些方法，让大学生在不花费过多的时间、金钱的前提下，参与京剧的传承与发扬，增强他们的参与感，从而进一步提高其京剧旅游消费意向。

3. 依托互联网平台，提高游客京剧文化认同

研究结果显示，"主观规范"对于京剧旅游消费意向具有重大作用。因此政府的倡导、媒体的推广、周边环境的支持就显得尤为重要。政府相关部门可以利用微博、抖音、小红书等互联网平台展示京剧，比如以直播或者录播的形式在各平台上播放京剧的经典片段，提高人们对京剧文化的认同感；媒体可以对宣传京剧文化的主播进行重点推广等，从而吸引对京剧文化感兴趣的人群，进而提升他们对京剧旅游的消费意向。

五、总结

本文基于计划行为理论、旅游需求理论以及复杂性理论，从消费者的行为态度、主观规范、知觉行为控制和人口统计学特征4个变量出发，创新性地构建了环境支持型、人口均匀型和综合匹配型的模型，利用fsQCA软件进行分析，得到10组大学生京剧旅游消费意向的条件组合，这些条件组合均满足一致性（>0.8）和覆盖度（>0.2）的要求，从而为提高大学生京剧旅游消费意向提供多条干预路径。

具体来看，消费者的主观规范变量是高消费意向组合高频出现的条件，对消费意向影响较大，因此，要想提升消费意向，网络媒体的宣传不可或缺。同样地，京剧的吸引力问题以及京剧的意义教育问题也需要格外引起人们的注意。在人口统计学特征变量方面，容易看出，性别、专业和在读年级对消费意向的影响程度差别不大，而每月可自由支配收入是影响消费意向的一个重要的前因条件。与知觉行为控制变量中的经济条件相结合可知，偏高经济水平的消费者更有可能有较高意向的京剧旅游消费行为。

通过对模型的分析可知，周边环境的支持相对其他变量而言是最为重要的。这一结论与以往学者的研究有所不同。通过对相关文献的梳理可以发现，以往研究的重点大多数在于京剧自身内容的传承与创新，鲜少涉及游客周边环境的支持情况，也许与时代和互联网的发展有关。这是本文在研究过程中的创新点，也是在后续工作中的着眼点。

总体而言，本文的研究还存在一定的不足之处，需要进行持续的研究与探索。首先，本文问卷调查人数线上和线下比例失衡，且线下均是已参与消费的游客，导致问卷质量存在偏颇；其次，本文所考虑的条件变量可能不全面，比如，在行为态度变量方面，"进行京剧旅游消费可以带给我文化认同"等因素未被考虑在内；最后，鉴于研究对象的认知水平、偏好问题以及打分标准等方面都有一定的不同，本研究拟进一步拓展 fsQCA 方法的应用范围，通过对样本的累积，对核心与边缘因素进行精确的辨识，从而更好地分析游客京剧旅游的消费意向。

参考文献：

[1] 姜庆霞. 河北省传统戏剧类非物质文化遗产保护研究 [D]. 石家庄：河北经贸大学，2020.

[2] LI CENXI, LIU BOYA. Marketing archive management of drama intangible cultural heritage based on particle swarm algorithm [J]. Computational Intelligence and Neuroscience, 2022.

[3] 许腾月. 小剧场京剧在都市年轻受众群体中的传播效果——当代都市年轻群体文化消费心理研究 [J]. 文化学刊，2021（6）：235-237.

[4] LI AO. Application of virtual reality in the inheritance of Peking opera [J]. Frontiers in Art Research, 2023, 5（3）.

[5] 王春雨. 基于决策双主体的森林研学旅游消费意向研究 [D]. 沈阳：辽宁大学，2023.

[6] BILGE AYKOL, MANOLYA AKSATAN, AYDAIL IPEK. Flow within theatrical consumption: the relevance of authenticity [J]. Journal of Consumer Behaviour, 2017, 16（3）：254-264.

[7] 陈然，张圆刚，季磊磊，等. 戏曲类非遗旅游地文化认同影响路径与组态研究——基于模糊集定性比较分析 [J]. 资源开发与市场，2023，39（11）：1517-1526.

[8] LIAO DI, JIN YONGSHENG, ZHANG XIAO. Environmental health risk assessment of urban water sources based on fuzzy set theory [J]. Open Geosciences, 2023, 15（1）.

[9] 杨留花，诸大建. 扩展计划行为理论框架下共享单车规范停放行为意向的影响因素分析 [J]. 中国人口·资源与环境，2018，28（4）：125-133.

[10] 郭舒，李修远. 老龄农户参与村集体旅游经济的行为研究——基于计划行为

理论视角［J］.辽宁大学学报（哲学社会科学版），2022，50（5）：67-76.

［11］游春晖，王菁.地方高校本科生学业合理增负的实现机制研究——计划行为理论视角［J］.高教学刊，2022，8（35）：25-28.

［12］陶蕊，赵靳丽.基于计划行为理论的红色旅游意愿研究［J］.市场论坛，2018（11）：83-88.

［13］王敬武.旅游需要理论的创新与发展［J］.北京工商大学学报（社会科学版），2004（2）：80-85.

［14］许娟，程励.复杂性视角下乡村旅游地居民旅游满意度研究［J］.人文地理，2020，35（6）：149-160.

［15］张圆刚，刘鲁.红色旅游资源地游客国家认同的影响因素与多元路径研究——基于模糊集定性比较分析［J］.自然资源学报，2021，36（7）：1658-1672.

［16］孙浩麟.三亚冲浪旅游消费意向影响因素研究［D］.三亚：海南热带海洋学院，2023.

［17］罗莹，姚增福.疫情背景下乡村旅游者重游意愿的复杂性研究——基于模糊集定性比较分析方法［J］.旅游科学，2023，37（6）：107-124.

（指导教师：刘志华，北京联合大学旅游学院旅游管理系）

访客对海口骑楼历史文化街区的满意度研究

孔君爱[*]

[摘　要] 海口骑楼历史文化街区作为海南省首个国家级旅游休闲街区，其独特的建筑风貌和文化底蕴吸引了大量游客。然而在其发展过程中，如何平衡本地居民与外地游客的需求、确保各类人群一定的满意度成了一项重要挑战。本研究通过问卷调查法，深入探究海口骑楼历史文化街区本地居民和外地游客的满意度差异。了解不同人群对其满意度，有助于揭示当前旅游休闲街区存在的不足，为打造以人为本、兼顾各方需求的海口骑楼历史文化街区提供指导意义，对推动旅游休闲街区的可持续发展有重要意义。

[关键词] 海口骑楼历史文化街区；旅游休闲街区；访客满意度；主客差异

一、研究背景和意义

（一）研究背景

1. 旅游休闲街区的发展受到政策支持

《国民旅游休闲纲要（2013—2020）》的颁布，标志着我国旅游行业正式迈向了战略性的转型阶段，国民的旅游方式开始从传统的观光型逐步向休闲度假型转变。"十四五"规划中，计划打造一批融合鲜明文化特色与休闲度假功能的国家级旅游休闲城市和街区。2021年4月，文化和旅游部发布了《旅游休闲街区等级划分》（LB/T 082—2021）行业标准，为旅游休闲街区的建设提供了明确的指导，明确了街区的定义和等级划分标准，进一步规范了旅游休闲街区的建设与管理。截至2023年12月，我国已有164个国家级旅游休闲街区以及600余家省级旅游休闲街区。

为响应政策号召，全国各地积极利用当地独特资源优势，进一步强化对文物和非

---

[*] 孙君爱，本科就读于北京联合大学旅游学院旅游管理系。

物质文化遗产的保护与利用。同时优化公共基础设施，鼓励延长具备休闲功能的公共设施开放时间，推动旅游休闲街区的建设与品质提升，以打造更具吸引力和活力的旅游休闲环境。同时注重业态、功能、服务和管理四方面的提升，不断提升旅游服务接待水平，打造主客共享的城市休闲空间，以突出旅游休闲街区的文化主题鲜明、多元业态集聚、旅游休闲功能齐备和地域特色突出四大核心特征。

2. 旅游休闲街区面临本地居民与游客需求不同的问题

根据旅游休闲街区的定义，旅游休闲街区需要同时满足游客和本地居民游览、休闲等需求，而居民和游客对街区表现出不同的需求，居民更加注重日常休闲的便捷度、舒适度，而游客希望在街区体验本地的文化特色、丰富的游览经历。在这样的背景下，对进行旅游休闲街区进一步的研究有着重要意义。

（二）研究意义

1. 理论意义

本文划分了本地居民和游客，从满意度的角度对旅游休闲街区进行研究，分析本地居民和游客对于休闲街区不同的需求，进而研究本地居民与游客对于休闲街区的满意度，为旅游休闲街区的建设提供理论基础。

2. 实践意义

从服务对象的角度出发，旅游休闲街区需要同时考虑外地游客的旅游需求以及本地居民的休闲需求。深入研究游客的满意度，不仅有助于揭示当前旅游休闲街区存在的不足，更可为打造以人为本、兼顾各方需求的海口骑楼历史文化街区提供重要的指导。

二、国内外研究现状

（一）旅游休闲街区

休闲是指人们在闲暇时间内进行一系列放松和愉悦身心的活动。国外研究对街的概念主要围绕着步行街、商业街或大道这三大类展开。在国内，街区被定义为由若干道路围合而成的连续且完整的区域，它作为城市的基本单元，承载着重要的功能[1]。

根据《旅游休闲街区等级划分》（LB/T 082—2021），旅游休闲街区被定义为具备旅游休闲、文化体验和公共服务等功能，融合观光、餐饮、购物、住宿、休闲等业态，能够满足游客和本地居民游览、休闲等需求的城镇内街区，不仅满足了游客的需求，也满足了本地居民的休闲需求，成为城镇内不可或缺的一部分[2]。

朱玺、刘敏（2022）采用Kano改进模型以大唐不夜城为例，运用问卷调查法探究游客满意度影响因素，将其特点和属性作为分类依据，分析夜间旅游产品的发展趋势以及存在的问题[3]。莫彩云基于对旅游休闲街区深入的理解，特别是其内在含义、显著特征以及独特的形成机制,将这一领域细化为3种各具特色的类型,分别为特色商业街区、娱乐休闲街区、历史文化街区;城市旅游的发展、市场需求的变动、文旅的深度融合以及政府政策的引导,各自在旅游休闲街区的形成与发展过程中,扮演着不同的重要角色。城市旅游的发展为其提供了坚实的基础,市场需求则决定了街区的发展方向与定位,文旅融合成为推动其不断创新与前进的动力,而政府政策则主导着街区的整体规划和战略方向[4]。

陈波、涂晓晗对旅游休闲街区消费场景构建了3个主维度和15个子维度解释框架,以首批54家国家级旅游休闲街区作为实证分析样本。将旅游休闲街区消费场景划分为融合发展型、文化体验型和商业休闲型3种模式类型,通过消费类舒适物的矩阵组合呈现出不同的场景特质,其模式特征和价值表现受地方自然环境、经济水平和文化政策的综合影响,显现出鲜明的地域特色。旅游休闲街区各类消费场景的建设应重视符号意义,明确营造主题,在多维度提升受众文旅消费体验的同时加强对地方历史文化的保护与传承,赋能城市可持续发展[5]。陈昕(2022)通过内容分析法研究上海新天地旅游休闲街区的品牌形象,从顾客感知视角探索上海新天地旅游休闲街区品牌个性特征,并对上海新天地品牌形象打造提出建议,从而进一步优化旅游休闲街区形象和构建品牌个性[6]。

(二)满意度评价

满意度是游客在旅游过程中形成的一种心理状态,是衡量旅游景区服务质量的重要指标之一。它直观地反映了游客对旅游地体验质量的评价。游客在旅游活动结束后给出的满意度评价,往往与旅游景区的旅游资源和服务有密切联系。

赛莱什·阿查里亚(Sailesh Acharya,2023)等认为旅行满意度是衡量旅行者的体验情绪和对旅行的认知评估,无论是在特定的旅行中还是日常旅行中[7]。耿德惠(Geng D C)等(2021)认为游客满意度是最重要的目的地绩效指标之一,也是竞争优势的来源,可以增加游客的数量和忠诚度,有助于旅游业的可持续性和政治支持[8]。维克托·沃伊特科(Vojtko V,2022)认为满意度不仅取决于对旅游服务的体验,还受许多内生因素的影响,如安全、当地居民的友好程度、目的地的清洁度、交通基础设施和游客管理水平等[9]。郑容等(2017)认为游客满意度是指游客对其明示的、通常隐含的和必须履行的需求或期望已被满足的程度的感受[10]。王钦安、张丽惠(2019)认为游客满意度是游客消费过程中的身心体验、需要满足程度及边际效应评价,也是游客对旅游地产品和服务认知程度的综合反映。游客满意度会影响游客是否选择某个旅游目的地,是否会重游或向他人推荐以及分享他们在目的地的消费行为[11]。

（三）海口骑楼历史文化街区的相关研究

陈潇（2013）运用实地调研测绘和相关文献查阅等方法，从自然环境、人文历史、建筑形制、装饰工艺特点及建筑生态性5个方面，分析总结出海口骑楼建筑群的特点以及特有的风土人文特色[12]。常青（2018）从历史变迁、遗产特征、现状问题、整饬修复、活化再生等层面，对海口骑楼历史文化街区的前世今生、再生设计及实施过程作了反思性总结[13]。

尽管海口骑楼历史文化街区作为海南省第一个国家级旅游休闲街区，已经引起了广泛关注，但国内对其的研究主要集中在历史文化街区建筑形态、景观的保护开发和审美的相关研究，针对访客满意度的研究相对缺乏，尤其是对本地居民与外地游客之间满意度差异研究仍是空白。目前，对海口骑楼历史文化街区满意度的系统性研究尚不多见，这为本文的研究提供了空间和必要性。

（四）访客的划分

世界旅游组织发布的《2008年国际旅游统计建议》：游客（visitor），指出于任何主要目的（出于商务、休闲或其他个人目的，而非在被访问国家或地点受聘于某个居民实体），在持续时间不足一年的时间内，出行到其惯常环境之外某个主要目的地的旅行者。其旅游类型包括：①个人目的：度假、休闲、娱乐、探亲访友、教育和培训、保健医疗、宗教朝觐、购物、过境（停留）、其他；②商务和职业。"visitor"在这里被翻译成"游客"，但徐菊凤指出"visitor"的准确含义是"访客，参观者"，比普通认知中的"游客"概念的外延更大，而访客不仅是游客，还有本地人[14]。

因此，本文重点将访客分为外地游客和本地人，研究两者对旅游休闲街区满意度的差异。

（五）小结

国内的满意度研究发展较晚，对于旅游休闲街区的建设和研究也才刚刚开始，比较零散，很多方面还有待探索和改进。通过借鉴国外的研究经验，结合国内的实际情况，本文构建了适合旅游休闲街区的满意度评价体系，以更全面地了解游客和居民的满意度水平和需求。通过系统、深入的研究和实践探索，相信我们能够不断提升旅游休闲街区的满意度水平，为游客和居民提供更好的旅游休闲体验。

三、研究设计

（一）案例地概况

海口骑楼历史文化街区位于海口市老城区，满是由南洋华侨落叶归根带回来的东南亚文化，建筑风格中西合璧。这里商行、老字号云集，是著名的商业街，还有天后宫、冼太夫人纪念馆、老爸茶等充满当地居民集体记忆的符号，是海口几代人民日常休闲娱乐的重要场所。

这里于2022年1月成功入选第一批国家级旅游休闲街区。2024年，被确定为国家AAAA级旅游景区。作为海南省第一个国家级旅游休闲街区，其以规模巨大、保存基本完好、极富中西特色的建筑群而著名，吸引了全国各地的大量游客慕名而来，是海口旅游必打卡的景点之一。故本文以海口骑楼历史文化街区作为案例地，探究旅游休闲街区访客的满意度。

（二）研究思路

本研究旨在深入探讨骑楼居民与游客在旅游休闲街区休闲旅游需求方面的差异。首先通过描述统计方法，系统地分析了访客的基本人口学信息、出游习惯等，以全面把握不同群体的特征。进一步运用交叉列联表分析法，对居民与游客的出游情况进行了细致的比较，以揭示两者在出游行为、偏好等方面的差异，并探讨这些差异背后的原因和相关性。

对于满意度的评价，设计态度量表，研究访客对于街区在基础设施、购物、住宿、餐饮、娱乐、交通、管理与服务等方面的满意度评价，通过量表收集的数据，进行信度检验，以确保测量结果的可靠性和稳定性。运用均值比较法，对各项评价指标的分值进行详细对比，并根据结果对满意度进行排序，能够清晰地识别出不同群体在满意度上的差异，从而为旅游休闲街区的改进和发展提供有力的数据支持。

（三）研究方法

1. 文献研究法

搜集相关书刊、期刊、杂志等材料，对文献进行整理、分类，了解旅游休闲街区的相关概念和研究发展，基于前人的研究成果继续深入挖掘，以完善旅游休闲街区的专业领域。

通过查阅中国知网、万方数据知识服务平台以及Web of Science等文献资料库，以"旅游休闲街区""游客满意度""海口骑楼"为主要关键词查找有关文献，本文系统地梳理了国内外最新研究成果，为后续研究方法的选取提供了充分的理论基础。

2. 问卷调查法

针对海口骑楼历史文化街区，经过相关文献探讨，我们进行了访客满意度调查问卷的设计。

本问卷首先阐述了研究目的，对两个部分展开调研。第一部分是了解被调查者在旅游街区的出游情况，包括交通方式、停留时间、参观次数等。第二部分是问卷的主体部分，即访客出游满意度测量量表，包括基础设施、景观、购物、餐饮、住宿、交通、休闲娱乐、管理与服务，测量游客满意度的8个一级指标源于董观志、杨凤影[15]的游客满意度测评指标体系，并且参考了邢权兴等（2014）[16]、李瑛（2008）[17]等游客满意度研究中所使用的二级指标。见表1。

表1 满意度变量来源

编号	一级变量	二级变量	参考来源
A	基础设施	休闲椅凳、遮阳避雨、公厕垃圾桶、游览指导	邢权兴等[16]
B	景观	景观特色	李瑛[17]
		建筑景观、总体卫生环境	邢权兴等[16]
C	购物	商品特色、商品价格、商品丰富程度	李瑛[17]
D	餐饮	餐饮特色、餐饮价格、餐饮卫生	李瑛[17]
E	住宿	住宿价格、住宿服务	李瑛[17]
F	交通	停车位、交通状况	邢权兴等[16]
G	休闲娱乐	休闲活动、娱乐活动	邢权兴等[16]
		娱乐价格、娱乐丰富程度	李瑛[17]
H	管理与服务	服务态度、社会治安、街道容量、旅游咨询	李瑛[17]

3. 问卷调查过程

本次对海口骑楼历史文化街区实地问卷调研时间为2024年2月24日和25日的早上8：30到晚上8：30，共24小时。本人实地共发放100份问卷，有效问卷回收100份，回收率为100%。调研路线沿居民活动区域博爱路、新华北路、得胜沙和解放路4条街道，以及游客较为密集的中山路进行，覆盖街区重要景点、休闲活动区域。

四、问卷分析

（一）信效度检验

1. 信度检验

信度分析反映了态度量表的稳定性及可靠性，其常用科隆巴赫（Cronbach α）系数来表示，α 值越大，可靠性越高。一般认为，$0.70<\alpha<0.80$ 表明信度较好，$0.80<\alpha<0.90$ 表明信度非常好。问卷数据分析结果如表2所示：各维度量表 Cronbach α 系数均大于0.7，说明各维度量表的信度较高。

表2 科隆巴赫系数

变量	编号	科隆巴赫系数
基础设施	A	0.873
景观	B	0.778

续表

变量	编号	科隆巴赫系数
购物	C	0.786
餐饮	D	0.875
住宿	E	0.89
交通	F	0.888
休闲娱乐	G	0.923
管理与服务	H	0.790

2. 效度检验

效度是指一份量表测验或问卷的有效程度,KMO 值越接近于 1,意味着变量间的偏相关性就越强,因子分析的效果就越好。如果 KMO＞0.8,说明非常适合做因子分析。如果 Bartlett 球形检验显著性小于 0.05,说明变量之间存在相关性,适合做因子分析。本问卷态度量表的 KMO 值为 0.901 和 Bartlett 球形检验值为 0,均符合条件,说明本问卷态度量表数据适合做因子分析。见表 3。

表 3 KMO 和巴特利特检验

KMO 和巴特利特检验		
KMO 取样适切性量数		0.901
巴特利特球形度检验	近似卡方	2346.402
	自由度	300
	显著性	0

3. 因子分析

满意度量表提取因子的个数为 4 个。由表 4 可知,采取主成分分析法得出的满意度量表总方差解释中,初始特征值大于 1 的因子有 4 个,4 个因子整体解释变异量为 73.392%,即该量表效度可达 73.392%。

表 4 总方差解释

成分	初始特征值			提取载荷平方和			旋转载荷平方和		
	总计	方差百分比	累积(%)	总计	方差百分比	累积(%)	总计	方差百分比	累积(%)
1	12.884	56.019	56.019	12.884	56.019	56.019	5.371	23.351	23.351
2	1.47	6.393	62.411	1.47	6.393	62.411	4.192	18.227	41.578
3	1.332	5.792	68.204	1.332	5.792	68.204	3.923	17.057	58.634

续表

成分	初始特征值			提取载荷平方和			旋转载荷平方和		
	总计	方差百分比	累积（%）	总计	方差百分比	累积（%）	总计	方差百分比	累积（%）
4	1.193	5.188	73.392	1.193	5.188	73.392	3.394	14.758	73.392
5	0.848	3.685	77.077						
6	0.728	3.164	80.241						
7	0.639	2.779	83.02						
8	0.546	2.376	85.396						
9	0.499	2.169	87.565						
10	0.434	1.889	89.454						
11	0.404	1.756	91.209						
12	0.358	1.556	92.765						
13	0.27	1.172	93.937						
14	0.232	1.01	94.947						
15	0.216	0.94	95.887						
16	0.191	0.83	96.717						
17	0.163	0.707	97.424						
18	0.133	0.58	98.003						
19	0.126	0.548	98.551						
20	0.111	0.484	99.035						
21	0.091	0.396	99.431						
22	0.07	0.306	99.736						
23	0.061	0.264	100						

注：提取方法为主成分分析法。

对输出的4个因子进行命名，并剔除无法命名的因子A3公厕垃圾桶、C8商品特色，进一步分析两类群体满意度评价的差异。见表5、表6。

表5　满意度评价量表旋转后的成分矩阵

因子	旋转后的成分矩阵 a			
	成分			
	1	2	3	4
G20 服务效率	0.761	0.280	0.294	0.279

续表

旋转后的成分矩阵 a				
因子	成分			
	1	2	3	4
G18 休闲活动	0.756	0.235	0.220	0.365
G19 娱乐活动	0.735		0.382	0.342
E15 住宿服务	0.732	0.490		0.131
E14 住宿价格	0.637	0.543		0.184
H23 社会治安	0.620	0.258	0.259	0.103
G21 休闲娱乐价格	0.599	0.169	0.257	0.518
H22 服务态度	0.547	0.185	0.401	0.520
D13 餐饮卫生	0.440	0.413	0.339	0.414
C9 商品价格	0.141	0.791		0.330
H25 旅游咨询	0.278	0.728	0.343	
D12 餐饮价格	0.342	0.654	0.294	0.413
D11 餐饮特色	0.320	0.638	0.406	0.301
H24 街道容量	0.272	0.585	0.270	0.313
C10 商品丰富程度	0.418	0.526	0.400	0.235
A4 游览指导	0.172	0.377	0.719	0.227
B7 总体卫生环境		0.115	0.685	0.459
B6 建筑景观	0.451	0.241	0.651	-0.115
A1 休闲椅凳	0.317		0.639	0.533
A2 遮阳避雨	0.327	0.264	0.636	0.139
B5 景观特色	0.598	0.266	0.603	
F17 交通状况	0.154	0.379	0.122	0.789
F16 停车位	0.335	0.327	0.116	0.754

注：提取方法为主成分分析法。旋转方法为凯撒正态化最大方差法。a. 旋转在 14 次迭代后已收敛。

表6 成分转换矩阵

成分	1	2	3	4
1. 休闲娱乐环境	0.595	0.497	0.472	0.420
2. 旅游购物环境	-0.301	0.529	-0.619	0.496
3. 游览观光环境	-0.354	-0.497	0.327	0.722
4. 公共交通环境	-0.656	0.476	0.536	-0.237

注：提取方法为主成分分析法。旋转方法为凯撒正态化最大方差法。

（二）描述性分析

1. 样本人口统计特征学分析

本文通过SPSS对问卷数据进行描述性统计分析。受访人中附近居民占36%，游客占64%，说明海口骑楼历史文化街区的访客主要是游客；样本性别中以女性为主，占比59%，男性样本占41%。由于本次调查主要现场对街区访客发放问卷，而女性更乐于接受问卷调查，因此女性样本的数量更多；样本年龄主要集中在44岁以下，比例占84%，相较于老年人，年轻人对问卷调查的接受程度更高；受教育程度方面，学历在高中及以上占比83%，表明街区访客学历整体较高。见表7。

表7 样本人口统计学特征

名称	选项	频数（次）	百分比（%）
访客身份	附近居民	36	36
	游客	64	64
性别	男	41	41
	女	59	59
年龄	17岁及以下	21	21
	18~24岁	28	28
	25~34岁	20	20
	35~44岁	15	15
	45~54岁	8	8
	55~64岁	7	7
	65岁及以上	1	1
受教育程度	小学及以下	1	1
	初中	16	16
	高中或中专	34	34
	本科或专科	43	43
	研究生	6	6

2. 样本行为特征分析

在当今旅游选择日益多样化的背景下，了解海口骑楼历史文化街区的出游情况及其背后的选择因素显得尤为重要。为此，我们针对游客外出旅游考虑的首要因素、到达海口骑楼历史文化街区的交通方式、访客出游组织方式以及游览日期等因素进行了频率统计。

游客在选择海口骑楼历史文化街区作为旅游目的地时，51%的游客表示个人兴趣是他们出游的首要驱动力，凸显了现代游客在旅游选择中更加注重个人偏好。可休闲时间（28%）是仅次于个人兴趣的出游考虑因素，表明在快节奏的生活中，人们倾向于在有限的休闲时间内选择符合自己兴趣的旅游目的地。距离（9%）和价格（12%）也是部分游客在作出旅游选择时会考虑的因素，这些游客可能更加注重旅游目的地的实际可达性和经济性，以确保旅行的顺利进行。见表8。

表8 访客出游考虑因素

名称	选项	频数（次）	百分比（%）
外出旅游考虑的首要因素	距离	9	9
	可休假时间	28	28
	价格	12	12
	个人兴趣	51	51

自驾车、步行和打车为此次接受调研的访客前往海口骑楼历史文化街区的主要交通方式。其中自驾车占38%，比例最高，海口骑楼历史文化街区有3个停车场，为驾车、停车提供了极大的方便；打车占20%；18%的步行方式主要是因为调研对象有一部分是住得较近的居民以及住在该街区酒店、民宿的游客。见表9。

表9 访客到达的交通方式

名称	选项	频数（次）	百分比（%）
到达的交通方式	步行	18	18
	自行车	5	5
	公交车	9	9
	自驾车	38	38
	打车	20	20
	其他	10	10

根据对该街区的实地观察以及图1的数据，受访者大多是与朋友结伴和独自出游，与亲友结伴占76%，14%的访客独自游玩，旅游团队的行程紧凑且多处于行进参观的

状态，许多团队游客往往因时间和精力的限制而不愿参与问卷调研，因此随团游客样本数量较少，仅占6%。

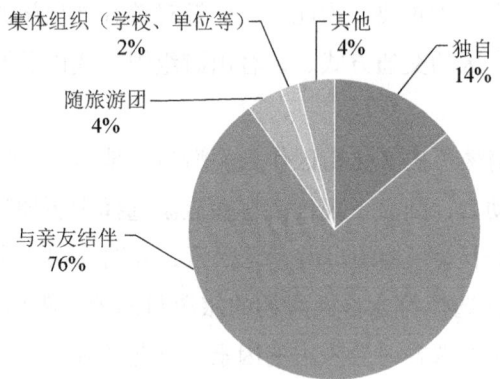

图1　访客出游组织方式

在游览日期方面，见图2所示，大部分访客选择在双休周末出游，占36%，选择在寒暑假出游的占25%，以及17%的访客选择在国家法定节假日出游，只有少量访客选择在工作日以及带薪假期出游。

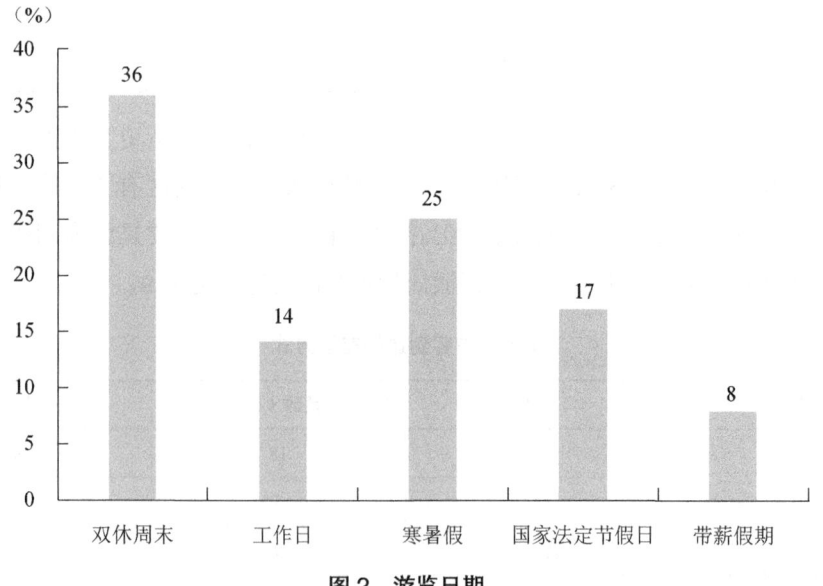

图2　游览日期

（三）居民与游客出游特征对比

本文运用采用卡方检验和交叉列联表分析法对海口骑楼历史文化街区附近居民与游客在出游情况特征上的差异进行了对比。

1. 到访次数差异

由表 10 可知，居民与游客到访该街区次数的皮尔逊卡方双向渐进显著性结果 0.000＜0.05，即说明居民与游客在到访的次数上存在显著性差异。

由表 11 可知，居民到访的次数多在 4 次及以上（61.1%），游客大多为第一次游览（57.8%）。由于居民距离该街区较近，并且相对游客可通达性更高，所以游览海口骑楼历史文化街区的频率更高。

表 10 到访次数的卡方检验

卡方检验			
	值	自由度	渐进显著性（双侧）
皮尔逊卡方	24.053a	2	0.000
似然比	25.341	2	0.000
线性关联	23.726	1	0.000
有效个案数		100	

注：a. 0 个单元格（0.0%）的期望计数小于 5。最小期望计数为 9.00。

表 11 到访次数的交叉列联表

访客身份		游览次数			总计
		1 次	2~3 次	4 次及以上	
居民	计数（次）	5	9	22	36
	百分比（%）	13.9	25.0	61.1	100.0
游客	计数（次）	37	16	11	64
	百分比（%）	57.8	25.0	17.2	100.0
总计	计数（次）	42	25	33	100
	百分比（%）	42.0	25.0	33.0	100.0

2. 游客与居民交通方式的差异

由表 12 可知，居民与游客交通方式差异的皮尔逊卡方双向渐进显著性结果 0.001＜0.05，即居民与游客在交通方式上存在显著性差异。

由表 13 可知，交通方式中，居民主要是自驾车（44.4%）、步行（30.6%）以及自行车（11.1%），较少乘坐公交车（5.6%）或者打车（2.7%）；而游客的交通方式是自驾车（34.4%）以及打车（29.7%）；居民骑自行车前往的比例高于游客，游客乘坐公交车前往的比例高于居民。由此可见访客大多喜欢自驾这种更加便捷、自由的交通方式。

表 12　游客与居民交通方式的卡方检验

卡方检验			
	值	自由度	渐进显著性（双侧）
皮尔逊卡方	19.937a	5	0.001
似然比	22.411	5	0.000
线性关联	12.209	1	0.000
有效个案数	100		

注：a.4 个单元格（33.3%）的期望计数小于 5。最小期望计数为 1.80。

表 13　游客与居民交通方式的差异

访客身份		交通方式						总计
		步行	自行车	公交车	自驾车	打车	其他	
居民	计数（次）	11	4	2	16	1	2	36
	百分比（%）	30.6	11.1	5.6	44.4	2.7	5.6	100.0
游客	计数（次）	7	1	7	22	19	8	64
	百分比（%）	10.9	1.6	10.9	34.4	29.7	12.5	100.0
总计	计数（次）	18	5	9	38	20	10	100
	百分比（%）	18.0	5.0	9.0	38.0	20.0	10.0	100.0

3. 游客与居民游览时间的差异

由表 14 和表 15 可知，在游览时间方面，居民与游客的皮尔逊卡方双向渐进显著性结果 0.942＞0.05，表示卡方检验结果不显著，说明居民与游客在游览时间上并无明显差异。由于海口骑楼历史文化街区著名建筑、景点比较集中，居民和游客游览该街区的时间多数为 1~2 小时。

表 14　游客与居民游览时间的卡方检验

卡方检验			
	值	自由度	渐进显著性（双侧）
皮尔逊卡方	0.770a	4	0.942
似然比	0.755	4	0.944
线性关联	0.137	1	0.711
有效个案数	100		

注：a.4 个单元格（40.0%）的期望计数小于 5。最小期望计数为 0.72。

表 15　游客与居民游览时间的差异

访客身份		游览海口骑楼历史文化街区的大致时间					总计
		1小时以下	1~2小时	2~3小时	3~4小时	4小时以上	
居民	计数（次）	9	15	9	2	1	36
	百分比（%）	25.0	41.7	25.0	5.6	2.8	100.0
游客	计数（次）	12	29	18	4	1	64
	百分比（%）	18.8	45.3	28.1	6.3	1.6	100.0
总计	计数（次）	21	44	27	6	2	100
	百分比（%）	21.0	44.0	27.0	6.0	2.0	100.0

（四）居民与游客满意度评价对比

1. 整体满意度评价

无论是居民还是游客，大多数人对整体满意度持正面评价。满意度主要集中在"满意"和"非常满意"这两个级别，如表16所示。不过，仍有一小部分人表示不满意或非常不满意。

居民在"满意"这一级别，占比达到了55.6%。同时，"非常满意"的占比也较高，为22.2%。"非常不满意"和"不满意"的占比相对较低，均为2.8%。这表明大多数居民对整体满意度持正面评价。

对于游客来说，"满意"级别的占比最高，为59.4%，其次是"非常满意"，占比20.3%。与居民相比，游客在"非常满意"这一级别的占比略低，但在"满意"级别的占比略高。同样地，"非常不满意"和"不满意"的占比也相对较低，分别为0和1.6%。这表明大多数游客也对整体满意度持正面评价。

表 16　整体满意度交叉表

访客身份		整体满意度					总计
		非常不满意	不满意	一般	满意	非常满意	
居民	计数（次）	1	1	6	20	8	36
	百分比（%）	2.8	2.8	16.7	55.6	22.2	100.0
游客	计数（次）	0	1	12	38	13	64
	百分比（%）	0.0	1.6	18.8	59.4	20.3	100.0
总计	计数（次）	1	2	18	58	21	100
	百分比（%）	1.0	2.0	18.0	58.0	21.0	100.0

2. 满意度因子均值评价

从表 17 可以看出，居民对各个评价项目的满意度普遍高于游客。这可能是因为居民更加熟悉当地环境，对休闲娱乐、购物、游览观光和公共交通等方面有更高的容忍度和更低的期望值。

表 17 整体满意度交叉表

访客身份		整体满意度					总计
		非常不满意	不满意	一般	满意	非常满意	
居民	计数（次）	1	1	6	20	8	36
	百分比（%）	2.8	2.8	16.7	55.6	22.2	100.0
游客	计数（次）	0	1	12	38	13	64
	百分比（%）	0.0	1.6	18.8	59.4	20.3	100.0
总计	计数（次）	1	2	18	58	21	100
	百分比（%）	1.0	2.0	18.0	58.0	21.0	100.0

游客的满意度均值普遍较低，可能说明他们对目的地的期望更高，或者对当地环境和服务质量有更高的要求。这也可能是因为游客在旅途中更容易受到各种不便和问题的影响，从而降低满意度。

由表 18 可知，对各评价项目的满意度，居民满意度均值从高到低排序为游览观光环境、休闲娱乐环境、旅游购物环境、公共交通环境，游客的满意度均值从高到低排序为休闲娱乐环境、游览观光环境、旅游购物环境、公共交通环境。

表 18 满意度均值

评价项目	满意度均值	
	居民	游客
1. 休闲娱乐环境	3.966	3.767
2. 旅游购物环境	3.916666667	3.7475
3. 游览观光环境	4.028	3.75017
4. 公共交通环境	3.4725	3.672

3. 满意度指标均值评价

通过表 19 可知，居民评分较高的指标为 B5 景观特色和 B6 建筑景观，对这两个指标的评分都超过了 4 分，表明他们对景区的景观和建筑特色非常满意；H23 社会治安和 H25 旅游咨询这两个指标的评分也都接近或超过 4 分，说明居民对当地的社会治安和旅游咨询服务感到满意；G20 服务效率、D11 餐饮特色、A4 游览指导等，这些指标的评分也都在 4 分左右，表明居民对景区的服务效率、餐饮特色以及游览指导等方面也比较满意。

游客评分较高的指标 B5 景观特色和 B6 建筑景观，虽然游客对这两个指标的评分略低于居民，但仍然接近或超过 4 分，说明游客同样对景区的景观和建筑特色感到满意；H23 社会治安，游客对社会治安的评分达到了 4 分，表明他们在这方面也比较满意；C8 商品特色和 C10 商品丰富程度，游客对这两个指标的评分都在 3.8 分以上，说明他们对景区的商品特色和丰富程度比较认可。

居民和游客评分差异较大的指标，如 H25 旅游咨询，居民对此指标的评分明显高于游客，能在一定程度上说明居民对当地的旅游咨询服务更加满意或更加熟悉。D11 餐饮特色和 D13 餐饮卫生，居民对餐饮特色和卫生的评分都高于游客，这可能意味着游客对景区的餐饮服务有更高的期望或更严格的要求；G20 服务效率，居民对服务效率的评分也高于游客，这可能表明游客对景区服务人员的响应速度和服务质量有更高的期待。

对于游客和居民，关于价格和服务的指标得分都较低。可能是景区地段店面租金高、装修费用昂贵等成本原因导致商品价格提升，从而使访客游览体验感降低；海口骑楼历史文化街区部分商户服务意识不高以及不太标准的普通话等都可能降低访客的游览体验。对 A3 公厕垃圾桶，居民和游客的满意度都较低，可能是由于环卫工人打扫、清洁不及时，加上海口天气较热，厕所和垃圾清洁处理不及时散发出令人不适的气味；另外人流量大时则会产生较多垃圾，垃圾桶的容量过载后，垃圾溢出也会影响访客游览的观感。H24 街道的容量满意度平均值同样偏低，这主要是因为海口骑楼历史文化街区地处商业繁华地带，街道的宽度仅为 5 米，加之街道上停放了大量的电动车，以及来往行人络绎不绝，使得交通拥堵现象频发，道路通行效率受到严重影响。

居民满意度最低的是 F16 停车位、F17 交通状况，可能是因为居民前往海口骑楼历史文化街区的频次更高，骑楼街道相对较窄，车辆行驶畅通性差；停车位在居民与游客共用的情况下供应不足，而居民前往海口骑楼历史文化街区的主要方式就是自驾，因此交通状况与停车位对于居民的影响更大。游客满意度最低的是 A1 休闲椅凳，对于以参观游览为目的的游客来说，在此游览的步行量较大，对于体力的消耗也更多，在实地考察时发现，海口骑楼历史文化街区的休闲椅凳座无虚席，可见游客对休闲椅凳的需求量非常之大，并且需求未得到充分满足。

表 19 基础指标平均值

基础指标（平均值）	居民	基础指标（平均值）	游客
B5 景观特色	4.278	B6 建筑景观	4.063
B6 建筑景观	4.25	H23 社会治安	4
H25 旅游咨询	4.194	B5 景观特色	3.969
H23 社会治安	4.194	C8 商品特色	3.875
G20 服务效率	4.111	C10 商品丰富程度	3.844
D11 餐饮特色	4.056	H25 旅游咨询	3.844
A4 游览指导	4.028	D11 餐饮特色	3.828
A2 遮阳避雨	4.028	E15 住宿服务	3.813
G19 娱乐活动	4	G20 服务效率	3.797
C8 商品特色	4	G18 休闲活动	3.781
C10 商品丰富程度	4	H22 服务态度	3.781
H22 服务态度	3.972	G19 娱乐活动	3.734
G21 休闲娱乐价格	3.917	B7 总体卫生环境	3.719
E15 住宿服务	3.917	D13 餐饮卫生	3.703
G18 休闲活动	3.889	H24 街道容量	3.703
D13 餐饮卫生	3.861	C9 商品价格	3.688
E14 住宿价格	3.833	F16 停车位	3.672
B7 总体卫生环境	3.806	F17 交通状况	3.672
A1 休闲椅凳	3.778	G21 休闲娱乐价格	3.656
H24 街道容量	3.75	A4 游览指导	3.641
D12 餐饮价格	3.75	E14 住宿价格	3.641
C9 商品价格	3.75	A2 遮阳避雨	3.578
A3 公厕垃圾桶	3.639	A3 公厕垃圾桶	3.578
F16 停车位	3.528	D12 餐饮价格	3.578
F17 交通状况	3.417	A1 休闲椅凳	3.531

五、总结

(一) 结论

首先,游客多数是第一次参观海口骑楼历史文化街区,而本地居民则多是 4 次以上。并且居民前往海口骑楼历史文化街区的交通方式多是自驾、步行、骑自行车等适合近距离的出行方式,游客则多是自驾和打车。但是在游览时间上,游客和居民并无太大差异,多在 1~2 小时。

其次,居民的整体满意度均值比游客高,可能是因为居民对于游览的期望较低,而游客的期望较高。从各评价项目看,游客和居民对于游览观光环境和休闲娱乐环境的满意度都较高,说明海口骑楼历史文化街区独特的建筑景观、休闲娱乐业态等基本能够满足访客的需求。整体来看满意度较低的是旅游购物环境以及公共交通环境,说明这两个模块还需要改进和完善。

最后,从基础指标来看,居民游览指导的满意度很高,但游客的游览指导满意度偏低,居民对海口骑楼历史文化街区较熟悉,而游览指导本身就是为了方便不熟悉景区环境的游客能够顺利游玩,所以游客的满意度更具参考性,游览指导设施需要进行完善。价格、服务、交通等指标满意度较低,同样需要改善。

(二) 建议

对于目前发现的不足,海口骑楼历史文化街区要把游客需求放在第一位,为游客排忧解难,进一步加强管理,完善公共服务设施,优化旅游景观、环境,为游客提供高质量服务。

第一,管理人员要全力做好交通组织疏散工作,进一步优化完善交通组织,与交管部门联合做好道路交通的疏通工作,为确保交通保障的安全与有序,应充分利用周边区域的停车场资源,进一步提升管理服务水平,更有效地满足游客的停车需求。相关部门根据访客需求调整公共交通班次,提高公共交通便利度,通过发放公共交通优惠券等方式,鼓励访客通过公交出行,降低停车压力。

第二,相关部门可以对附近商户进行培训或谈话,倡议商户、服务人员提升旅游服务意识、提高服务态度,给访客留下友好、热情、贴心的服务印象。完善人才培养、奖罚机制,与高校联合培训,组建高素质旅游服务人才队伍。

第三,注重街区清洁卫生,根据人流量调整街道清洁频率,及时清理垃圾桶垃圾、清洁公共厕所、消除臭味等,并且可以适当地增设垃圾桶等设施,确保街区环境干净整洁;通过海报、宣传栏等方式多方面宣传倡议访客文明出游,爱护公共环境;社区不定期举办垃圾分类公益活动,提高本地居民的环保意识。

参考文献：

[1] 张馨瑞. 场景视域下旅游休闲街区夜间品牌研究[D]. 上海：上海师范大学，2022.

[2] 中华人民共和国文化和旅游部. 旅游休闲街区等级划分：LB/T 082—2021[R]. 2021.

[3] 朱玺，刘敏. 基于Kano改进模型的旅游休闲街区夜间旅游产品游客满意度研究：以西安市大唐不夜城为例[J]. 西安电子科技大学学报（社会科学版），2022，32（2）：1-15.

[4] 莫彩云，陆军. 旅游休闲街区：概念、内涵与形成机制[J]. 科技和产业，2022，22（6）：243-247.

[5] 陈波，涂晓晗. 旅游休闲街区消费场景的模式类型与文旅融合策略[J]. 南京社会科学，2023（8）：134-145+166.

[6] 陈昕. 旅游休闲街区品牌形象研究——以上海新天地为例[J]. 知识经济，2022，613（14）：26-28.

[7] ACHARYA S, MEKKER M, DE VOS J. Linking travel behavior and tourism literature: investigating the impacts of travel satisfaction on destination satisfaction and revisit intention[J]. Transportation Research Interdisciplinary Perspectives, 2023, 17: 100745.

[8] GENG D C, INNES J L, WU W, et al. Seasonal variation in visitor satisfaction and its management implications in Banff National Park[J]. Sustainability, 2021, 13（4）: 1681.

[9] VOJTKO V, STUMBF P, RASOVSKA I, et al. Removing uncontrollable factors in benchmarking tourism destination satisfaction[J]. Journal of Travel Research, 2022, 61（1）: 136-149.

[10] 郑容，何治民，魏伟. 基于游客满意度视角的张家界大峡谷景区旅游公共服务研究[J]. 开封教育学院学报，2017，37（6）：293-296.

[11] 王钦安，张丽惠. 基于游客感知的安徽省红色旅游满意度及提升研究[J]. 西华师范大学学报（自然科学版），2019，40（4）：393-400.

[12] 陈潇. 海口骑楼建筑研究[D]. 南京：南京工业大学，2013.

[13] 常青. 存旧续新：以创意助推历史环境复兴——海口南洋风骑楼老街区整饬与再生设计思考[J]. 建筑遗产，2018（1）：1-12.

[14] 徐菊凤. 论旅游的边界与层次[J]. 旅游学刊，2016，31（8）：16-28.

［15］董观志，杨凤影.旅游景区游客满意度测评体系研究［J］.旅游学刊，2005，20（1）：27-30.

［16］邢权兴，孙虎，管滨，等.基于模糊综合评价法的西安市免费公园游客满意度评价［J］.资源科学，2014，36（8）：1645-1651.

［17］李瑛.旅游目的地游客满意度及影响因子分析——以西安地区国内市场为例［J］.旅游学刊，2008（4）：43-48.

（指导教师：刘敏，北京联合大学旅游学院旅游管理系）

红色旅游景区游客动机研究

赵云祥[*]

[摘 要] 近年来，我国红色旅游发展迅速，红色旅游景区已成为人们出游选择的主要目的地之一。本文以中国共产党历史展览馆作为案例地，依托文献综述法和问卷调查法，采用描述性统计分析、均值分析、探索性因子分析、聚类分析和交叉分析等方法，对中国共产党历史展览馆游客旅游动机及差异进行深入分析，以期帮助景区管理者和从业者更好地定位目标群体，为游客提供更具吸引力和深度的红色旅游体验。研究发现：①中国共产党历史展览馆游客动机主要可归纳为从众动机、学习和教育动机、休闲娱乐动机、景区吸引力动机；②红色旅游景区游客可划分为自我提高型游客、休闲娱乐型游客、从众型游客；③红色旅游景区游客动机受年龄、学历、政治面貌和职业等人口统计学特征变量的影响。

[关键词] 红色旅游；旅游景区；旅游动机；中国共产党历史展览馆

习近平总书记在党的二十大报告中明确指出："全面建设社会主义现代化国家，必须坚持中国特色社会主义文化发展道路，增强文化自信，围绕举旗帜、聚民心、育新人、兴文化、展形象建设社会主义文化强国，发展面向现代化、面向世界、面向未来的，民族的科学的大众的社会主义文化，激发全民族文化创新创造活力，增强实现中华民族伟大复兴的精神力量[1]。"加强红色文化教育是增强文化自信的重要路径。

2021年5月31日，为了庆祝中国共产党成立100周年，文化和旅游部联合中央宣传部、中央党史和文献研究院、国家发改委推出了《建党百年百条精品红色旅游线路通知》[2]。2021年1月14日，国务院印发了《关于新时代支持革命老区振兴发展的意见》，提出推动红色旅游高质量发展，建设红色旅游融合发展示范区，支持中央和地方各类媒体通过新闻报道、公益广告等多种方式宣传推广红色旅游[3]。2023年8月1日，为了深入贯彻落实党的二十大精神，发挥红色资源优势，加强青少年教育引导，文化和旅游部、教育部、共青团中央、全国妇联、中国关工委联合印发《用好红色资

---

[*] 赵云祥，本科就读于北京联合大学旅游学院旅游管理系。

源　培育时代新人　红色旅游助推铸魂育人行动计划（2023—2025 年）》[4]。

另外，随着我国旅游市场的不断发展，红色旅游这一旅游类型已经成为游客出游时的重要选择之一，发展迅速。根据文化和旅游部统计数据，全国红色旅游接待人数从 2004 年的 1.4 亿人次增长到 2019 年的 14.1 亿人次[5]。2021 年上半年全国红色旅游总人次同比 2019 年增长 268.8%，到 2023 年中国红色旅游市场规模有望接近万亿元[6]。

据统计，"我国普查登记革命遗址近 5 万处，相关联的其他遗址 5000 余处"，其中"共建成红色旅游经典景区 249 个，形成 12 个重点红色旅游景区，30 条红色旅游精品线路和 100 个红色旅游经典景区"[7]。

中国共产党历史展览馆总建筑面积 14.7 万平方米，是一座全方位、全过程、全景式、史诗般展示党矢志不渝奋斗之路的新地标。2021 年 6 月 19 日，中国共产党历史展览馆被中央宣传部命名为"全国爱国主义教育示范基地"。因此，本文选取中国共产党历史展览馆为例，深入研究红色旅游景区游客的旅游动机。

一、文献综述

（一）旅游动机

动机来源于"激励"，是乌得斯 1918 年于心理学领域提出的。关于"旅游动机"这一概念的界定，国内外众多专家学者都对其进行了研究。克朗普顿（Crompton，1979）认为，在旅游环境中，动机指的是以某种方式导致一个人采取行动或激发他们旅行和参与旅游兴趣的内在心理需求[8-9]。弗内斯（Fodness，1994）认为这种心理需求导致人们想要采取某些行动来满足自身不平衡的动态需要，从而作出旅游决策[10]。《中国旅游大辞典》中指出，旅游动机是个体旅游行为的动力源泉，它由旅游需要所催发[11]。《现代地理科学词典》将推动个体为了满足自身某种需要而决定外出旅游的内部动因和外在动力定义为旅游动机[12]。谢彦君（2004）在《基础旅游学》中认为，激发旅游行为的心理原动力就是旅游动机[13]。

综上所述，本文认为旅游动机是激励个体产生旅游行为进而实现旅游目的的内在驱动力，是旅游前所产生的心理因素。

1. 国内研究现状

沈玉清（1985）最早对旅游动机进行了研究，认为研究人们的旅游动机对旅游业解决供求关系和开拓旅游市场等都有着极为重要的意义[14]。邱扶东（1996）认为旅游动机可以分为身心健康动机、怀旧动机、文化动机、交际动机、求美动机和从众动机六大类[15]。付邦道（2003）认为旅游动力由三部分构成：内动力、外动力和中间条件，其中内动力即人的旅游动机[16]。高军等（2011）采用均值分析、主成分分析和结构方程模型对国内外游客旅游动机及其差异进行了深入研究[17]。陈海波等（2012）运用因子分析法,将凤凰古城游客动机分为:公务和社交、学习求知、体验文化、放松释压和购物[18]。徐斌(2013)深入探究了推力旅游动机、拉力旅游动机、旅游满意和旅游忠诚之间的关系[19]。郭珍珍(2018)研究发现,在游客旅游的各种动机类型中,学习求知动机对游客的感知价值的各维度及满意度的影响作用最大[20]。

2. 国外研究现状

皮尔斯(Pearce)等学者(1983)提出了旅游动机层次模型,模型中旅游动机从低到高被分为生理、安全、关系、自我尊重、自我实现5个维度[21]。丹尼(Dann, 1977)认为旅游动机受到两种因素的影响,一种是推力因素,另一种是拉力因素[22]。费克耶(Fakeye, 1991)认为旅游的动机主要有宜人的自然环境、住宿和交通、基础设施、食物、友好的人们、令人愉快的健身和娱乐活动等[23]。古森斯(Goossens, 2000)认为推动机与驱动力、感觉和本能相关,游客有逃避日常生活、寻求真实的体验、进行放松和调整的习惯[24]。斯科特(Scott)等学者(2012)认为旅游动机是一种具层次性质的期望的集合[25]。巴伊(B E, 2020)提出当前旅游业发展需要区分游客动机、满意度、行为意向及其相互关系[26]。

(二)红色旅游

中共中央办公厅、国务院办公厅在2004年印发的《2004—2010年全国红色旅游发展规划纲要》中首次对"红色旅游"作出清晰界定:红色旅游,主要是指以中国共产党领导人民在革命和战争时期建树丰功伟绩所形成的纪念地、标志物为载体,以其所承载的革命历史、革命事迹和革命精神为内涵,组织接待旅游者开展缅怀学习、参观游览的主题性旅游活动[27]。

自此,红色旅游走进大众视野(周功梅、宋瑞,2022)[28]。2011年、2016年先后出台的《2011—2015年全国红色旅游发展规划纲要》[29]与《2016—2020年全国红色旅游发展规划纲要》[30],就红色旅游发展的基本原则、任务、举措等进一步展开阐述。

综合所阅文献,本文将采用中共中央办公厅和国务院办公厅对"红色旅游"的定义。

1. 国内研究现状

李宗尧(2002)认为"红色旅游"是指以游览革命老区、革命遗迹为主,同时接受爱国主义教育的旅游方式[31]。方世敏和罗茜(2004)认为红色旅游是我国20世纪90年代兴起的专项旅游产品,是以革命圣地和革命纪念地为主要旅游吸引物的旅游活动[32]。姚素英和王富德(2005)认为"红色旅游"系指以革命纪念地(物)及其所承载的革命精神为主题的旅游吸引物,以旅游目的地良好的自然旅游资源、历史人文旅游资源和社会旅游资源为烘衬的旅游产品组织接待游客进行参观游览,学习革命历史知识、接受革命传统教育和振奋精神、放松身心、增加阅历的旅游活动[33]。刘海洋和明镜（2010）将"红色旅游"定义为是集参观、体验、学习和教育为一体，具有经济、社会和文化三大主题功能的专项旅游活动[34]。唐丽萍和冯淑华（2011）提出红色旅游资源的文化遗产价值具有多样性，包括历史价值、文化艺术价值、经济价值和社会情感价值[35]。娄在凤（2015）采用问卷调查方法对游客红色旅游偏好及影响因素进行分析，提出红色旅游发展应深入挖掘红色文化价值和内涵，培育红色文化与地方文化、休闲旅游等结合的开发模式[36]。张彬彬（2005）在前人研究的基础上，将"红色旅游"的概念界定为：红色旅游是建立在红色资源基础上的"精神文化产品"，是具有显著中国特色的一项旅游产品[37]。

2. 国外研究现状

通常所提及的"红色旅游"，乃是我国特有的一种旅游概念，其源于我国悠久的革命历史。在国际上，并无"红色旅游"这一说法，仅有针对我国红色旅游的研究。

（三）红色旅游动机

红色旅游动机可以被看作一种特殊旅游动机，根据本文对"旅游动机"的定义，红色旅游动机指激励个体产生红色旅游行为进而实现红色旅游目的的内在驱动力，是红色旅游前所产生的心理主观因素。

目前国内外对红色旅游动机的研究较少，相关文献不多，关注点主要集中在红色旅游动机与其他变量的关系上，缺少对红色旅游动机内容方面的研究。

二、研究方法与研究设计

（一）研究方法

1. 文献综述法

研究将通过广泛查阅中国知网、谷歌学术、万方数据等文献资料库，以"红色旅游""旅游动机""红色旅游动机"为关键词，系统梳理、分析相关学术文献、报告及实证研究，深入探究红色旅游景区游客动机的研究现状及理论框架，为后续问卷调查和数据分析提供理论依据。

2. 问卷调查法

研究将设计并实施针对红色旅游景区游客动机的问卷调查。问卷涵盖游客动机态度量表和人口统计学特征两方面的问题，旨在通过实地调查中国共产党历史展览馆这一典型案例，系统收集游客数据。这些数据将用于深入剖析游客的旅游动机，从而为后续的数据分析工作提供坚实的数据支撑。

3. 数据分析法

本研究将综合运用统计学分析方法，以 SPSSAU 作为处理平台，首先对问卷采集获得的数据进行信效度评估。然后，在此基础上，运用描述性统计分析、均值分析、探索性因子分析、聚类分析和交叉分析等方法，对问卷调查所获数据进行处理和分析，旨在量化不同动机因子对游客选择的影响程度，进而确定各动机因子在游客选择中的重要性、权重以及相互关联性，为客观数据分析提供支持，以便更深入地理解游客的选择行为。

（二）研究设计

1. 问卷设计

本问卷旨在针对案例地的游客进行深入调查，内容涵盖游客动机和人口统计学特征两大方面。游客动机部分采用李克特五级量表形式呈现，刻度1至5分别代表完全不符合/完全不同意、不符合/不同意、一般符合/同意、完全符合/完全同意。

由于不同类型的游客其旅游动机都有所不同，而红色旅游作为具有中国特色的旅游类型，其游客的旅游动机与其他类型的旅游有较大差异，为了能更精确地描述红色旅游景区游客的旅游动机，问卷设计参考相关学者的文献，最终得出包含7个维度的21项动机因子，如表1所示。

表1 旅游动机量表

维度	编号	指标	参考来源
瞻仰和朝圣（A）	A1	传承红色精神，提高思想觉悟	郭珍珍（2018）[20]
	A2	瞻仰伟人，缅怀先烈	郭珍珍（2018）[20]
学习和教育（B）	B1	单位或学校组织接受思想政治教育	郭珍珍（2018）[20]
	B2	学习党的革命历史	郭珍珍（2018）[20]
	B3	研习学业	郭珍珍（2018）[20]
求知和兴趣（C）	C1	对党史馆藏品感兴趣	陈海波等（2012）[18]
	C2	满足对历史的好奇	陈海波等（2012）[18]
	C3	增长个人见识，丰富个人阅历	高军等（2011）[17]
休闲放松（D）	D1	闲暇时间放松	高军等（2011）[17]
	D2	逃避生活压力	高军等（2011）[17]
	D3	丰富日常生活	高军等（2011）[17]
社会交际（E）	E1	他人的推荐	高军等（2011）[17]
	E2	陪伴亲人/朋友	付邦道（2003）[16]
	E3	结交志同道合的朋友	付邦道（2003）[16]
	E4	旅游打卡分享	付邦道（2003）[16]

续表

维度	编号	指标	参考来源
景区吸引力（F）	F1	专业的红色文化讲解服务	徐斌（2013）[19]
	F2	特色周边纪念物	徐斌（2013）[19]
	F3	互动式红色旅游体验项目	徐斌（2013）[19]
从众心理（G）	G1	别人都去参观	邱扶东（1996）[15]
	G2	新媒体推荐	邱扶东（1996）[15]
	G3	影视产品影响	邱扶东（1996）[15]

2. 数据分析方法

在红色旅游景区游客动机调研阶段中，共向中国共产党历史展览馆游客发放了 200 份问卷，经过严格筛选，共获得有效问卷 194 份，有效率达 97%。为确保调研数据的可靠性和准确性，首先，对收集的数据进行了信度分析和效度分析。其次，对游客的人口统计学特征进行频数分析，以便深入了解调查样本的基本构成。最后，在此基础上，综合运用探索性因子分析、聚类分析、交叉分析等统计学分析方法，对各动机的影响程度和关联程度进行量化分析，旨在明确各动机因子在游客选择过程中的重要性、权重以及与人口统计学特征的关联性。

三、研究过程

（一）信度和效度分析

1. 信度检验

通过 SPSSAU 对态度量表进行信度检验，其科隆巴赫信度系数①是 0.838，高于 0.8，说明该态度量表信度较高；针对"CITC 值②"，"瞻仰伟人，缅怀先烈"对应的 CITC 值介于 0.2~0.3，说明该动机因子与其余因子之间的相关关系较弱，对其进行删除处理，其余动机因子的 CITC 值均高于 0.3，可保留进行下一步分析。

2. 效度检验

借助 SPSSAU 平台使用 KMO③ 和巴特利球形检验④进行效度检验，KMO 值为 0.863，大于 0.8，巴忒里特球形检验 P=0.000，小于 0.05，说明从游客中收集的问卷数据非常

---

① 科隆巴赫系数（Cronbach's α）是衡量量表或测验的信度的一种方法。
② CITC 值是衡量单个题项与其他所有题项关联程度的重要指标。如果 CITC 值偏低，比如小于 0.4，这暗示着该题项与其他题项的相关性较弱，其内部一致性不高。
③ KMO 检验（Kaiser-Meyer-Olkin Test）是一种用于衡量变量之间相关性的方法。KMO 值介于 0 和 1 之间，越接近 1 表示变量之间的相关性越高，适合进行因子分析。
④ 巴特利球形检验（Bartlett's test of sphericity）是一种用于检验数据之间的独立性的方法，用于判断数据是否适合用于做因子分析。

适宜提取信息，也反映出数据效度良好，适合进行下一步的因子分析。

（二）频数分析

本次调查的人口统计特征如下。

在性别分布上，男性受调查者107人，占比55.15%，女性受调查者87人，占比44.85%，男女比例接近1∶1，展现出良好的性别均衡性。

从年龄构成来看，15~24岁年龄段受调查者占比最高，为48.45%，共有94人；其次是25~44岁年龄段，占比32.47%，共有63人；14岁及以下年龄段占比最低，为1.55%，共有3人；45~60岁年龄段占比13.40%，共有26人；61岁及以上年龄段占比4.12%，共有8人。

从受调查者学历上看，68.04%的受调查者学历为专科及本科水平，共有132人；其次是硕士研究生及以上，占比15.46%，共有30人；初中及以下学历占比3.61%，共有7人；中专及高中学历占比12.89%，共有25人。整体来看，受调查者学历水平相对较高。

就个人月收入而言，受调查者收入在2000元以下的占比最多，占比44.33%，共有86人；其次是收入在10001~15000元，占比22.16%，共有43人；收入在2001~5000元占比9.28%，共有18人，收入在5001~10000元占比15.98%，共有31人；收入在15000元以上占比8.25%，共有16人。

在常住地分布上，受调查者以京内的为主，占比高达93.81%，有182人；京外的仅有12人，占比6.19%。

就政治面貌方面，群众相对较多，比例为39.69%，有77人；其次是中共党员（含预备党员），比例是32.99%，有64人，共青团员略低，比例为25.77%，有50人；少先队员最少，占比1.55%，仅有3人。

从职业分布来看，受调查者以学生群体居多，比例是43.30%，有84人；其次是私有企业或外企职员，占比约23.71%，有46人；退休人员最少，占比1.03%，共有2人；工人占比3.61%，共有7人；公务员或党政机关人员占比7.22%，共有14人；专业技术人员占比12.89%，共有25人；自由职业者占比3.61%，共有7人；其他人员占比4.64%，共有9人。

（三）均值分析

通过对游客动机量表的整体描述性分析，对中国共产党历史展览馆红色旅游景区游客影响程度最高的动机是"传承红色精神，提高思想觉悟"，均值为4.09分，其次是"学习党的革命历史"，均值是3.964，二者分别属于瞻仰和朝圣、学习和教育维度；而对党史馆红色旅游景区游客影响程度最低的动机是"别人都去参观"，均值为2.407分，其次是"新媒体推荐"，均值是2.593，二者都属于从众心理维度。

中国共产党历史展览馆建成于 2021 年，中国共产党建党百年之际，内藏实物文物 4500 多件，国家一级文物原件 420 件，反映了中国共产党革命英雄先烈带领中国人民奋斗的百年峥嵘历史，是具有中国特色、中国基因的大型展览馆，也是深藏于中国人民心中最神圣的旅游景区，其本身就具有瞻仰朝圣和学习教育的属性。

（四）探索性因子分析[①]

探索性因子分析是一项用来找出多元观测变量的本质结构，并进行处理降维的技术。本文对动机量表中通过信效度分析的 20 项测量指标进行探索性因子分析，以特征值大于 1、因子载荷高于 0.5 为标准提取、命名公共因子，得到结果如下。

因子 1 高载荷系数的有"别人都去参观""新媒体推荐""影视产品影响"3 项测量指标，它们都与外界影响有关，可将其命名为"从众因子"；因子 2 高载荷系数的有"传承红色精神，提高思想觉悟""单位或学校组织接受思想政治教育""学习党的革命历史""研习学业"4 项测量指标，它们都与学习和红色教育有关，可将其命名为"学习和教育因子"；因子 3 高载荷系数的有"闲暇时间放松""丰富日常生活""逃避生活压力"3 项测量指标，它们都与休闲娱乐有关，可将其命名为"休闲娱乐因子"；因子 4 高载荷系数的有"专业的红色文化讲解服务""特色周边纪念物""互动式红色旅游体验项目"3 项测量指标，它们都与景区自身的吸引力有关，可将其命名为"景区吸引力因子"。

因子分析最终结果是将 20 项测量指标简化为 4 项公因子：从众因子、学习和教育因子、休闲娱乐因子、景区吸引力因子。

（五）聚类分析[②]

聚类分析指将对象的集合分组为由类似的对象组成的多个类的分析过程。

对因子分析得到的 4 项动机因子进行聚类分析，得出的 3 类游客群体在 4 项动机因子方面表现出显著的差异性。

此 3 类群体分别有 60 人、42 人、92 人，占总体比例分别达 30.93%、21.65% 和 47.42%，数量差距不大，分布较为均衡，表明聚类分析效果良好。

其中，第一类游客在从众因子方面得分较高，达到 1.13，表明这类游客出游动机主要是受从众心理影响，因此将其命名为"从众型游客"。

第二类游客在休闲和娱乐因子方面得分较高，达到 0.38，表明这类游客出游动机主要是休闲娱乐，放松心情，因此将其命名为"休闲娱乐型游客"。

第三类游客在学习和教育因子方面得分都较高，达到 0.58，表明这类游客出游动

---

① 探索性因子分析（exploratory factor analysis）是一项用来找出多元观测变量的本质结构、并进行处理降维的技术。它能够将具有错综复杂关系的变量综合为少数几个核心因子。

② 聚类分析（cluster analysis）是把相似的对象通过静态分类的方法分成不同的组别或者更多的子集，这样让在同一个子集中的成员对象都有相似的一些属性。

机主要是学习提升自己，因此将其命名为"自我提高型游客"。

聚类分析最终结果是将红色旅游景区游客划分为3类，分别为"从众型游客""休闲娱乐型游客""自我提高型游客"。从众型游客旅游动机更易受外界影响；休闲娱乐型游客旅游动机带有强烈的休闲娱乐属性；自我提高型游客旅游动机则具有更明确的学习和教育属性。

（六）交叉分析

为了深入理解这3类游客的选择行为，探究其与人口统计学特征变量间的关系，将3类游客与人口统计学特征变量依次做交叉分析。分析结果表明，这三种类型的游客在部分人口统计学特征变量中表现出了显著的差异性（$P<0.05$）。具体结果如下。

在年龄方面，如图1所示，从众型游客主要集中在25~44岁，比例达38.33%，明显高于平均水平32.47%，呈现出显著性；休闲娱乐型游客主要集中在25~44岁，比例达52.38%，明显高于平均水平32.47%，呈现出显著性；自我提高型游客年龄主要集中在15~24岁，比例达70.65%，明显高于平均水平48.45%，呈现出显著性。

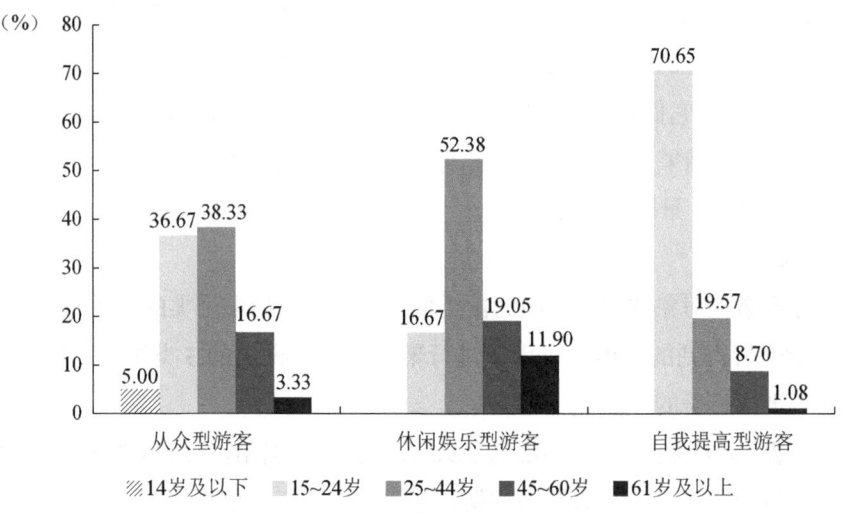

图1 游客类型与游客年龄交叉分析图

在学历方面，如图2所示，从众型游客中除学历占比最高的大学专科及本科外，学历为中专及高中的比例为21.67%，也明显高于平均水平12.89%，呈现出显著性；休闲娱乐型游客学历集中在大学专科及本科，比例达83.33%，明显高于平均水平68.04%，呈现出显著性；自我提高型游客学历占比除最高的大学本科及专科外，硕士研究生及以上的比例为22.83%，明显高于平均水平15.46%，呈现出显著性。

在政治面貌方面，如图3所示，休闲娱乐型游客和从众型游客政治面貌则都集中在群众，比例分别达69.05%和56.67%，都明显高于平均水平39.69%，呈现出显著性。自我提高型游客政治面貌集中在中共党员（含预备党员）和共青团员，比例分别达 39.13% 和 45.65%，都明显高于它们的平均水平 32.99% 和 25.77%，呈现出显著性。

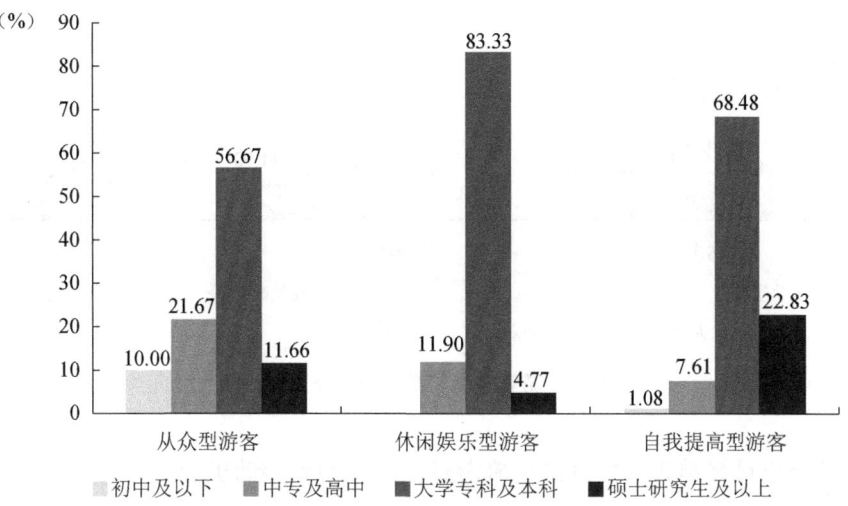

图 2　游客类型与游客学历交叉分析图

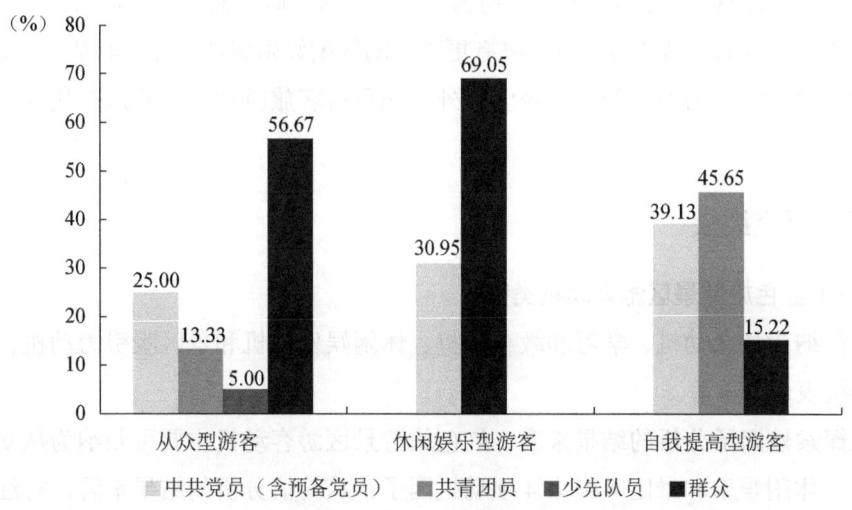

图 3　游客类型与游客政治面貌交叉分析图

在职业方面，如图 4 所示，从众型游客身份集中在私有企业或外企职员，比例为 33.33%，明显高于平均水平 23.71%，呈现出显著性；休闲娱乐型游客身份则集中在私有企业或外企职员和专业技术人员，比例分别达 38.10% 和 26.19%，明显高于它们的平均水平 23.71% 和 12.89%，呈现出显著性；自我提高型游客身份集中在学生，比例达 69.57%，明显高于平均水平 43.30%，呈现出显著性。

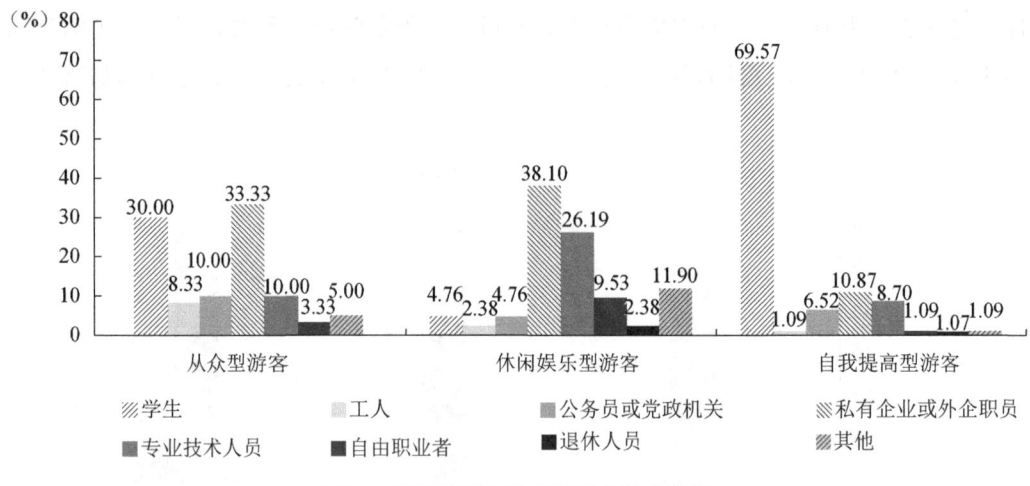

图 4 游客类型与游客职业交叉分析图

交叉分析最终结果是发现红色旅游景区游客的旅游动机会受年龄、学历、政治面貌、职业等人口统计学特征变量的影响。可以认为，15~24 岁、学历为硕士研究生及以上、政治面貌为中共党员（含预备党员）和共青团员的在校学生游客旅游动机有更明确的学习和教育属性；25~44 岁、学历为专科及本科、政治面貌为群众的私有企业或外企职员和专业技术人员游客旅游动机有更强烈的休闲娱乐属性；25~44 岁、学历为中专及高中、政治面貌为群众的私有企业或外企职员游客旅游动机带有从众属性，更易受外界影响。

四、研究结果

（一）红色旅游景区游客动机类型

可归纳为从众动机、学习和教育动机、休闲娱乐动机和景区吸引力动机，学习和教育动机表现最显著。

从探索性因子分析的结果来看，红色旅游景区游客动机主要可归纳为从众、学习和教育、休闲娱乐和景区吸引力 4 项动机因子；从均值分析的结果来看，对红色旅游景区游客影响程度排在前两位的动机是"传承红色精神，提高思想觉悟""学习党的革命历史"，它们都与学习和教育相关，属于学习和教育动机，说明红色旅游景区游客带有强烈的学习和教育动机，这与一般类型游客呈现出不同的特征，红色旅游景区管理者在实际运营景区时要着重考虑游客的这一需要。

总体来看，在红色旅游景区游客表现出较高的学习和教育动机，这与红色旅游景区的红色教育属性相关。一方面，游客在选择红色旅游景区时具有一定的学习和教育需求；另一方面，红色旅游景区本身所承载的革命历史、革命事迹、革命精神能够满足游客对于红色旅游景区的旅游需求,红色旅游景区游客较高的学习和教育动机在实际旅游行为中得到了较好的响应,即使学习和教育动机不强烈的游客,也因受到红色旅游景区的红色教育熏陶而获得良好的学习和教育体验。

(二)红色旅游景区游客类型

从聚类分析的结果来看,红色旅游景区游客类型可划分为从众型游客、自我提高型游客和休闲娱乐型游客3种,其中自我提升型游客数量最多。这3种类型的游客在从众、学习和教育、休闲娱乐和景区吸引力等动机方面存在差异。因此,红色旅游景区管理者应该针对不同类型的游客提供个性化的服务和产品,以满足他们的不同需求。

(三)红色旅游景区游客动机影响因素

通过游客类型与人口统计学特征变量的交叉分析,发现红色旅游景区游客动机受年龄、学历、政治面貌和职业等人口统计学特征变量的影响。

就年龄来说,自我提高型游客在15~24岁的游客群体中比例较高,他们有着更强的学习和教育动机,参观红色旅游景区更多考虑自身的发展和成长;相反,25~44岁客群体以从众型和休闲娱乐型为主。说明游客的年龄对于红色旅游景区旅游动机具有一定的影响,处于不同年龄段的游客对于旅游活动的需求也有所不同。

就学历来说,"大学专科及本科"在三类游客类型中占比都是最高的。值得关注的是,自我提高型游客在硕士研究生及以上群体中占比超过均值;而从众型游客学历在中专及高中群体中占比超过均值。说明随着学历的提高,红色旅游景区游客旅游动机会更多地考虑自身的需要。

就政治面貌来说,中共党员(含预备党员)和共青团员游客群体以自我提高型游客为主;而休闲娱乐型游客和从众型游客则在群众中占比较高。说明游客的政治面貌对于红色旅游景区旅游动机具有一定的影响,不同政治面貌的游客对于旅游活动的需求也有所不同。

就职业来说,自我提高型游客在学生群体中占比较高;休闲娱乐型游客在私有企业或外企职员和专业技术人员群体中占比较高;而从众型游客则在私有企业或外企职员群体中占比较高。说明游客不同的职业背景会对红色旅游景区游客动机产生一定影响。红色旅游景区管理者需要针对不同人群的特点,制订不同的营销策略和推广渠道,以提高游客的满意度和忠诚度。

综上,可以认为15~24岁、学历为硕士研究生及以上、政治面貌为中共党员(含预备党员)和共青团员的在校学生游客群体有更明确的学习和教育动机。

五、结论

近年来,红色旅游在我国发展迅速,针对这一状况,本文以中国共产党历史展览馆作为研究对象，采用问卷调查的方式收集数据，通过均值分析、探索性因子分析和聚类分析，对来自中国共产党历史展览馆的游客旅游动机进行深入分析，研究结论如下。

（一）研究结论

（1）红色旅游景区游客动机可分为从众动机、学习和教育动机、休闲娱乐动机和景区吸引力动机，其中学习和教育动机表现最显著；

（2）红色旅游景区游客类型可分为从众型游客、自我提高型游客和休闲娱乐型游客，其中自我提高型游客占比最高；

（3）红色旅游景区游客动机受年龄、学历、政治面貌和职业等人口统计学特征变量的影响。

不同于以往研究多侧重在红色旅游和旅游动机这两个独立领域，而缺少对红色旅游旅游动机的关注，本文从红色旅游景区游客动机这一视角出发，对中国共产党历史展览馆的游客进行调查分析并进行总结，不仅丰富了红色旅游和旅游动机的研究内容，也为红色旅游景区的规划和管理提供了新的视角和启示。

（二）本文的局限性

（1）调查时间较短，研究过程中发放的问卷数量有限；

（2）本文仅选取中国共产党历史展览馆一地作为案例调研地。

如有可能，未来我们将通过延长调查时间、扩大样本容量、选择多个案例研究地等方式，进一步提升研究的精确性。

参考文献：

［1］习近平.高举中国特色社会主义伟大旗帜 为全面建设社会主义现代化国家而团结奋斗——在中国共产党第二十次全国代表大会上的报告［M］.北京：人民出版社，2022.

［2］许立欣.红色旅游演艺讲好红色故事［J］.旅游纵览，2022（18）：125-128.

［3］左琦.文旅融合背景下红色档案深度开发策略研究［D］.南昌：南昌大学，2023.

［4］刘世勇，姚夏晶，李海涵.红色资源融入新时代大学生铸魂育人工程的探索与实践［J］.高教学刊，2024，10（8）：185-188.

［5］喻心茹，邹新.新时代红色场馆弘扬红色文化的现实困境与实践进路［J］.黑龙江生态工程职业学院学报，2024，37（4）：60-64.

［6］龙佳燕，金成瑞，朱义仁.浙江省桐庐县红色旅游发展问题及策略研究［J］.商展经济，2023（21）：41-44.

[7] 石书臣, 张朋林. 习近平总书记关于红色文化重要论述的德育思考 [J]. 思想政治教育研究, 2019, 35（5）: 1-6.

[8] JOHN L CROMPTON, STACEY L MCKAY. Motives of visitors attending festival events [J]. Annals of Tourism Research, 1997, 24（2）: 425-439.

[9] JOHN L CROMPTON. An Assessment of the image of Mexico as a vacation destination and the influence of geographical location upon that image [J]. Journal of Travel Research, 1979, 17（4）: 18-23.

[10] DALE FODNESS. Measuring tourist motivation [J]. Annals of Tourism Research, 1994, 21（3）: 555-581.

[11] 邵琪伟. 中国旅游大辞典 [M]. 上海: 上海辞书出版社, 2012: 291-292.

[12] 刘敏, 方如康. 现代地理科学词典 [M]. 北京: 科学出版社, 2009: 599.

[13] 谢彦君. 基础旅游学 [M]. 北京: 中国旅游出版社, 2004: 123-129.

[14] 沈玉清. 旅游动机初探 [J]. 西北大学学报（哲学社会科学版）, 1985（3）: 78-85.

[15] 邱扶东. 旅游动机及其影响因素研究 [J]. 心理科学, 1996（6）: 367-369.

[16] 付邦道. 浅析旅游动机的激发 [J]. 开封教育学院学报, 2003,（4）: 11-13.

[17] 高军, 马耀峰, 吴必虎, 等. 国内外旅游者旅游动机及其差异研究——以西安市为例 [J]. 人文地理, 2011, 26（4）: 132-139.

[18] 陈海波, 刘文斌, 黎碧媛. 古城型旅游地旅游者动机与重游意愿关系研究——以凤凰古城为例 [J]. 南阳师范学院学报, 2012, 11（3）: 58-60.

[19] 徐斌. 旅游动机对旅游忠诚的影响研究 [D]. 上海: 华东师范大学, 2013.

[20] 郭珍珍. 旅游动机、感知价值和满意度关系的实证研究 [D]. 太原: 山西财经大学, 2018.

[21] PEARCE P L, CALTABIANO M L. Inferring travel motivation from travelers' experiences [J]. Journal of travel research, 1983, 22（2）: 16-20.

[22] GRAHAM M S DANN. Anomie, ego—enhancement and tourism [J]. Annals of Tourism Research, 1977, 4（4）: 184-194.

[23] FAKEYE P C, CROMPTON J L. Image differences between prospective, first time, and repeat visitors to the Lower Rio Grande Valley [J]. Journal of Travel Research, 1991, 30（2）: 10-16.

[24] GOOSSENS C. Tourism information and pleasure motivation [J]. Annals of Tourism Research, 2000, 27（2）: 301-321.

[25] SCOTT N, JIANG S, DING P, et al. Exploring Chinese outbound tourism

motivation using means-end chains: a conceptual model [J]. Journal of China Tourism Research, 2012, 8 (4): 359-372.

[26] B E, SINGH A. Modeling domestic tourism: motivations, satisfaction and tourist behavioral intentions [J]. Heliyon, 2020, 6 (9).

[27] 中共中央办公厅, 国务院办公厅. 2004—2010年全国红色旅游发展规划纲要 [Z]. 北京: 中共中央办公厅, 国务院办公厅, 2004.

[28] 周功梅, 宋瑞. 我国公众对红色旅游的认知与态度研究 [J]. 旅游研究, 2022, 14 (3): 1-16.

[29] 范周. 2011—2015年全国红色旅游发展规划纲要 [J]. 光明日报出版社, 2012, 464-467.

[30] 胡丰. 内蒙古自治区文化和旅游厅关于《2016—2020年全国红色旅游发展规划纲要》实施情况的自评报告 [R]. 呼和浩特: 内蒙古大学出版社, 2021: 252-258.

[31] 李宗尧. 论"红色旅游"功能的多样性——兼谈蒙阴县野店镇旅游业的综合开发 [J]. 山东省农业管理干部学院学报, 2002 (4): 66-67.

[32] 方世敏, 罗茜. 打造韶山红色旅游产品的战略思考 [J]. 湘潭大学学报（哲学社会科学版）, 2004 (5): 135-138.

[33] 姚素英, 王富德. 关于红色旅游的探讨 [J]. 北京第二外国语学院学报, 2005 (5): 89-92.

[34] 刘海洋, 明镜. 红色旅游: 概念、发展历程及开发模式 [J]. 湖南商学院学报, 2010, 17 (1): 66-71.

[35] 唐丽萍, 冯淑华. 红色旅游资源的文化遗产价值及其评价——以南昌市八一起义纪念馆为例 [J]. 旅游研究, 2011, 3 (2): 11-16+27.

[36] 娄在凤. 国内旅游者红色旅游偏好及影响因素分析 [J]. 商业经济研究, 2015 (25): 121-124.

[37] 张彬彬. 中国红色旅游发展与布局研究 [D]. 上海: 华东师范大学, 2005.

（指导教师：王玮，北京联合大学旅游学院旅游管理系）